Queimar a Casa

Origens de um Diretor

Para o povo secreto do Odin

Aprenda a prever o incêndio com a máxima precisão depois vá e queime a casa para que a profecia se cumpra.

Czeslaw Milosz, *Menino da Europa*

Supervisão editorial: J. Guinsburg
Preparação de texto: Marcio Honorio de Godoy
Revisão: Luiz Henrique Soares
Capa: Sergio Kon
Produção: Ricardo W. Neves e Sergio Kon

Eugenio Barba

Queimar a Casa
Origens de um diretor

Tradução: Patrícia Furtado de Mendonça

Título do original italiano
Bruciare la casa – Origini di un regista

© Eugenio Barba

Todas as páginas deste livro foram integralmente revisadas pelo autor.

CIP-BRASIL. CATALOGAÇÃO-NA-FONTE
SINDICATO NACIONAL DOS EDITORES DE LIVROS, RJ

B182q

Barba, Eugenio, 1936-
   Queimar a casa : origens de um diretor / Eugenio Barba; tradução Patrícia Furtado de Mendonça. – São Paulo : Perspectiva, 2014.

   1ª reimpressão da 1ª edição de 2010
   Tradução de: Bruciare la casa : origini di um regista
   ISBN 978-85-273-0893-9

   1. Barba, Eugenio, 1936-. 2. Teatro – Produção e direção. 3. Teatro – Filosofia. 4. Representação teatral. I. Título.

10-3013.   CDD: 792.0233
                              CDU: 792.071.2

28.06.10   07.06.10   019995

1ª edição – 1ª reimpressão

Direitos reservados em língua portuguesa à
EDITORA PERSPECTIVA S.A.
Av. Brigadeiro Luís Antônio, 3025
01401-000 São Paulo SP Brasil
Telefax: (11) 3885-8388
www.editoraperspectiva.com.br
2014

Índice

9   Prólogo

Introdução
21   O Campo das Papoulas

O Ritual Vazio
29   Palavras-ponte
32   De Onde Venho?
37   Uma Pluralidade de Dramaturgias

Primeiro Entreato
47   Os Filhos do Silêncio

*A Dramaturgia Orgânica
como Nível de Organização*
57   Dramaturgia do Ator
71   O Ritual da Desordem
77   Dramaturgia Sonora
84   Dramaturgia do Espaço
91   Preparo para a Vida e para as Armas
95   O Momento da Verdade

Segundo Entreato
105   O que Dizem os Atores e as Reflexões do Diretor

*A Dramaturgia Narrativa
como Nível de Organização*
131   O Pensamento Criativo
137   Do Olhar para a Visão

144	Quem Fez de Mim Aquilo que Sou
149	Nós
153	Simultaneidade: Narrar Segundo as Leis do Espaço
159	Exu: Nadar em uma Presença Contínua
162	A Origem do Caminho do Odin
168	Não Texto, mas Contexto Narrativo
178	Centro do Livro
180	Trabalhar *para* o Texto – Trabalhar *com* o Texto
189	Kaosmos
208	Acorrentar-se a um Remo

Terceiro Entreato
213	Vinte Anos Depois

A Dramaturgia Evocativa como Nível de Organização
235	A Transiberiana
239	A Zona Tórrida da Lembrança
244	Ventos que Queimam
252	Dramaturgia do Espectador
257	A Ordem Elusiva
260	Sombras como Raízes

Quarto Entreato
265	O que Diz um Caderninho de Trabalho

Teatro-em-Liberdade
279	Queimar a Casa
281	Uma Dramaturgia de Dramaturgias
285	Carta do Diretor ao Amigo e Conselheiro Nando Taviani
290	Incursões e Irrupções
293	Epílogo
296	Envio

Prólogo

A obra de arte no teatro não é mais o trabalho de um escritor, mas um ato de vida a ser criado, momento por momento, em cena.

Luigi Pirandello, *Introdução à História do Teatro Italiano*

Durante anos imaginei "o espetáculo que termina com um incêndio". Conhecia perfeitamente todas as suas cenas, modificava mentalmente a sua ordem, limava os detalhes. E ficava feliz imaginando o grande e inevitável fogo final.

Mas o incêndio não podia ser um artifício cenográfico. Tinha que ser um fogo de verdade, um susto real. Por isso era um espetáculo impossível: eu não podia correr o risco de botar fogo no teatro e nas pessoas que estavam ali dentro. Mas o projeto já estava cravado na minha mente. Para exorcizá-lo, fiz algumas anotações.

O final vai ser o vermelho das labaredas. O início é em preto e branco. O espetáculo começa com um linchamento. Um pobre homem preto, um *nigger*, está circundado pelos cândidos mantos e os capuzes imaculados de um grupo de justiceiros do Ku Klux Klan. Eles o maltratam, molestam-no com suas tochas e o enforcam. Rapidamente desaparecem. A vítima está pendurada no ramo. Silêncio e solidão. Um cadáver negro como tantos outros. Um fato de crônica.

Da crônica à lenda: por sorte a corda do enforcado arrebenta. O morto cai duro no chão. Pequenos sintomas revelam que ainda está vivo. Muito lentamente ele volta a si. Cena grotesca: ele acha que está no Além. É o Inferno? É o Paraíso? Quem vai chegar? O guardião do Portão Celestial? Ou Satanás? Por que o lado de lá parece tanto com o lado de cá?

O pobre negro explica para si mesmo o que aconteceu. Foi enforcado, morreu e ressuscitou como Jesus. Ele se dá conta de algo muito evidente: é o Pobre Cristo. Tal e qual o Branco, que também ressuscitou. Agradece ao Pai, perdoa os assassinos e começa a caminhar pelas ruas do mundo.

Ouvem-se vozes de gente batendo papo e jogando cartas. As primeiras pessoas que o Pobre Negro encontra são os moradores de uma Casa de Repouso para idosos. Todos brancos e todas brancas. Ele se apresenta: "Sou Jesus, que veio pela segunda vez, sou o Cristo Negro. Amo todos vocês. Não tenham medo. O outro, o Cristo Branco, já havia anunciado que eu retornaria. Aqui estou". Ele conta a

história de quando o Cristo Branco libertou os escravos e fez com que atravessassem, incólumes, o Mar Vermelho de sangue, no qual pereceram os inimigos do rosto coberto, dos medonhos capuzes e dos amplos mantos, com seus cavalos e seus fuzis.
Depois de um primeiro momento de espanto, os moradores da Casa de Repouso combinam entre si: vamos levar a sério aquele ex-escravo demente. Querem se divertir: não por maldade, mas para driblar o tédio.
Os idosos fingem sentir respeito e veneração. Pedem que faça milagres. E ele os faz, pois eles facilitam, recitando. Começa uma roda-viva de truques. O "cego" vê, quando o Jesus Negro joga um pouco de lama em seus olhos. A velha "paralisada" numa cadeira de rodas recupera o uso das pernas quando ele as acaricia, e a "virgem que não conheceu um homem" (a ex-prostituta beberrona) tira a roupa, atiçando novamente desejo e rivalidade. O Cristo Negro ri feliz e abençoa: amai-vos uns aos outros.
Os velhos se exercitam nas técnicas de ilusionismo. Uma mulher fica suspensa no ar. Um decapitado encontra a própria cabeça nas costas. A água se transforma em vinho. Uma árvore exuberante seca de uma hora pra outra quando o Cristo Negro a toca de leve amaldiçoando a ausência de frutos. Os hóspedes da Casa de Repouso encenam os prodígios que levam o Pobre Negro a acreditar que é o Salvador ressuscitado. Ele acha que é o protagonista da história, enquanto é seu ridicularizado espectador. Os "atores", na verdade, são espectadores que se divertem.
Mas até certo ponto. O espetáculo de arte mágica é entremeado pelos grandes discursos do Cristo Negro. Repete fragmentos distorcidos do Velho e do Novo Testamento. Às vezes ele fala como um herético, o seguidor de um Evangelho ainda não edulcorado. O Pobre Negro é bobo e ignorante, mas muito bonito. Os velhos, machos e fêmeas, zombam dele, mas também se rendem ao seu fascínio. Quem engana quem? Quem trama a armadilha neste mundo de enganos? O enredo começa a se desfazer. Em seguida, três finais, um depois do outro.
O Pobre Negro obriga os hóspedes da Casa de Repouso a se ajoelhar e se confessar, a resmungar, um por um, o ato mais infame cometido durante a própria vida. Os idosos obedecem, obrigados pelo próprio jogo. Ridículos, pávidos, odiosos a si mesmos. Consternação: um deles morre de infarto.
Ao centro, o corpo no caixão. Os velhos incitam o Filho Negro de Deus a penetrar nas trevas e trazer Lázaro de volta à vida. Que entre no caixão, que abrace o cadáver e lhe infunda calor e sopro vital. O Cristo Negro se deita sobre o gélido corpo, beija seus lábios, aperta-o, sacode-o, torna-se frenético e dá um grito, e depois outro, e mais um ainda, enquanto os velhos pregam a tampa no caixão e o sepultam no bafio da incipiente putrefação.
Correm com o féretro no fundo da cena (o jardim deles) e o depositam sobre uma pilha de madeira, derramam gasolina e acendem um fósforo. Corre-corre geral para que cada um se tranque à chave no próprio quarto, logo ali, atrás das costas dos espectadores. Escuridão. Uma tocha avança, está na mão do Pobre

Negro, chamuscado e lívido. Ele põe fogo em tudo, o teatro queima completamente. É o único a ir embora em paz.

Em linhas gerais, esse era o espetáculo impossível, escrito quase de brincadeira e depois colocado de lado. No entanto, muitas vezes eu me referi a esse espetáculo, ainda que de forma vaga, como se tivesse que conservá-lo como semente, já que não podia fazê-lo crescer. Alguns de seus fragmentos apareceram em *Talabot* e no *Sonho de Andersen*. Pequenos fogos brilharam no final destes espetáculos.

Sei que nunca vou queimar, mesmo metaforicamente, a minha casa e a casa de meus companheiros, o Odin Teatret. Mas é como se eu me desdobrasse. Uma mão busca explorar sua arquitetura. A outra, continuamente, tenta botar fogo nela.

Neste livro os tempos verbais estarão quase sempre no passado. Para dizer o que faço, direi que fazia. Para dizer o que penso, direi que pensava.

É injusto e necessário.

É evidente o quanto isso seja injusto. Quando digo "eu pensava que...", quem lê pode achar que eu tenha mudado de opinião. Não mudei. Pior ainda é quando eu passo das opiniões aos fatos. Quando escrevo que *fazia* isso ou aquilo, o leitor corre o risco de me ver como um morto que fala. Quando escrevo "nós do Odin *fazíamos* assim", o lúgubre equívoco cai também sobre meus companheiros.

Ana Woolf, atriz e diretora argentina que traduziu vários textos meus, reagiu com tristeza quando leu as páginas datilografadas deste livro e viu o uso deturpado que fiz dos verbos. Ela me escreveu: "Por que você fala sempre no passado e nunca no futuro? Como fala no passado do espetáculo que você e seus atores estão fazendo agora? E como é que você pode falar no passado inclusive do espetáculo novo, que estão começando a fazer nestes dias? Lá estão todos os seus atores, às sete em ponto da manhã, ao seu lado, prontos para trabalhar, depois de tantos anos, dando o máximo de si. Não merecem que você fale em tempo presente?"

Ela tem razão. Essa minha maneira de forçar os tempos verbais anula o presente, torna-se artificial e gera equívocos. E principalmente pode ficar parecendo que estou afastado de meus companheiros. Mas sinto este "deslocamento temporal" como uma obrigação e uma necessidade. Eu gostaria que o leitor folheasse estas páginas sobre a técnica como se elas descrevessem um antiquado ofício medieval. E depois faça com isso aquilo que quiser ou puder.

Não estou me distanciando dos meus atores, dos meus espetáculos ou da minha própria vida. Estou me distanciando dos meus leitores. Eu estou aqui, bem vivo, no meu teatro, entre meus colaboradores, fazendo planos e realizando sonhos. Os meus imprevisíveis leitores é que não estão aqui. Não estão mais aqui? Ainda não estão aqui?

Não escrevo para transmitir, mas para restituir. Porque muito me foi dado. Tive mestres, que não sabiam e nem queriam ser meus mestres. A maioria deles já tinha morrido quando vim ao mundo. Em suas palavras, as coincidências e os equívocos favoreceram a descoberta de um conhecimento que me conduziu até mim mesmo. Escrevendo, sei que coincidências como estas acontecerão com alguns de meus leitores.

Mas não é essa esperança que me impulsiona. É algo que eu devo fazer, ainda que tenha mil razões para me opor. Acredito que seja um dever. Simplesmente, estou em dívida. E não quero ir embora deixando as dívidas para trás.

Sei que o meu teatro e o dos meus companheiros foi um teatro anormal.

Sei que as pessoas que vão ler este livro, sem nunca terem visto nossos espetáculos, acharão muitos dos meus exemplos complicados ou incompreensíveis.

Sei que até as obrigações profissionais mais elementares, aquelas que eram a base do nosso trabalho no Odin Teatret, vão parecer imposições incongruentes ou exageradas para muita gente que faz teatro ou que pretende se dedicar ao teatro. Essas pessoas vão se perguntar por que, para nós, pareciam condições absolutas das quais não podíamos abdicar. Talvez intuam que a esperança de um bom resultado artístico não basta para explicar e motivar o empenho que dedicamos ao ofício teatral.

Não é normal que um teatro sempre faça espetáculos com as mesmas pessoas, com o mesmo diretor, durante uma vida inteira. Agora, enquanto escrevo, fazemos teatro há 44 anos. Não é normal, mas não é uma deficiência. No passado nós lutamos, e hoje continuamos a lutar, para que isso não se torne uma prisão para nós mesmos.

Por não ser uma coisa normal, isso teve profundas consequências. Era por vivermos em condições especiais, tão diferentes das condições teatrais comuns, que todas as regras da arte e do ofício assumiram conotações peculiares: do treinamento à dramaturgia, do modo de construir vínculos com os espectadores à maneira de modelar e variar nossas relações internas, misturando anarquia e férrea autodisciplina.

Éramos uma ilha. Mas nunca estivemos realmente isolados. Nem mesmo na solidão aparente dos primeiros meses, em 1964. O que separa uma ilha de outra é o melhor meio de comunicação. Onde não existe o mar – que une e separa – a comunicação pode se tornar ambígua e difícil.

Então, é preciso traçar um círculo e se fechar dentro dele com constância e intransigência, para dignamente poder entrar em contato com um mundo vasto e terrível, como diziam Kim e seu monge tibetano. Entender é fácil, quase óbvio. Mas quando tentamos fazer isso, corremos o risco de oscilar continuamente entre a megalomania e a autocomiseração. Dúvidas e sonhos sedimentam-se como crostas: temos orgulho de nossa diversidade e a vivemos como uma deficiência.

Desse ponto de vista, não tem muita diferença se o círculo é constituído de uma tradição que foi consolidada e definida através da contribuição de várias gerações, uma tradição reconhecida pelos espectadores. Ou se, ao contrário, é uma "pequena tradição", nascida do cruzamento de umas poucas biografias e de experiências compartilhadas. É a tradição de um punhado de pessoas, e que desaparecerá com elas, assim como some o punho quando se abre a mão.

De todos os outros pontos de vista, a diferença é enorme.

Este livro é inegavelmente subjetivo. O saber que cresceu em minha ilha é o único do qual posso falar com o fundamento das coisas experimentadas, sofridas, saboreadas e em parte compreendidas por mim. Isso está intimamente ligado à minha biografia e àquela dos meus companheiros. Mas nem eles, que passaram uma vida inteira junto de mim, que me quiseram e que continuam a me aceitar como seu diretor, saberiam pôr em prática o meu modo de ser diretor. Cada cabeça é uma selva diferente. Já é muito se cada um consegue abrir clareiras e caminhos. Por isso, não posso e não quero transmitir um estilo, dar forma a uma "escola" minha ou a um método meu e, menos ainda, definir – para usar uma palavra que não amo – uma estética própria que outros poderiam compartilhar.

Mas posso contar algumas coisas. Neste livro eu me limito a fazer referência aos meus princípios de diretor. O desejo de clareza muitas vezes sugeriu um "faz-se desta forma", ao invés de um "eu tive que fazer assim". Então, peço ao leitor para corrigir sozinho, da maneira que achar melhor, os condicionamentos linguísticos que não consegui eliminar.

Quem escreve deve se esforçar para ser claro. Mas no momento exato em que me propus a escrever, era impossível não me lembrar do que dizia um meu compatriota de adoção: "Qual é o contrário da verdade? A mentira? Não, é a clareza". Falo do físico Niels Bohr, cujo brasão e mote – os contrários são complementares – estão no papel timbrado do Odin Teatret.

Assim, depois de ter escrito que 'antigamente nós do Odin começávamos a trabalhar às sete em ponto da manhã', amanhã mesmo, às 7h, vou correndo para a sala azul do nosso teatro para encontrar o presente. Lá, meus companheiros e eu estamos preparando nosso novo espetáculo, que se chama: *A Vida Crônica*.

O futuro?

Tenho certeza de que sempre vai ter gente – pouca ou muita, depende das ondas da História – que vai praticar o teatro como uma espécie de guerrilha incruenta, de clandestinidade a céu aberto ou de incrédula oração. E assim essas pessoas vão encontrar o modo de canalizar a própria revolta, oferecendo-lhe uma via indireta e impedindo que se traduza em atos destrutivos. Vão viver o aparente contrassenso de uma rebelião que se transforma em senso de fraternidade e num ofício de solidão que cria vínculos.

Tenho certeza de que sempre haverá espectadores que buscam no teatro a exposição indireta de feridas parecidas com aquelas que também os dilaceram, ou que só estão cicatrizadas na aparência e que têm a estranha necessidade de se abrir de novo.

Imagino que essas pessoas vão sentir ares de casa nestas páginas. Um cheiro de queimado. Igual ao que eu senti na Polônia, quando era pouco mais que um rapaz que tinha a ambição de virar diretor de teatro. Eu queria transformar a sociedade através do teatro. Na verdade, eu era levado por impaciências explosivas, pelo desejo de alegria e pela vontade de me impor, pela necessidade irrefreável e potencialmente autodestrutiva de fugir do meu passado. Foi nesse país que encontrei Jerzy Grotowski. Ele só era três anos mais velho do que eu e tinha visto somente um décimo do mundo que eu havia conhecido. Mas naquele seu pequeno mundo ele tinha experimentado a indiferença e a profundidade da História, a falta de liberdade, o orgulho de uma identidade cultural constantemente ameaçada e que sempre corria o risco de ser renegada. Uma vez mais, em meus quatro anos de Polônia socialista eu entrevi o modo luminoso e grotesco no qual a dimensão eterna e vertical do indivíduo se insere, e se cruza, com a Grande História e com a pequena história pessoal. Vi que a covardia se esconde no fundo da coragem. E vice-versa.

É provável que aqueles que se sintam atraídos pelo teatro por amor à arte e à originalidade não se reconheçam, de maneira nenhuma, nas minhas histórias. Dependerá do acaso e da sorte. Pode ser que alguma coisa (sabe-se lá se por mérito do livro ou de quem o lê) seja capaz de perfurar a nuvem do desinteresse e dos mal-entendidos que mandam as histórias dos outros para o exílio do silêncio. E aí vou fechar este prólogo repetindo o que eu já disse: não escrevo para convencer, para ensinar ou para transmitir nada. Mas para devolver. O quê? E a quem?

Há um antigo provérbio: *ars longa, vita brevis*. Que a vida seja breve, isso depende de como nós a entendamos. Mas infelizmente não podemos fazer nada com relação ao esforço que a arte nos exige, pois este, ao contrário, é interminável. E só pela beleza do teatro, não vale a pena.

Introdução

Um som assim tão solene
como uma menina
que atravessa o corredor escuro
com os sapatos de seu avô

Karen Press, *The Canary's Songbook*

O Campo das Papoulas

Há um desenho que representa um pintor trabalhando. Parece um louco. Trabalha ao mesmo tempo com cinco pincéis: um na mão direita, outro na mão esquerda, outro entre os dedos de um pé, o quarto entre os dedos do outro pé; o quinto, preso entre seus dentes. Cada pincel está fazendo desenhos por conta própria. Crescem cinco mundos paralelos, autônomos e coerentes. O pintor está nos mostrando seu próprio método de trabalho? Ou está trazendo para a superfície visível a sua agitação interna, a desorientação voluntária da qual podem nascer nós, tramas, tensões e encontros imprevistos?

O desenho é de Katsushika Hokusai, autor de trinta mil quadros e gravuras que têm contínuas rupturas e variações de estilo. A cada guinada estilística ele assumia um novo nome (quantos nomes deveriam ter tido Nietzsche, Picasso, Bob Dylan? E quantos outros Meierhold ou Grotowski?). A variedade de nomes de Hokusai é o mapa de suas tentativas para se renovar e para fugir.

Ele também era calígrafo e poeta. Na velhice, tinha o prazer de escrever e publicar poesias eróticas, até mesmo obscenas. Morreu em 1849, com 89 anos, e este é um de seus últimos *haikais*:

> Escrevo e cancelo
> Reescrevo e cancelo
> E eis que desabrocha uma papoula.

Eu citava com frequência esses três versos que me transportavam para diferentes situações de meus ensaios. E que me permitiam aproximar as técnicas artísticas da cultura das flores. Há flores que, mesmo cortadas, resistem por muito tempo. Ou então, transplantadas, podem crescer num terreno diferente daquele de origem. E há flores que, logo após terem sido transplantadas ou cortadas, murcham e morrem. A beleza deslumbrante das papoulas, se tentamos colhê-la e transportá-la para os vasos de casa ou para os canteiros do nosso jardim, esvai-se em poucos minutos.

Há procedimentos técnicos que facilmente podem ser passados de um para o outro e que se deixam condensar em princípios claros. Na profissão, eles constituem o terreno da objetividade. No extremo oposto, há o calor pessoal que caracteriza cada indivíduo, uma temperatura que lhe pertence e não pode ser copiada. Ou que, se é copiada, transforma-se em paródia.

No meio, entre os dois, existe o campo das papoulas. Aqui encontramos técnicas de caráter duplo. De um lado, elas possuem todas as propriedades daquele conjunto de conhecimentos e de habilidades que definem um saber técnico. Do outro, dependem de tal forma do ambiente em que se desenvolveram que não podemos extrair delas preceitos absolutos.

As técnicas da direção são assim.

Em cada disciplina artística há um componente profundamente subjetivo. Mas também tem uma parte que pode ser separada da biografia, das condições de trabalho e do estilo pessoal do artista enquanto conhecimento objetivo, aquele fundamento que permite construir uma obra pessoal.

A direção é uma prática particular porque só se define *em relação a um determinado ambiente teatral*. O que é um diretor? Em alguns contextos, ele é a pessoa que cuida da representação crítico-estética de um texto; em outros, é aquele que idealiza e compõe um espetáculo partindo do nada. Em certos casos, é um artista que busca uma imagem própria do teatro, realizando-a em diferentes espetáculos com colaboradores que variam a cada vez; em outros, é um bom profissional capaz de harmonizar os elementos heterogêneos do espetáculo. Há ambientes em que o diretor é um artista errante, em busca de companhias a serem governadas provisoriamente; e há ambientes em que ele trabalha com exclusividade para um grupo estável, onde normalmente é o líder e também o responsável pela formação dos atores. Muitos consideram o diretor um especialista em coordenação. Outros, identificam-no com o verdadeiro autor do espetáculo, o primeiro espectador que também tem sempre a última palavra em qualquer decisão.

Mas eu penso diferente. Hoje, considero o diretor um especialista da realidade subatômica do teatro, um homem ou uma mulher que experimenta as várias formas de *subverter* as relações óbvias entre os diversos componentes de um espetáculo.

Uma das maiores riquezas do teatro do século XX foi o crescimento de modelos independentes e de enclaves teatrais que se desenvolveram a partir da diversidade. Hoje, não há mais uma única tradição, mas várias pequenas tradições, não um continente, mas um arquipélago habitado por estilos e valores diferentes. Estes teatros possuem ambientes e visões incomparáveis entre si. Inclusive, seus espectadores quase nunca podem ser comparados.

Aqui tenho que fazer uma pausa. Nunca usei o termo "público". Grotowski afirmava que o ator não deve recitar para "o público", mas para cada um dos espectadores. Dizia que o singular coletivo "público" parecia uma abstração sociológica, ou então uma psicologia da multidão que tomava o lugar da independência de opinião de cada indivíduo. Essas afirmações implicavam uma tomada de posição rebelde nos anos 60 do século XX. Além do mais, elas eram expressas na Polônia, onde reinava uma ideologia política que pretendia uniformizar não só os comportamentos dos cidadãos, mas, também, a consciência deles. No entanto, para além das contingências históricas, aquela também era uma visão profética de Grotowski, relacionada ao destino geral do teatro.

A partir da segunda metade do século XX, os teatros não têm mais a possibilidade de se transformar, como dizia Schiller, em tribunais contra os vícios e as injustiças do próprio tempo. Não são mais formadores de opinião e nem representam um modo geral de acreditar nas coisas e de senti-las. Outros espetáculos têm hoje a voz necessária para defender o povo, para influenciar suas escolhas, despertar sua consciência ou seu fanatismo, para educá-lo ou enganá-lo. O teatro (com raras exceções) não possui mais uma voz capaz de alcançar os ouvidos de uma cidade inteira. Não assusta mais ninguém, como possível inimigo do poder e da moralidade pública. E ninguém mais em sã consciência pode ter esperança de que ele seja um fermento eficaz para a mudança de mentalidade.

O prestígio dos teatros é parecido com o dos museus de arte que estão vivos. Às vezes, porém, o teatro pode se tornar uma minúscula zona extraterritorial onde é possível viver longe dos olhos que nos julgam. Pode se tornar altamente eficaz, o que vai depender de energias sutis. Essas energias sutis são provenientes de seres humanos, de atores e atrizes que não se dirigem a todos da mesma maneira, mas que sabem desencadear, em cada espectador, emoções, associações de ideias, sonhos de olhos abertos, amores escondidos e feridas quase esquecidas, nostalgias adormecidas e medos dissimulados.

Um teatro capaz de falar para cada um dos espectadores com uma língua diferente não é uma fantasia e muito menos uma utopia. Isso é o que muitos de nós, diretores ou líderes de grupos, treinamos fazer por muito tempo, primeiro sem nos darmos conta, acreditando indagar as fontes secretas da arte; depois, conscientemente, sabendo que estamos explorando as catacumbas de uma rebelião não violenta.

E assim eu volto à geografia do arquipélago e ao teatro como prática das diferenças.

Nós, diretores, temos muitas exigências em comum. E no entanto, a marca exclusiva – o método pessoal que decide sobre a qualidade e a identidade dos resultados – não resiste à transmissão. O mesmo acontece com certos vinhos que são únicos, como aqueles que provei em certas casas do sul da Itália: não suportam o transporte. Bastam poucas horas de viagem, e o vinho já chega à destinação final com gosto de vinagre.

Vinagre no lugar de vinho – eis o que acontece com a transmissão de um método. Alguma coisa passa, é autêntica, mas mesmo assim é imbebível. Só pode ser usado de outra maneira, por exemplo, como tempero.

Algumas vezes eu disse que não tinha um método. *Não é verdade*, porque eu conhecia e aplicava sistematicamente muitas técnicas, princípios e convenções que eu sabia explicar de forma bastante eficaz. *É verdade*, porque o essencial em um método não são as indicações formuláveis e aplicáveis, mas uma nebulosa de impulsos que devem ser reencontrados e despertados em nós mesmos. A aprendizagem fez com que eu os encontrasse, muitas vezes estavam escondidos sob um manto de evidências e de bom senso. Eram impulsos ligados à minha personalidade e à minha biografia, nascidos de forças obscuras que provocavam minhas recusas. Faziam parte do método *as minhas feridas, os ventos que queimam, as minhas superstições*.

Esses impulsos eram a corda à qual eu me agarrava para não cair numa voragem de inutilidades. Eu dava nomes a esses impulsos. Às vezes eles se tornavam palavras que acendiam minha imaginação. Eu era um trapezista que oscilava no ar. E impunha um sentido e um rigor a este movimento chamando-o de teatro. Não ousava chamá-lo de circo. Lá o trapezista põe a vida em risco. No teatro, somente a minha vaidade estava em perigo.

A *oscilação*, vinculada então à minha personalidade, foi o meu método. Não era a reprodução da oscilação – do método – de outra pessoa, e nem podia ser repetida por mais ninguém. Era o *meu* processo de individuação, de crescimento, de evasão das minhas origens, e o voltar a visitar tudo isso como fugitivo. Um diálogo com pessoas que estavam dentro de mim e que eu não conhecia. As *minhas* tomadas de posição.

Então um método é absolutamente pessoal, impossível de ser transmitido? Isso também não é verdade. Pode ser transmitido por meio de um longo processo de simbiose com outra pessoa, viva ou morta, entre contradições e traições aparentes. Se o método é transmitido, torna-se irreconhecível. Quando é irreconhecível, trata-se de uma ilusão, de uma muleta ou de uma paródia.

O Ritual Vazio

Borges: um livro é feito de muitos livros.
Canetti: um homem é feito de muitos homens.
Ergo: um espetáculo é feito de muitos espetáculos.

Palavras-ponte

Muitas vezes, na origem de um caminho criativo, há uma *ferida*. No exercício do meu ofício, revisitei essa íntima lesão para negá-la, interrogá-la, ou, simplesmente, para estar perto dela. Era a causa da minha vulnerabilidade, mas também a fonte das minhas *necessidades*. Isso não tinha muito a ver com a estética, as teorias, com a vontade de me expressar ou de comunicar com o outro. Essa *ferida-necessidade* funcionou como um impulso para que eu ficasse perto do menino que fui, e do qual o tempo me afastou enquanto me levava para um mundo que se transformava.

Muitas vezes eu disse aos meus atores que o espetáculo mais maravilhoso não muda o mundo, mas um espetáculo que deixa os outros indiferentes e que parece ter sido gerado pela indiferença faz ele ficar pior. Eu sabia muito bem que cada espetáculo que fazia não impressionava todos os meus espectadores. Mas aqui eu gostaria de insistir numa útil superstição: "Faça como se um espetáculo ruim tornasse o mundo mais feio; mas trabalhe com os pés no chão porque, de qualquer maneira, um único espetáculo não o transforma. E, principalmente, não permita que a tendência a se satisfazer com o primeiro resultado se insinue em seu trabalho".

Minha frase só tem valor do ponto de vista do *ethos* do ofício. Um espetáculo medíocre ou indiferente não torna o mundo mais obsceno do que ele já é. Não fede nem cheira, para quem o assiste, e desbota rapidamente na memória. Mas um empenho tépido deixa uma marca indelével em todos nós que criamos o espetáculo. Ele se transforma num reflexo condicionado em nossas futuras jornadas de trabalho. Se eu prejudico minha *tensão em busca da excelência* – rumo ao cume do Annapurna – empobreço o processo de trabalho, a vontade de descobrir energias adormecidas dentro de mim e de reagir à realidade que me circunda. Então, a tepidez do trabalho embrutece a mim, que o executo, e me acostuma à indiferença do mundo.

Não sei se essa atitude emergiu por estar trabalhando no teatro ou se eu a carrego desde a minha infância. No começo, já no caminho da profissão, cada pedra lembrava os viajantes que me precederam. A cada um deles eu fazia as mesmas perguntas que dirigia a mim mesmo: do que vocês fugiam? Qual foi o impulso inicial – motivos íntimos, apetites, obsessões, encontros fortuitos – que provocou seu primeiro passo? Que casa queimaram, dentro de vocês?

Eu comecei a fazer teatro querendo descobrir, de forma física, técnica e emotiva, no que consistia o "fazer teatral". Compor espetáculos ensinou-me, *como autodidata*, a me fazer perguntas sobre a história do teatro assim como normalmente ela é escrita, a interrogar fatos conhecidos ou insignificantes, a avaliar e a traduzir os termos profissionais que eu lia ou ouvia, a camuflar em meu trabalho um espetáculo que tinha me fascinado ou que eu reconstruía com a fantasia. A insegurança e os limites da minha consciência me levavam a mexer e remexer entre os vários procedimentos do *como fazer*.

Dentro de mim existiam forças obscuras que influenciavam minhas escolhas. Cavalgavam-me de repente, intuíam afinidades com uma pessoa que eu tinha acabado de encontrar, obstinavam-se a recusar soluções razoáveis. Muito mais do que as ideias, as estéticas ou as categorias conceituais, foram essas forças que me orientaram no emaranhado das circunstâncias. Elas estabeleceram uma lealdade duradoura com mortos, vivos, ideais e sonhos, com lugares e livros; destilaram superstições que justifiquei a mim mesmo e aos outros com argumentos lógicos, políticos e artísticos.

Essas forças constituíam o magma secreto que se infiltrava na minha vida profissional, na meticulosidade técnica e na tempestade criativa do meu trabalho de diretor, no *ethos* artesanal e na minha obstinação em permanecer estrangeiro.

Com o passar dos anos, eu me tornei cada vez mais consciente desse magma íntimo. Eu tinha menos medo dele, não o considerava mais algo intangível e traduzia-o em palavras para mim mesmo. Cada um de nós que faz teatro possui um monte de termos que filtram a própria intuição e o próprio saber profissional. Esses termos se acumulam sozinhos em nossos bolsos, quase sem passar por nossa vontade. O trabalho e o costume tratam de levigá-los como seixos.

Sempre tive a necessidade de re-interrogar essas palavras-ponte entre a materialidade do fazer teatro e o meu magma secreto, de arranhá-las com perguntas ingênuas para corroer sua superfície e deixar ranhuras em sua consistência. Tratei-as como fetiches incômodos e malignos.

Quando tentei traduzir em conceitos o meu conhecimento tácito – aquele que absorvi com anos de prática, mal-entendidos e erros –, recorri às minhas palavras-chave. Pareciam termos comuns, claros e compreensíveis para todos. Para mim pareciam palavras vazias que exigiam que eu as preenchesse com o *meu* sentido. Diziam respeito ao que eu considerava a essência do teatro: *revolta, ritual vazio, dissidência, vulnerabilidade* (que é a realidade da solidão), *transcendência*, ou como eu gosto de dizer hoje, *superstição*. Outras eram palavras técnicas que se referiam aos problemas ou componentes do artesanato teatral e que sempre tinham me fascinado: *sats* (impulso), *kraft* (força), *organicidade, energia, ritmo, fluxo, dramaturgia, dança*.

Algumas dessas palavras eu tinha encontrado por acaso e elas me confrontavam como se fossem interrogações com experiências enterradas dentro de mim e com necessidades que eu era incapaz de explicar a mim mesmo. Talvez fossem as experiências e as necessidades onde a minha diversidade tinha se enraizado. *Diversidade* era uma das palavras vazias que eu tentei preencher com um sentido meu. Mais algumas: *recusa, ofício, ilha flutuante, troca*[1], *emigração, ferida, origem*. E também *serendipidade*.

Deste punhado de termos heterogêneos, escolhi dois: dramaturgia e origem.

---

[1] Troca: espécie de escambo, "troca de uma coisa por outra sem uso de moeda". Barba refere-se aqui à experiência do Odin Teatret. Eles chegam a um ambiente particular de uma cidade ou de uma aldeia – bairro, escola, prisão, casa de idosos, campo de refugiados – e apresentam sua cultura de grupo (um espetáculo ou cenas improvisadas) em troca de danças populares, músicas locais ou de outras manifestações culturais do lugar. Ver *Teatro – Solidão, Ofício, Revolta*, Brasília: Dulcina / Teatro Caleidoscópio, 2010 (N. da T.).

De Onde Venho?

Temos muitas origens porque muitas são as vidas em nossa vida. Encontramos essas origens no meio do caminho, assim como encontramos nossa identidade e nossa verdadeira família. Contar uma vida significa optar pelos saltos de perspectiva e repudiar a ideia de uma única origem que se desdobra num fio cronológico.
De onde venho?

Venho de um mundo que estava aos pedaços, e que nesse estado encontrava sua normalidade. 1940-1945, tempos de guerra: muitas casas se esvaziavam, outras se enchiam de gente estranha que estava desalojada. E ainda havia aquelas que desmoronavam com as bombas e, na manhã seguinte, eu as via despedaçadas, obscenas, como criaturas que exibem suas vergonhas e suas entranhas. Às vezes aquelas ruínas se abalavam com as lamentações. Os adultos repetiam entre si as notícias de pessoas sepultadas vivas, de algumas milagrosamente desenterradas, de cadáveres irreconhecíveis. Falavam de uma voz que continuava a se fazer sentir, dia e noite, debaixo dos escombros. Só depois de dois dias ela repousou e calou.
Para a criança que ouvia, eram histórias parecidas com aquelas das fadas e dos heróis aprisionados nas árvores. Como nos contos de fada, até as histórias dos escombros se transformavam, à noite, em sonhos e medos.
Era o fim da ditadura de Mussolini e da fábula do Império fascista. Bari estava invadida pelos militares – americanos, canadenses, poloneses, marroquinos. A escola que ficava na frente da nossa casa tinha se tornado um quartel de soldados sudaneses. Debruçados sobre as varandas, comiam pão branco esmigalhado e riam para as moças que esperavam na frente do portão. Em casa, meu pai, um alto oficial fascista, estava

muito doente. Os murmúrios familiares aconselhavam a mim e a meu irmão a brincar sem fazer barulho.

Certos dias, eu e minha mãe fazíamos uma brincadeira secreta. Ela me chamava num canto, me penteava, cuidava para que eu estivesse limpo e bem vestido, me abraçava e me mandava dar uma volta nas ruas que ficavam ao redor da nossa casa, na beira da praia. A brincadeira era assim: eu devia estender a mão e pedir uma esmola. Eu mendigava. Mas eu e minha mãe dizíamos: sair em busca da sorte. Eram os dias em que, em casa, faltavam até os trocados para a comida ou para um remédio.

Venho daqueles passeios solitários em busca da sorte.

A família do meu pai gozava de certo prestígio em Gallipoli, uma pequena aldeia de pescadores no fundo do Golfo de Taranto, no sul da Itália. Mudamos para lá, entre os braços de familiares para os quais minha mãe era uma estranha e, nós, os filhos que estavam prestes a se tornar órfãos. As janelas e as varandas da casa se debruçavam sobre o porto dos pescadores e, ao amanhecer, eu os espiava enquanto remavam para o alto-mar. À noite, eu contava as luzes dos candeios à caça de polvos.

No começo, não tínhamos água corrente. Utilizávamos a água de chuva do teto, canalizada para uma cisterna que ficava no quintal. Cabia a mim tirar a água de lá, e a cada vez me alertavam: não pescar a enguia. Ela nadava no fundo escuro do poço e se nutria de insetos e parasitas. Se ela morresse, a água se tornaria imbebível. Eu puxava o balde de olhos fechados, prendia a respiração, abria os olhos e, com alívio, via só a água.

Venho do medo de apanhar o animal sagrado no escuro do poço.

Gallipoli era uma pequena ilha, ligada ao continente e aos novos bairros por uma longa ponte atormentada pelos ventos: para onde quer que eu me virasse, batia de frente com um mar diferente. Nossa casa ficava na cidade velha, cercada pela umidade e pela tramontana quando passávamos as tardes de inverno fechados em casa, com as escalfetas e as mãos destruídas pelas frieiras. No verão, a gente se protegia do sol na penumbra das persianas abaixadas, e só abríamos as janelas para o céu depois de o sol se pôr. Eu não me entediava. Brincava com os botões guardados numa caixa de papelão onde minha mãe colocava o necessário para costurar. Durante muitas tardes, eu enfileirava os botões sobre o chão, e eles se tornavam frotas de piratas, esquadras de aviões, legiões romanas, caravanas de pioneiros.

Venho daquela caixa de botões.

Venho de uma noite que dura uma vida inteira.

Estudei três anos em um colégio militar. Com quatorze anos, eu me vi num ambiente de quartel com um bando de outros adolescentes. Comíamos, dormíamos, tomávamos banho, estudávamos e íamos para as privadas todos juntos. Afundei-me numa forma autística de rejeição, de recusa, com pouquíssimos amigos e numerosos períodos na cela de punição.
Num dia do segundo ano, o capitão da minha companhia me chamou no escritório. Em posição de sentido, eu esperava levar a mesma bronca de sempre. No entanto, ele foi até um pequeno armário de vidro cheio de livros, puxou fora uma chavinha, abriu-o, pegou um dos volumes e estendeu-o para mim. Ele me deu autorização para lê-lo nas horas de estudo, quando era proibida qualquer leitura que não fosse a do material escolástico. O Falecido Mattia Pascal de Pirandello caiu sobre minha cabeça como um tijolo, e me fez ver as estrelas. Desde então, tive vontade de ver outras estrelas. Eu ia para aquele escritório, o capitão abria a caverna de Ali Babá com aquela minúscula chavinha e me dava uma joia.
Venho daquele pequeno armário de vidro, que o capitão Rossi abria com uma chave de boneca.

Eu sonhava em fugir das águas estagnantes que me viram crescer. Dos dois filhos de minha mãe, um cultivou durante toda a sua vida errante, na Europa, na América e na Ásia, o culto e a nostalgia pelas suas raízes meridionais, bourbónicas, gallipolianas, e pela escola militar napolitana onde fomos educados. O outro, ao contrário, praticou a indiferença e o esquecimento. Na verdade, remoção e reticência. Esse segundo filho sou eu.
Venho daquele cordão umbilical cortado por minhas próprias mãos. Isso também quer dizer queimar a casa?

No entanto, com meu pai, aquela pessoa desconhecida e tão intimamente familiar que aos dez anos vi agonizar por horas até o silêncio, continuei a dialogar todos os anos, sobre sua tumba, no pequeno cemitério de Gallipoli, que ainda tem dimensões humanas. Eu não diria que é um diálogo com as minhas raízes. Parece mais um bate-papo com um velho companheiro. Agora somos coetâneos, quer dizer, sou eu o mais velho. Levo-lhe notícias sobre os netos que nunca viu; sobre minha vida e meu trabalho; preocupações do momento e novidades que ele vai gostar de ouvir. Peço conselhos, ouço suas opiniões. Um diálogo de boca fechada, às vezes em voz baixa, como fazem algumas pessoas que a surdez torna eloquentes.
Fiquei acostumado a dialogar com alguém que viveu antes de mim, ao invés de fazer isso com quem está no alto. Está aqui a origem da minha inclinação profissional para dialogar com os livros dos mestres? Diante do que está no Alto, podemos nos sentir crentes ou descrentes. Diante do

que está Antes, a gente se sente que nem criança. E para as crianças, a inteligência coincide com a capacidade de arquitetar confusões.
Venho de um pai que não chegou a envelhecer e a sofrer por um filho que se tornou estrangeiro.

Eu e meu irmão, quando tentávamos avaliar nossa árvore genealógica, não falávamos de raízes, mas da tara de família. Era a pulsão ao suicídio. Lembrávamos dos casos do nosso avô e dos seus três irmãos. Suicídios lúcidos, sem medo, que funcionaram com uma fantasia barroca. Meu irmão morreu, mas não por suas próprias mãos. Nem meu pai se suicidou. Mas há outros modos de recusar a vida.
Venho da tara de família.

Raízes, origens: quanto mais são pessoais e sinceras, mais parecem ter sido identificadas por acaso. Persigo sintomas, sinais, indícios de recordações, imagens que não conseguem se apagar completamente no esquecimento. Desabrocham vez por outra em minha mente, deve haver uma razão, digo a mim mesmo.

Não é só a mente que se lembra. Há também uma memória dentro daquele nó de dinamismos e impulsos localizado na minúscula região que fica entre o cóccix e o plexo solar. Aquela região que todas as pessoas que fazem teatro devem aprender a conhecer, a partir da qual devem elaborar uma ciência empírica e pessoal, uma consciência e uma superstição. Onde sopram ventos que queimam e dali eles se transmitem aos nervos, à medula, aos chamados "olhos da mente".
Venho daquele lugar, daquele nó de dinamismos e impulsos.

Em meu sistema nervoso estão gravadas as ações de Eigil Winnje ao organizar sua oficina de latoeiro, em Oslo, onde eu trabalhava como soldador: orgulho artesanal ao fazer os acabamentos do trabalho e paridade sem privilégios na distribuição das tarefas, inclusive para ele, que era o patrão. Ações sem palavras com as quais me transmitia saberes e valores através de um ofício humilde.
Meus nervos se lembram de Jens Bjørneboe, escritor e amigo amado: uma encarnação da necessidade dos excessos. Sem contrassensos imprevistos e sem revoltas contra as ideias nas quais acreditava, a vida – para ele, um rebelde com sede de justiça absoluta – corria o risco de ser reduzida a um inconsciente pessimismo.
Minha espinha dorsal guarda as marcas do modo em que Grotowski levou seus atores, em Akropolis, *a incorporar o ato físico do olhar, típico*

dos que estavam internados nos campos de concentração. Aquele modo de observar as circunstâncias, o mundo e a história espremendo as pálpebras pela incompreensão, levantando as sobrancelhas com estupor, sem brilho nos olhos.

Está viva em mim a atitude profundamente gentil, cheia de solidariedade e consenso, com a qual a dançarina Sanjukta Panigrahi recusava uma das tarefas que eu lhe propunha com uma teimosia tão inabalável que chegava a ser pacífica.

Não posso me esquecer do dia em que, furioso contra um ator, abandonei o Odin Teatret decidido a nunca mais pôr os pés lá. E o silêncio e o recolhimento dos meus atores, nos dias seguintes, que chegavam ao teatro como de costume, às sete da manhã, para o treinamento e os ensaios de Cinzas de Brecht. *Sozinhos, até o dia em que mudei de ideia.*

Essas atitudes estavam profundamente enraizadas no fundo daquelas pessoas. Eram as raízes delas, e avançaram até a minha pessoa. Não são o passado, as lembranças, mas o presente. Ter uma terra em comum significa isso: raízes que cresceram em outro lugar podem se inserir em mim e se tornar a minha própria pessoa.

É assim que eu poderia responder à pergunta "de onde venho?", citando nomes e fatos escolhidos no passado, na vasta selva de sombras que habitam o presente.

Uma Pluralidade de Dramaturgias

"De qual dramaturgia o diretor quer tratar?" Não hesitei nem um segundo. "Sófocles, Ibsen, Tchékhov e, naturalmente, Brecht". Tinha sido fácil responder a essa pergunta durante meu exame de admissão na escola teatral de Varsóvia, em janeiro de 1961. Dramaturgia, naquela época, era a obra dos escritores.

Durante muitos anos, raramente utilizei esse termo em meu trabalho cotidiano. Todos os meus esforços estavam orientados para compreender meu ofício de diretor e o modo prático de exercê-lo. Em outras palavras: como provocar reações pessoais nos atores e orquestrá-las em um espetáculo que não imitasse a vida, mas que possuísse uma qualidade de vida própria. "Vida" era a palavra que eu voltava a encontrar em minha boca quando observava e media os resultados dos atores e as minhas escolhas durante os ensaios.

As ações dos atores e as relações que tinham entre si emanavam vida? Davam a sensação de ser orgânicas? Os atores tinham uma presença cênica convincente? "As ações de vocês não têm *kraft*", eu dizia a eles. *Kraft* é uma palavra norueguesa, e quer dizer força, potência, energia – como aquela elétrica ou psíquica, ou como a onda que percebemos quando estamos perto de uma criança que brinca ou perto de um adulto feliz.

No final dos anos de 1970, circunstâncias particulares me levaram a refletir sobre minhas experiências com relação à "presença" do ator. Tive a oportunidade de identificar e de comparar, durante muito tempo e de maneira sistemática, alguns princípios técnicos de atores e dançarinos provenientes de diferentes tradições teatrais. Esse campo de estudos – que chamei de "antropologia teatral" – desenvolveu-se na International School of Theatre Anthropology (Ista). Com o objetivo de especificar com as minhas próprias palavras a terminologia técnica da minha tradição teatral, defini "dramaturgia" em chave etimológica: *drama-ergein*, trabalho das ações. Ou seja: como as ações dos meus atores começavam a trabalhar. Para mim, a dramaturgia não era um processo que pertencia somente à literatura, era uma operação técnica inerente à trama e ao crescimento de um espetáculo e de seus vários componentes.

Geralmente, na tradição europeia, a dramaturgia é compreendida como uma composição literária que possui uma escansão bem precisa: proposta do tema, desenvolvimento, peripécias, guinada, conclusão. A dramaturgia é o fio narrativo horizontal que junta aquele punhado de pérolas de vidro que é um espetáculo. No entanto, durante meus vários anos como diretor, a dramaturgia teve muito pouco a ver com texto escrito, sequência narrativa ou trama pré-estabelecidos.

Eu tinha a impressão de que a dramaturgia indicava um campo vital para a minha atividade, mas, ao mesmo tempo, eu não sabia bem em que consistiam exatamente as suas propriedades e os seus confins. Ela tinha se tornado uma expressão familiar que eu usava como se soubesse perfeitamente o que significava. Após ter visto um espetáculo, por exemplo, eu comentava que do ponto de vista da dramaturgia ele deixava a desejar. Eu tinha uma ideia sobre o que estava falando, e ela me parecia bastante clara.

Mas ela se tornava vaga no exato momento em que eu tentava defini-la. Eu tinha a impressão de fazer alusão a uma estrutura invisível que deveria fundir, de maneira fascinante, insólita e eficaz, os elementos heterogêneos e as diferentes partes do espetáculo. Não bastava. Eu estava insatisfeito, como se escavando neste terreno eu tivesse que encontrar alguma outra coisa, um pequeno tesouro enterrado.

Comecei a refletir separadamente sobre resultado e sobre processo. Do ponto de vista do processo, eu disse a mim mesmo, não é importante que eu me pergunte *o que é* a dramaturgia. Tinha que me colocar outra questão: como diretor, como eu interferia nas ações dos atores?

É difícil entender como funciona o próprio trabalho sem cair em construções teóricas complicadas e abstratas, detalhadas em mil subsetores, como uma arquitetura típica da Cabala.

Mas, gradualmente, acho que comecei a entender que aquilo que eu chamava de dramaturgia não era o fio da composição narrativa, a sequência horizontal das diferentes fases do desenvolvimento do tema. O *meu* trabalho de dramaturgia começava com um tipo de olhar que colocava em evidência a natureza estratificada do espetáculo. A minha dramaturgia também operava sobre as múltiplas relações entre as partes do espetáculo. Mas ela dizia respeito às relações entre os vários componentes *em uma dimensão vertical*. Era, em primeiro lugar, um modo de ver os vários estratos ou níveis do trabalho independentemente do sentido do espetáculo. Eu identificava esses níveis e os desenvolvia separadamente, como se não houvesse relação entre eles.

O que me ajudou a compreender meu próprio trabalho foi o modo de pensar dos biólogos. Na biologia é necessário fazer uma distinção não só pelas partes, pelos componentes de um único organismo (por exemplo, seus diferentes órgãos, como: fígado, coração ou cérebro; ou seus sistemas, como: o de circulação do sangue, o nervoso ou aquele respiratório), mas também por níveis de organização. No primeiro caso, subdivide-se um organismo por partes coordenadas entre elas (órgãos, sistemas etc.). No segundo, raciocina-se por *estratos*, distinguindo os níveis entre os quais se estabelece a relação segundo diferentes lógicas. Temos, assim, um nível de organização celular no qual se baseia o nível de organização dos tecidos, no qual, por sua vez, baseia-se aquele dos órgãos, que se coordenam, por fim, num nível superior, a unidade do organismo vivo.

Para mim, o espetáculo também era um organismo vivo do qual eu tinha que identificar não só as partes, mas, inclusive, os níveis de organização, e depois as suas relações. Dramaturgia, então, era um termo parecido com anatomia: um modo de trabalhar, na prática, não só com o organismo em sua complexidade, mas com seus diferentes órgãos e estratos.

O mais interessante não era a definição dos vários níveis de organização segundo os biólogos. O que me servia era a eficácia de uma forma de olhar que levava em conta lógicas diferentes e sobrepostas. E, sobretudo, que reconhecia como sendo extremamente concreta uma realidade que não pode ser isolada materialmente: cada nível de organização, de fato, não é uma coisa que podemos ver separadamente em cima da mesa anatômica. É uma lógica, uma ação concreta do pensamento ou do olhar, um olhar parecido com o de quem lê uma partitura musical horizontalmente e verticalmente ao mesmo tempo.

De um lado, a dramaturgia do espetáculo se apresenta como trama numa concatenação e numa simultaneidade de diferentes núcleos de ações ou episódios; do outro, os diferentes estratos estão presentes ao mesmo tempo e em profundidade, cada um dotado de uma lógica própria e de um modo próprio e peculiar de manifestar a sua vida.

Os níveis de organização do espetáculo que me interessaram e que apareceram de forma evidente foram três:

– o nível da *dramaturgia orgânica ou dinâmica*. É o nível elementar, e diz respeito ao modo de compor e tecer os dinamismos, os ritmos e as ações físicas e vocais dos atores para estimular sensorialmente a atenção dos espectadores;

– o nível da *dramaturgia narrativa*: a trama dos acontecimentos que orientam os espectadores sobre o sentido ou sobre os vários sentidos do espetáculo;

– o nível da *dramaturgia evocativa*: a faculdade que o espetáculo tem de gerar ressonâncias íntimas no espectador. É essa dramaturgia que destila ou captura um significado involuntário e recôndito do espetáculo, específico para cada espectador. É um nível que todos nós já experimentamos, mas que não pode ser programado de forma consciente. Nem sempre eu e meus atores fomos capazes de realizá-la.

Cada um desses três níveis possui sua própria lógica, suas exigências e seus objetivos. Conseguir isolá-los artificialmente e pensar neles de forma separada foi fundamental para mim. No nível da *dramaturgia orgânica* ou dinâmica, eu trabalhava com ações físicas e vocais, figurinos, objetos, músicas, sons, luzes, características espaciais. No nível da *dramaturgia narrativa*, eu trabalhava com personagens, fatos, histórias, textos, referências iconográficas. A *dramaturgia evocativa* tinha uma natureza diferente das outras duas. Era um objetivo. Indicava o trabalho necessário para fazer com que um mesmo espetáculo reverberasse de modo diferente nas cavernas biográficas de cada espectador. Eu a reconhecia somente por seus efeitos: quando conseguia tocar as superstições pessoais, os tabus, as feridas dos espectadores. E aquelas do diretor, que é o primeiro espectador.

A dramaturgia orgânica é o sistema nervoso do espetáculo, a dramaturgia narrativa é seu córtex, a dramaturgia evocativa é aquela parte de nós que, em nós, vive no exílio. A dramaturgia orgânica faz com que o espectador dance cinestesicamente em seu lugar; a dramaturgia narrativa movimenta conjecturas, pensamentos, avaliações, perguntas; a dramaturgia evocativa permite que ele viva *uma mudança de estado*.

A articulação em vários níveis era, em primeiro lugar, uma forma de multiplicar as lógicas, de lutar contra a univocidade de um espetáculo e as relações explícitas da trama. E, sobretudo, permitia que eu desfrutasse dos mecanismos de atração sensorial que estão para além dos significados ou da história. A capacidade de identificar esses níveis, aliás, não me ajudou a resolver o problema de como desenvolvê-los de modo artisticamente eficaz. As preferências, os procedimentos e as escolhas para enfrentar esse problema são sempre pessoais e variam dependendo da circunstância.

Era nessas três dramaturgias que se baseava meu trabalho de diretor, como primeiro espectador que percebe um espetáculo com os mesmos sentidos e o observa com os mesmos olhos dos outros espectadores. Mas esse primeiro espectador tinha que possuir as capacidades técnicas necessárias para intervir no processo criativo dos atores e para afiar as capacidades do espetáculo de penetrar em profundidade.

No entanto, essa participação ativa do diretor dava um sentido completamente diferente à palavra dramaturgia. Indicava aquele aspecto do meu trabalho que se baseava nas relações. A dramaturgia, então, tinha a ver com as minhas decisões de voltar a forjar e a amalgamar as relações que surgiam da dramaturgia orgânica e da dramaturgia narrativa. O objetivo dessa mistura – ou montagem – era a destilação de relações *complexas*, capazes de *subverter* as relações óbvias.

A minha dramaturgia, nesse segundo sentido, era uma técnica para plasmar, fundir, multiplicar e, dessa forma, *subverter* as relações que iam aflorando durante os ensaios. Era a maneira pela qual eu tentava transformar as simples, e muitas vezes gratuitas, interações em sequências ambíguas e contraditórias, capazes de provocar no espectador aquilo que para mim era o essencial: a experiência de uma reviravolta. Era um uso muito pessoal e subjetivo do termo dramaturgia, e designava a parte do trabalho em que eu estava sozinho. Era a fase aparentemente demolidora da criação, aquela em que eu desmanchava e destruía as lógicas e os nexos que me propunham os textos, os meus próprios temas e os atores. Mas era graças a esse "terremoto" que eu conseguia identificar fios imprevistos e entrelaçá-los em relações que eram caracterizadas por ambiguidade e densidade.

Muitas vezes meu melhor aliado para embaralhar as relações mais óbvias eram as constrições impostas de fora: pelas condições materiais, pela economia, pelos atores, pelas circunstâncias imprevistas. Outras vezes eu mesmo me impunha limites artificiais, um emaranhado de restrições que forçavam soluções não programadas. Elas não buscavam invenções originais. Traziam algo que para mim era ainda mais importante: potencialidade de nexos, ganchos e aproximações diferentes das que já existiam, daquelas imaginadas ou imagináveis até aquele momento.

Dramaturgia, nesse sentido, era a criação de uma complexa rede de fios no lugar de simples relações. Era também um modo de pensar. Era uma propensão a desencadear com total liberdade um processo de associações e a misturar, de forma consciente ou acidental, fatos e componentes preestabelecidos para desconfigurá-los, torná-los estranhos para mim e difíceis de identificar. Intencionalmente eu criava situações que era incapaz de reconhecer. Dessa forma, era obrigado a identificar uma nova coerência e a transmiti-la, sensorialmente, ao espectador, através das ações dos atores.

Durante os ensaios, minha ação para subverter fatos, elementos visuais e auditivos, e também relações, podia ser simples, inclusive mecânica, enquanto era um ponto de partida. Bastava estabelecer uma rede de constrições e obstáculos que respeitassem regras rigorosas. Por exemplo: partir da situação contrária àquela que eu queria contar; limitar radicalmente o espaço; miniaturizar ao redor de uma mesa uma cena desenvolvida numa área maior; fazer com que os passos e as caminhadas de um ator dissessem o que seus braços e suas mãos diziam. Este processo consciente de *obstrução das ações de um ator* ou do desenrolar de uma cena produzia, por si só, perspectivas novas que ampliavam as minhas possibilidades de escolha.

Não era importante que o trabalho de subversão fosse *inteligente* logo no início. Mas na fase final ele tinha que se tornar um furacão inesperado, capaz de confundir minhas certezas e de fazer com que as escamas de um dragão saíssem de dentro da terra. Um resultado como esse aflorava independentemente da minha vontade e da vontade de cada ator; não era a consequência consciente de ideias, teorias, lógicas analíticas ou psicológicas. Muitas vezes era um efeito do esforço para *permanecer fiel* ao meu ponto de partida.

Porque o princípio da subversão, sozinho, não bastava. Tinha que existir também uma espécie de coerência emotiva que guiasse meus processos mentais, decidisse suas mudanças e vigiasse essa necessidade de subversão. Coerência com o quê? Com uma imagem, uma associação, uma lembrança: com uma sombra, sempre presente, mas que não deveria aparecer demais no espetáculo. A *fidelidade* a essa incongruente coerência, que também me desorientava, era fundamental, mesmo sendo um ônus durante os ensaios. Paguei o preço disso tudo com uma contínua perda de orientação e com intermináveis períodos de incerteza. O trabalho para cada espetáculo era acompanhado pela sensação constante de cair no vazio, com a angústia de que o paraquedas não se abrisse.

A angústia não diminuiu com a idade. Minha única consolação foi sempre acreditar que a noite tem doze horas, não mais do que isso, e que no final o dia sempre amanhece. O que me segurou foi a fé que se eu trabalhasse sem desistir, depois de alguns meses eu teria finalmente encontrado a esfinge: o espetáculo. Eu teria vivido novamente a emoção de vê-lo chegar de longe, com uma vida própria, independente e orgulhosa.

Fidelidade e necessidade de subversão caminhavam lado a lado.

Mas ainda observei minha atividade de uma terceira perspectiva, à qual eu também costumava chamar de dramaturgia. No decorrer daqueles anos, meus atores começaram a criar materiais para um novo espetáculo de forma cada vez mais autônoma – cada um com seu fio lógico, suas associações e seu trabalho no nível orgânico e narrativo. Só num segundo momento eu colocava seus resultados em relação, e os orquestrava em um fluxo de estímulos sensoriais e de significados. Após um longo período de ensaios, esses materiais heterogêneos se integravam de tal forma que o espectador não conseguia distingui-los.

De modo gradual, essa prática me levou a considerar o espetáculo não como uma *mise-en-scène* (de um texto, uma história, um tema, uma ideia), mas como uma *composição teatral* que, num certo sentido, é executada tanto pelo ator quanto pelo diretor e o espectador. Até essas *execuções* eu comecei a definir como dramaturgias, multiplicando os significados do termo. Hoje, enquanto escrevo, eu me dou conta de quanta confusão o uso da mesma palavra pode gerar, quando usada sob diferentes ópticas e em diferentes campos de ação que, para mim, resultavam muito claros na prática.

Então, até mesmo a terceira perspectiva eu chamei de: dramaturgia do ator, dramaturgia do diretor e dramaturgia do espectador. E foi assim que eu expliquei pra mim mesmo de quem eram o olho e a lógica que dava um sentido ao espetáculo. O olho e a lógica podiam ser tanto do ator quanto do espectador ou do diretor. Minha dramaturgia de diretor consistiu em elaborar a dramaturgia do ator para fazer funcionar a dramaturgia (a execução) de cada espectador. Eu trabalhava no nível das ações físicas e vocais, com a música e com as luzes, com as personagens, as histórias e os fatos. Embaralhava as relações óbvias que existiam entre tudo isso, mas permanecia fiel às minhas sombras para fazer com que o espetáculo provocasse outras ressonâncias no mundo diferente de cada espectador.

Pode parecer estranho falar de "dramaturgia do espectador", e muitas vezes disseram na minha cara que é uma expressão que não tem sentido nenhum. Eu a mantive com teimosia. Ela me servia para indicar meu principal esforço: criar um espetáculo que pudesse assumir um sentido compartilhado e, ao mesmo tempo, que pudesse sussurrar uma diferente confidência para cada um dos espectadores. E que se mostrasse diferente a cada vez que alguém o visse. Isso também valia para mim, o primeiro espectador de todos, e valia para os atores, espectadores de si mesmos e de seus companheiros. Eu queria que esses espetáculos pudessem dar aos atores, aos espectadores e a mim mesmo a experiência de uma reviravolta do mundo que conhecíamos.

Quando as dramaturgias do ator, do diretor e do espectador se encontravam numa forma de vida que falava para uma verdade secreta que me pertencia, eu vivia uma mudança de estado e o espetáculo me parecia um *ritual vazio*. O vazio é ausência, mas também é potencialidade. Pode ser a obscuridade de uma imensa fenda. Ou então a imobilidade do lago profundo de onde emergem encrespamentos – sinais e sombras de uma vida inesperada.

Fiz teatro, vendi sombras. Através dessas sombras, escalei em direção a um mundo diferente daquele que eu tinha que viver. Essas sombras eram escadas, para mim, para meus atores, e para alguns de meus espectadores. Nossos pequenos degraus artesanais e nossos valores eram ilusórios, se vistos sob o fundo daquele céu de pedra chamado "realidade". Para não ser enxotado desse céu de pedra, eu me coloquei algumas metas: fantasmas, ilusões, ideais que eu sobrepunha à crua realidade que existia ao meu redor, e que eu chamava de *superstições*.

Superstição, assim como se diz normalmente, expressa uma qualidade negativa, irracionalidade, fanatismo, engano. Mas quando faço uma subversão, este termo mostra sua face literal. Em latim, *super-stare* significa *o que está por cima*, algo que pode esmagar ou atrair e levantar.

Nunca acreditei que as superstições devam ser compartilhadas. Nesse caso elas se tornam um jugo, correntes, doutrinas. São raízes-sombras que percorrem minha cidade interna, aquele território exíguo e infinito contido em minha pele, em meus nervos e músculos, no microcosmo pessoal e incomunicável que é o *país da velocidade*, meu corpo-em-vida.

Minha origem profissional está ligada a alguns homens e mulheres do teatro do século XX que não se contentaram com as fronteiras de seu ofício. Meus antepassados teatrais sobrepuseram a essas fronteiras a determinação e a vontade de ultrapassá-las, *a fome do além*. Potenciaram a tal ponto a própria arte que acabaram por se confrontar com uma pergunta amarga: valem a pena todos os sacrifícios, a fadiga e o empenho para uma obra que é efêmera? E assim eles lutaram contra a cultura e as condições do teatro: uma arte que não pode ter a ilusão de não ser efêmera. Conduziram sua luta por uma *permanência* do espetáculo nos sentidos e na memória do espectador através das ações do ator, refinando sua natureza biológica. *Bios* significava vida. O *bios* do ator que penetra no mundo interior do espectador; o *bios* do espetáculo que se confronta com o *logos* insensato da história; o *bios* do teatro como rebelião e transcendência, como presença e voz de superstições individuais, para além do entretenimento e da arte.

A dramaturgia é constituída materialmente de ações que interagem nos diferentes níveis de organização de um espetáculo. Podem essas ações vivas, incrustadas na ficção, se transformar num caminho em direção às origens da vida? Em direção às origens das injustiças do mundo? Em direção às origens de nossas várias identidades?

Escadas de sombra. Técnicas de uma arte efêmera contra o efêmero. Ritual vazio.

Primeiro Entreato

*Os livros são a obra da solidão e os filhos do silêncio.
Os filhos do silêncio não têm nada em comum com os filhos da palavra.*

Marcel Proust

Os Filhos do Silêncio

Em janeiro de 2007 eu recebi uma carta. Mirella Schino, uma cara amiga, estudiosa de teatro, expressava um desejo:

Caro Eugenio,

Feliz Ano Novo, espero que sob o mais quente e fulgurante dos sóis mexicanos. Aqui está ventando, a casa toda assobia, parece que estou dentro dos *Morros dos Ventos Uivantes*. Boa sorte. Você me disse que para 2007 foram por água abaixo quase todas as propostas de trabalho para o seu teatro. Tenho certeza de que para você será um modo de criar outros novos caminhos. Sim, é grave, mas eu adoro quando você trabalha contra a onda.
E visto que ando tendo desejos impossíveis para o ano que vem, senti uma vontade insana: vou até dizer aquilo que eu gostaria muito de ler em seu futuro livro (imagino você, debaixo de um sol de meio-dia, juntando todos aqueles tijolos certinhos que logo depois vão ser reduzidos a um alegre caos). Não o que eu desejo que você escreva, é óbvio: mas aquilo que eu gostaria de ler nas entrelinhas, no meio do seu abundante fluxo de fios. Eu gostaria de um cara a cara entre a imagem do Odin de hoje, chamado de "velho", ou pelo menos diferente, e a imagem do Odin jovem ou maduro que vocês ainda carregam (porque está presente em seus livros, no amor de seus espectadores, na imagem conhecida do Odin), como uma gata que carrega consigo a própria placenta. Sim, eu sei: você fez um espetáculo sobre a velhice. Quer dizer, dois. Mas não é a mesma coisa.
Estou falando de uma marca nova – uma nova relação entre teorias e práxis. Uma vez você me contou que os jovens que só o conheceram através dos livros ficam um pouco desconcertados quando veem você e seus atores pessoalmente. Não os reconhecem, literalmente. Mas eu acho que os jovens, de qualquer forma, ficam completamente fascinados pelos espetáculos que vocês fazem. Mas, enfim: eu gostaria muito de encontrar em algum canto do seu livro o que vocês são agora, com quanto esforço chegaram até aqui – e olha, é claro que eu não estou falando de uma declaração de idade. Mas você acha que basta dizer que vocês são velhos,

para falar do que são, e contar sobre a tensão que agora os faz prosseguir? Claro que não. Porque eu espero e acredito que não seja simplesmente a de conseguir desaparecer com honra.

Vou parar por aqui porque me dou conta de estar me tornando cada vez menos compreensível. Fique com essa lenga-lenga por aquilo que ela é: uma declaração de afeto.

Mirella.

Hoje, entre ardor e cansaço, o que trago do passado como uma gata que arrasta atrás de si a própria placenta?

Falam de um pai que comia um pão. O filho lhe pediu o pão. O pai deu uma pedra para ele, e continuou a comer. Depois começou a comer um peixe. O filho lhe pediu o peixe. O pai sacou uma serpente e ofereceu-a ao filho. Desta vez o filho sabia o que fazer: com a pedra matou a serpente. Essa foi a primeira coisa que o pai ensinou ao filho faminto: a matar a insídia da serpente. O filho, que tinha aprendido a matar a serpente, não tinha por isso menos fome. Viu o pai pegar um ovo. Faminto, não pediu mais: com a pedra foi pra cima do pai, que lhe deu o ovo, de onde saiu a cauda venenosa do escorpião. Assim, o filho que tinha aprendido a matar também aprendeu a morrer e a salvar o pai.

Para não morrer como filho, tive que crescer, tive que me tornar um pai *capaz* de correr atrás do necessário e *incapaz* de me esquecer da fome de quando eu era filho.

Há mais de cinquenta anos, quando eu sonhava em me tornar diretor, teatro, para mim, era sinônimo de revolta. Eu a encontrei no teatro de Brecht, em sua exortação ao empenho e à luta contra a prepotência e a indiferença. Foi preciso tempo – meu encontro com Grotowski e o vínculo com os meus atores – para deixar de enganar a mim mesmo. Compreendi que a revolta deveria ser revolta contra mim mesmo, contra minha preguiça e meus compromissos, contra os preconceitos da cultura da qual eu estava impregnado, contra o que tinham me ensinado e que eu queria arrancar do meu cérebro como uma mulher que quer abortar.

Hoje meus ossos doem e minha vista está mais fraca. É muito mais cansativo trabalhar doze horas por dia. Mas mesmo assim, o incêndio pouco sensato e selvagem que eu chamo de revolta ainda deixa vivo o meu desejo de teatro. É o mesmo que alimenta o ceticismo do pai e a fome do filho que coabitam dentro de mim. O teatro pelo qual sou apaixonado possui uma face negra e fugidia. É um caminho que se ramifica e se reencontra, sem meta; um mar que eu exploro e que é um deserto. Amo o teatro porque ele me faz sentir um emigrante que volta à própria terra para nela viver como estrangeiro e sem herdeiros.

Fui apaixonado pela face negra e fugidia do teatro quando era jovem, mas ainda sou, e de forma bem mais consciente agora, como velho. É o mesmo impulso apaixonado que dura há dezenas de anos, ainda que o expresse de várias maneiras. Vou tentar explicar falando do meu encontro com dois irmãos que rodavam pelo mundo, um a sombra do outro. Eram os filhos do Silêncio, dois anjos com aspecto de delinquentes. Chamavam-se Desordem e Erro.

Amo essa palavra, Desordem. E nos últimos anos eu a uso cada vez mais. Eu queria chamar este livro de *O Ritual da Desordem*, bem consciente dos mal-entendidos que esse termo cria. Para mim ele possui dois significados opostos: a desordem é a ausência de lógica e de rigor que caracteriza as obras insignificantes e caóticas; a Desordem (com maiúscula) é aquela lógica e aquele rigor que provocam *a experiência do desconcerto* em mim e no espectador. A Desordem é a *erupção de uma energia que nos coloca diante do desconhecido*.

Hoje, sei que com todos os meus espetáculos eu me propunha a suscitar a Desordem na mente e nos sentidos do espectador. Eu queria provocar a dúvida, produzir um choque em seu costume de pre-ver e em seus critérios de julgamento. O espectador do qual estou falando não é um estranho, uma pessoa que tenha que ser convencida ou conquistada. Estou falando principalmente de mim. Quem faz um espetáculo também é seu espectador. A Desordem (com maiúscula) pode ser uma arma ou um remédio contra a desordem que nos assedia, dentro e fora de nós.

Não existe um método para provocar a Desordem no espectador. Tentei fazer isso com uma forma particular de autodisciplina. Ela pressupunha uma separação, uma revolta anônima e tácita, dos modos justos e coerentes de considerar os valores, os objetivos e as motivações da nossa profissão. Não era uma técnica, era sobretudo um impulso que ninguém podia me impor ou ensinar.

Onde pode estar a origem deste impulso? Em 1954, nos arredores de Acra, capital de Gana, que naquela época era uma colônia britânica, Jean Rouch tinha rodado *Les Maîtres fous*, um filme etnográfico que foi uma espécie de presságio para o teatro europeu da segunda metade do século XX. Era o testemunho de uma outra racionalidade, subterrânea e subversiva. Impressionou Jean Genet, que em seguida teria escrito *Les Nègres*; chocou Peter Brook, como podemos ver em seu *Marat--Sade*, baseado no texto de Peter Weiss; e acompanhou Grotowski em suas reflexões sobre o ator. No ambiente teatral circulavam anedotas e lendas sobre as influências de *Les Maîtres fous*. Naqueles anos eram cada vez mais frequentes os paralelismos e as distinções entre teatro e ritual. Alguns artistas estavam preparando um subtexto, hoje evidente: o teatro pode ser uma clareira no coração do mundo selvagem, um lugar privilegiado onde evocar a Desordem.

O ritual filmado por Jean Rouch expõe o luto de indivíduos humilhados pela civilização ocidental do progresso. As imagens cruas e isentas de qualquer tipo de prazer estético misturam paroxismo, jogo teatral e crueldade, de onde exala a beleza e o sofrimento sobre o qual navega um sentido de liberdade. Rouch nos obriga a observar a Desordem ligada a uma revolta existencial, à resistência contra a ordem do mais forte, na tentativa de romper com suas amarras.

Cada um de nós possui suas amarras sociais, culturais, psicológicas, sexuais, religiosas. Eu me pergunto: na luta contra as *minhas* amarras, quanto pesou a influência dos meus antepassados? Estou falando de alguns reformadores do teatro que reconheço como *maîtres fous*, mestres loucos, possuídos por um fervor quase descarado que expressaram com palavras de fogo e rigorosas práticas teatrais.

São *maîtres fous*, para mim, os protagonistas da revolta teatral do século XX, começando por Stanislávski. Penso no extremismo que caracterizou os percursos do pensamento deles. Num clima de renovação da estética teatral, puseram perguntas tão absurdas que elas acabaram sendo acolhidas com indiferença e derrisão. Visto que o eixo incendiário dessas perguntas estava envolvido por teorias bem formuladas, alguns as consideraram simples atentados contra a arte do teatro. Ou então *utopias*, um modo inofensivo de dizer que não era necessário levá-las a sério. Eis aqui alguns desses eixos incendiários: procurar a *vida* num mundo de papel machê; fazer jorrar a *verdade* num mundo de disfarces; conquistar a *sinceridade* num mundo de ficções; fazer da educação de um ator – que imita e representa pessoas diferentes de si mesmo – o caminho em busca da *integridade* de um ser humano novo.

Vamos imaginar um artista de hoje que peça um patrocínio ao Ministério da Cultura para buscar, através do teatro, a Verdade. Vamos imaginar o diretor de uma escola de teatro que escreve: ensinamos a arte do ator com o objetivo de criar um *novo ser humano*. Vamos imaginar um diretor de teatro que espere que seus atores tenham o conhecimento da dança porque ela respeita a harmonia das Esferas Celestiais. Seria lícito considerá-los uns inadaptados.

Hoje não custa nada ver, naquele aparente desvario, uma reação sensata aos rangidos de uma época que estava colocando em crise a própria sobrevivência do teatro. E hoje também é fácil reconhecer a perspicácia, a coerência e a perícia na *subversão* que os mestres da Desordem levaram para o teatro de seu tempo. Não reconheceram sua organização secular, inverteram hierarquias, sabotaram as convenções de comunicação entre palco e plateia que tinham dado certo, cortaram o cordão umbilical com a literatura e com o realismo de superfície. Despiram brutalmente o teatro até reduzi-lo à sua essência. Deram vida a espetáculos que foram insuperáveis por sua originalidade, extremismo e refinamento artístico com o objetivo de negar que o teatro é só uma arte, e afirmar a vocação para romper as amarras políticas, mentais e religiosas. Queimaram vários quartos da casa em que se formaram. Em alguns casos queimaram o teto e os alicerces.

Nós nos acostumamos a ler a história do teatro moderno pelo lado do avesso. Não partimos dos eixos incendiários das perguntas e das obsessões dos mestres da Desordem, mas do bom senso ou da poesia de suas palavras impressas. Suas páginas possuem um ar respeitável e seguro. Mas para cada um deles foram noites e anos de solidão e dúvidas quando suspeitaram que os gigantes contra os quais combatiam fossem invencíveis moinhos de vento.

Hoje nós os vemos como efígies em fotos sugestivas: rostos inteligentes, bem nutridos e ironicamente plácidos, como o de Stanislávski; rostos de reis mendigos, como o de Artaud; altivos e conscientes da própria superioridade intelectual, como o de Craig; combativos e indignados, como o de Meierhold. É impossível perceber que em cada um daqueles espíritos brilhantes se aninhava a incapacidade de esquecer ou de aceitar as próprias amarras invisíveis. Não conseguimos entender que a eficácia de todos eles deriva do esforço de sair de uma condição de impotente silêncio.

Penso naquele silêncio que não é uma escolha, mas uma condição sofrida como se fosse uma amputação. Um silêncio que gera monstros: autodifamação, violência sobre si e sobre os outros, preguiça aguda e indignação ineficaz. Às vezes, porém, esse silêncio nutre a Desordem.

A experiência da Desordem não diz respeito às categorias da estética. É quando uma realidade prevalece sobre outra. Como acontece no universo da geometria plana quando, de repente, cai um sólido. Como acontece, sem que a gente espere, quando a morte fulmina uma pessoa querida. Como quando, em menos de um segundo, os sentidos incendeiam e sabemos que estamos apaixonados. Como quando na Noruega, eu tinha acabado de emigrar, alguém me chamou de "italiano sujo" e bateu a porta na minha cara.

Quando a Desordem nos atropela, tanto na vida como na arte, de repente acordamos num mundo que não reconhecemos mais, e que não conhecemos ainda.

Os percursos artísticos são sempre caminhos individuais que tentam fugir dos mecanismos pré-fabricados e dos trilhos das receitas. São caminhos que respiram e que vivem a partir de uma necessidade muito pessoal que também é superstição e autodisciplina.

Para mim, a autodisciplina nunca correspondeu à adesão voluntária às regras inventadas pelos outros. Sempre foi o primeiro passo para romper com as amarras, uma das premissas para a Desordem na minha mente e no meu sistema nervoso de espectador. A Desordem surgia de um grumo de silêncio e tinha uma natureza tão particular que eu continuava sem conhecê-la mesmo quando sentia sua agitação. Por isso não existe um método que permita encontrar a Desordem.

No entanto, havia um método quando eu me deparava com o irmão da Desordem, o Erro. Eu vivia esse momento como um choque entre meu desejo de segurança e a nostalgia de uma energia desconhecida que desmantelasse meus baluartes psíquicos e intelectuais.

Normalmente, quando no meu trabalho eu tentei me apoiar em regras seguras, fui ridicularizado por causa da minha ingenuidade. Se eu me conformava com a ideia de um ofício completamente isento de regras, pagava essa minha ingenuidade com falências igualmente radicais. O que existe, então, no meio, entre a regra e a ausência de regras? Entre a lei e a anarquia? Falando de maneira abstrata, parece que não existe nada. Mas a prática me ensinou que ali existe alguma coisa sim, algo que possui, ao mesmo tempo, as características da regra e as da sua negação.

Esse algo, normalmente, chama-se *erro* e era ele que me tirava da confusão em que eu caía regularmente durante os longos períodos de ensaio. Eu estava acostumado a reconhecer dois tipos de erro: sólidos e líquidos. *O erro sólido* deixava-se medir, modelar ou modificar até perder sua característica de inexatidão, equívoco, insuficiência ou absurdidade. Deixava-se, então, voltar à regra ou se transformar em ordem. *O erro líquido* não se deixava apanhar ou avaliar. Comportava-se como uma mancha de umidade atrás de uma parede. Indicava algo que vinha de longe. Eu podia constatar que uma determinada cena estava "errada" ou que meus esforços para dar à luz um certo espetáculo não eram corretos. Mas aí eu me obrigava a ser paciente e a não usar imediatamente a minha inteligência. Intuía que aquela cena ou que a impostação de um espetáculo não deveriam ser corrigidas, mas perseguidas. E era o fato de estarem assim, tão *evidentemente* erradas, que me fazia suspeitar que não eram simplesmente estúpidas, mas que seguiam um caminho paralelo próprio.

Foi assim que durante alguns meses fiquei convencido de estar preparando um espetáculo sobre a vida de Bertolt Brecht, enquanto meus atores constatavam que iam se amontoando ilusões e equívocos. Com obstinação, eu me esforcei para correr atrás desse insucesso até que ele se transformasse num espetáculo diferente: *O Milhão*, as histórias de um Marco Polo contemporâneo.

Aconteceu a mesma coisa com os materiais que Iben Nagel Rasmussen me apresentou para seu novo espetáculo. Será *Édipo em Colono*, sentenciei, e me preparei para explorar cegueira e visão, velhice e vida errante, perda da própria cidade e descoberta de um centro interior. Iben hesitava e me revelava suas dúvidas. Insisti no mito grego durante muito tempo, até descobrir para onde o erro estava me levando. E assim o espetáculo se tornou *Itsi Bitsi*, a autobiografia de dois jovens com sede de liberdade.

Enquanto eu preparava um espetáculo, podiam surgir cenas sugestivas que, no entanto, não funcionavam na estrutura dramatúrgica que ia se sedimentando. Meu sistema nervoso de diretor não estava convencido. Eu tinha que mudá-las radicalmente ou cortá-las. Durante os ensaios de *Mythos*, Julia Varley criou vários materiais para visualizar o labirinto de Dédalo. Ensaiou muitas semanas e encontrou uma variedade de soluções a partir de um emaranhado de fios. Centenas de metros de fios dourados de diferentes espessuras, enrolados em meadas e novelos, adornavam seu figurino, e Julia, desenrolando-os, enredava o espaço cênico numa teia de aranha. Suas soluções determinavam traçados, posições, ritmos e ações, e pressupunham a colaboração dos outros atores, individualmente ou em grupo. Apesar da engenhosidade dos resultados, não demorou muito para que eu entendesse que devia eliminar tudo. Mas mesmo assim, preservei esse erro evidente até poucos dias antes da estreia. Deixei que Julia desenvolvesse sua estrutura como uma metástase, como um corpo estranho que se difundia no organismo do espetáculo que nascia, com consequências para o espaço e o tempo, o ritmo e as ações dos outros atores. O erro foi raspado dali. Todos os fios desapareceram, mas tinham contribuído para modelar cenas inteiras com dinamismos e interações. Foi importante, sobretudo, para organizar o ritmo dos setecentos quilos de cascalho que um dos atores transformava em um caminho, um espelho d'água, um jardim zen e um cemitério.

Os clássicos dizem: a vida é um sonho. Não é verdade, a vida é uma fábula. Descobri isso preparando *O Sonho de Andersen*. A fábula é um mundo de pura anarquia onde quem tenta vencer com obstinação, e se esforça para seguir um caminho coerente, perde. E, ao contrário, quem se comporta de maneira desvairada no final encontra a princesa.

É um mundo concentrado essencialmente na necessidade de romper com as amarras que ligam os contos à realidade assim como ela é. Por isso é povoada de monstros, de sombras dotadas de vida autônoma, de mulheres e homens que são metade animal, de mortos que falam e de objetos que vivem e pensam. Não é o mundo do mito ou da fantasia. É aquele da confusão. É um mundo que as crianças amam, mas que não ama as crianças. Nele, elas são abandonadas e vencidas. E experimentam a nua realidade: ânsia e medo se misturam com relâmpagos de uma insensata justiça.

Por que falo da anarquia pura das fábulas a propósito de meu trabalho teatral?

Durante os ensaios, quando prevalecia a confusão, tudo se tornava vago. A neblina impedia que se encontrasse qualquer direção. Para me orientar, eu tinha que saber condensar a confusão em erros sólidos a serem corrigidos e eliminados, restituindo ordem às circunstâncias. Paralelamente, eu tinha que saber identificar os erros líquidos sobre os quais deslizar até onde não imaginava. Onde eu não queria ou não acreditava que pudesse ir.

Se as fábulas transmitem algum ensinamento, ele diz que o erro é uma bênção. A estupidez ou a falta de memória de um protagonista, a troca de uma pessoa, um sono prolongado, um corvo morto que você coloca no bolso, muitas vezes são a premissa e as condições para um final feliz imprevisto.

No cara a cara entre o Odin velho e o Odin jovem, entrevejo um vínculo indissolúvel: a vontade de romper com as amarras, a sede de Desordem, o pavor diante da esfinge – o novo espetáculo a ser preparado –, a atração pelos obstáculos e pelo erro. Depois de mais de quarenta anos, posso afirmar que me debati com erros que potenciaram a confusão, e com erros que libertavam, quando eu tinha a sagacidade para pressentir e correr atrás da sua riqueza potencial. Eram sinais que se destacavam do silêncio. Vinham daquela parte de mim que eu não dominava. Continham uma mensagem que um antepassado meu, um mestre da Desordem, tinha me confiado para me ajudar a romper com as minhas próprias amarras.

A Dramaturgia Orgânica como Nível de Organização

A falta de vergonha estava no ar.
Até já vira um cachorro com uma cadela.

Clarice Lispector, *A Via Crucis do Corpo*

Dramaturgia do Ator

No decorrer dos anos, eu tinha me acostumado a definir o trabalho do ator como "dramaturgia do ator". Com esse termo eu me referia tanto à sua contribuição criativa no crescimento de um espetáculo quanto à sua capacidade de enraizar o que contava numa estrutura de ações orgânicas. Eu gostaria de esclarecer logo o que entendo por "orgânico".

O movimento de qualquer pessoa põe em jogo a experiência do mesmo movimento por parte de seu observador. A informação visual gera, no espectador, uma participação cinestésica. A cinestesia é a sensação corporal interna dos próprios movimentos e tensões e também dos movimentos e tensões dos outros. Isso quer dizer que as tensões e as modificações do corpo do ator provocam um efeito imediato no corpo do espectador até uma distância de dez metros. Se a distância é maior, o efeito diminui até desaparecer. Essa era uma das razões pelas quais os espectadores do Odin eram colocados só há poucos metros dos atores.

O visível e o cinestésico são indissociáveis: aquilo que o espectador vê produz nele uma reação física, a qual, sem que ele saiba, influencia sua interpretação sobre o que vê. Essa relação entre dinamismo do ator/dançarino e dinamismo do espectador também é chamada de "empatia cinestésica".

Entendo por "orgânico" as ações que provocam uma participação cinestésica no espectador e que, para ele, tornam-se convincentes independentemente da convenção ou do gênero teatral do qual o ator faz parte. Em meu livro *A Canoa de Papel*[1], descrevi os princípios necessários para desenvolver a presença cênica do ator numa perspectiva histórica e multicultural, ainda que não utilizasse o termo "dramaturgia do ator".

---

[1] *A Canoa de Papel: Tratado de Antropologia Teatral*, Brasília: Dulcina/Teatro Caleidoscópio, 2009 (N. da T.).

Em um espetáculo, é sobretudo a dramaturgia do ator que atua no sistema nervoso do espectador.

"Um escritor, certamente, pode construir castelos no ar, mas eles devem se apoiar em bases de granito". Essa afirmação de Ibsen sobre a composição literária indica uma dialética de autonomia e independência, de anarquia e disciplina, que também caracteriza a dramaturgia do ator e do diretor. Um espetáculo deve possuir uma coerência que se baseia no *bios* cênico, independentemente da história que conta. Essa coerência convence no nível sensorial. As bases de granito do espetáculo são a sua dramaturgia orgânica, ou seja, sua capacidade de engajar e persuadir os sentidos do espectador.

Quando eu falava de dramaturgia do ator, queria ressaltar a existência de uma sua lógica que não correspondia às minhas intenções de diretor, e nem àquelas do autor. O ator extraia essa lógica da própria biografia, das próprias necessidades, da experiência e da fase existencial e profissional em que se encontrava, do texto, da personagem ou das tarefas que tinha recebido, das relações com o diretor e com os outros companheiros.

A dramaturgia do ator me ajudava a pensar em como ele podia contribuir não só interpretando um texto e uma personagem, mas fazendo uma composição que possuísse um valor em si mesma. Assim, eu podia desenvolver autonomamente, e depois fundir, os três níveis de organização de que falei: orgânico, narrativo e evocativo. Sem esse processo independente, um ator não era um ator. Podia até funcionar dentro de um espetáculo, mas era, exatamente, um material puramente funcional nas minhas mãos de diretor. A dramaturgia do ator era a medida de sua autonomia como indivíduo e como artista.

O conceito de dramaturgia do ator fazia com que meu trabalho de diretor não fosse somente o fruto da minha imaginação e do meu saber técnico, mas era influenciado e plasmado pela criatividade de meus atores.

Muitos afirmam que o trabalho do ator consiste em cavar dentro de si para justificar a psicologia da personagem que ele interpreta. Essa visão geralmente é aplicada num teatro cujo objetivo é a *mise-en-scène* da literatura dramática.

Eu via o trabalho do ator sob uma perspectiva completamente diferente se considerava o espetáculo como um *organismo vivo que sussurra* e onde conviviam várias dramaturgias. O ator não tinha mais que justificar a psicologia de uma personagem, mas desenvolver a sua dramaturgia por meio de ações físicas e vocais. Essa dramaturgia dava vida a uma *presença cênica* que estimulava a minha dramaturgia de diretor e, logo depois, aquela do espectador.

Hoje eu sei que a *dramaturgia orgânica* é a força que junta os vários componentes de um espetáculo, transformando-o em experiência sensorial. A dramaturgia orgânica é constituída pela orquestração de todas as ações dos atores consideradas sinais dinâmicos e cinestésicos. Seu objetivo é a criação de um *teatro que dança*. Essa orquestração cria um fluxo de estímulos físicos necessários e imprevisíveis, que atraem ou repelem os sentidos do espectador. São formas artísticas e sinais biológicos que se dirigem à parte réptil e à parte límbica do nosso cérebro. Sensualidade e estímulos sensoriais perseguem a natureza animal do espectador.

A dramaturgia orgânica é o nível de organização primário de um espetáculo. É a terra sobre a qual plantei as raízes de todos os meus espetáculos. As raízes vivas de um espetáculo não são um texto literário, uma história a ser contada ou minhas intenções de diretor, mas uma qualidade particular das ações físicas e vocais do ator: presença, *bios* cênico, organicidade, persuasão sedutora, corpo-em-vida.

Decisiva, para mim, foi a capacidade dos meus atores, desenvolvida com anos de treinamento e de espetáculos, de composição de ações, posturas e ritmos que eles soubessem repetir. A abundância e as variações desses materiais orgânicos permitiam selecionar e amalgamar elementos diferentes numa montagem que subvertia as expectativas e os esquemas mentais dos espectadores, seduzindo seus sentidos e, ao mesmo tempo, despertando pensamentos, conjecturas, dúvidas. Se eu alcançasse esse objetivo, o espetáculo provavelmente continuaria a viver no espectador como reflexão e memória.

Muitas vezes afirmei que o espetáculo é a *experiência de uma experiência*. O espectador deveria intuir ou captar o sentido da história ou de uma sucessão de ações num espetáculo. Mas, sobretudo, ele deveria viver emotivamente o espetáculo (ou algumas de suas partes) e recordá-lo com as mesmas implicações pessoais e o mesmo grau de ambiguidade com que se vivem, sem um sentido prévio, os acontecimentos da vida cotidiana, tanto os comuns quanto os dramáticos. Quando algo de insólito nos atinge de repente numa situação que é familiar e previsível, nossa percepção e nossa consciência ficam aguçadas. Nossa reatividade diante de uma cena como essa é a consequência de quanto isso já era previsto e de quanto, ao contrário, não era.

Para alcançar esse objetivo com o ator, eu me valia de uma operação fundamental: a equivalência. *Equivalentes* são aqueles instrumentos ou aquelas intervenções que, mesmo sendo diferentes entre si, por forma ou natureza, possuem o mesmo valor, produzem efeitos iguais ou cumprem funções idênticas. A área de um apartamento pode ser equivalente à área de um horto ou de um terraço; aos olhos dos deuses, socorrer um mendigo pode ser equivalente a rezar. Cometer um delito ou uma automutilação pode ser entendido como provas equivalentes de dedicação e coragem; no antigo sistema de exames da China, o conhecimento completo de um determinado cânone poético constituía a prova de uma equivalente competência na administração pública.

Esse princípio de equivalência era aplicado muitas vezes por Etienne Decroux. Segundo ele, a ação de empurrar uma porta fechada resultava clara e até mesmo realística aos olhos do espectador se o mimo realizava com as pernas o "trabalho" que, na vida cotidiana, era feito com os braços.

De forma análoga, em um espetáculo, eu deixava que uma ação vocal funcionasse como ação física e uma olhada se tornasse o equivalente de uma deixa em um diálogo. No *Sonho de Andersen*, na luta entre o soldado e sua sombra, o grito repentino de uma atriz correspondia ao soco que atingia e jogava uma das personagens no chão. Em *Cinzas de Brecht*, Kattrin, a filha muda de Mãe Coragem, batia duas grandes tesouras de ferro, uma contra a outra, com gritos que irrompiam inarticulados com a intenção de acordar a cidade de Halle para o ataque noturno dos soldados inimigos. Uma jovem nazista a desarmava com um olhar.

Ações Reais, Improvisação e Partitura

Quando no treinamento ou durante os ensaios eu subdividia uma situação qualquer (escrever uma carta e colocá-la no envelope, dar um pulo, cortar uma maçã, pegar uma moeda do chão) em segmentos sempre menores, chegava a um ponto indivisível, um átomo minimamente perceptível: uma minúscula forma dinâmica que, ainda assim, tinha consequências na tonicidade de todo o corpo. Essa minúscula forma dinâmica era aquilo que eu e meus atores chamávamos de *uma ação real*. Podia ser realmente microscópica, apenas um impulso, mas ela se irradiava por todo o organismo e era imediatamente percebida pelo sistema nervoso do espectador.

No Odin Teatret, a dramaturgia do ator não era um modo de representar, mas uma técnica para realizar *ações reais* na ficção da cena.

Em nosso trabalho, foi realmente fértil que as ações do ator respondessem a uma lógica dinâmica, independentemente de seu significado narrativo. Essa lógica muitas vezes se referia à capacidade de utilizar o *equivalente da energia* (qualidade de tensões, desenho dinâmico, esforço, aceleração, manipulação etc.) necessária para a ação de sua partitura, inclusive quando essa ação era modificada. Por exemplo, o ator tinha dado um tapa, mas o diretor o tinha transformado numa carícia. Então, o ator modelava seu desenho dinâmico como se acariciasse, mas suas tensões correspondiam àquelas que tinham origem em dar um tapa. Desse modo, a *informação* dinâmica real ficava preservada, mas aparecia sob uma *forma* diferente. O sentido cinestésico (ou a empatia cinestésica) do espectador reconhecia os dinamismos da ação (atingir com força para dar um tapa), mas esta informação sensorial não correspondia ao que ele estava vendo – uma carícia.

É inegável: na realidade cotidiana, assim como naquela extracotidiana da cena, uma *ação real*, mesmo reduzida ao seu impulso, possui uma força de persuasão sensorial que produz *um efeito de organicidade* – quer dizer, de vida e imediatismo – no sistema nervoso do espectador. Basta pensar nos dribles de uma luta de boxe ou de uma partida de futebol, que são impulsos precisos de ações reais e que provocam uma reação imediata no adversário.

Ainda que o esporte seja a prática que melhor nos permite compreender o que é uma ação real, eu a definia para mim mesmo de modo menos agonístico: o hálito sutil do vento sobre uma espiga. A espiga é a atenção do espectador: não se mexe como quando está sob as rajadas de um temporal. Mas aquele hálito é suficiente para deslocar minimamente a sua perpendicularidade.

Quando eu indicava a ação para um ator, sugeria que ele a reconhecesse por exclusão, distinguindo-a de um movimento ou de um gesto que podiam ser realizados só pelas articulações. Eu dizia: "Seu menor impulso perceptível é uma ação e, como diretor e espectador, eu a identifico no momento em que você realiza um movimento microscópico (por exemplo, quando suavemente nós estendemos a mão) e toda a tonicidade muscular do seu corpo muda. Uma ação real produz uma mudança das tensões em todo o corpo e, como consequência, uma mudança na percepção de quem observa: então, a sua ação é experimentada, cinestesicamente, de forma análoga. A ação tem origem na espinha dorsal. Não é o pulso que move a mão, não é o ombro ou o cotovelo que movem o braço, mas é no torso que se afundam as raízes do impulso dinâmico".

Era evidente que a ação orgânica não bastava. Se no final das contas ela não era motivada por uma dimensão interior, a ação permanecia muda, não *comunicava* e o ator aparecia predeterminado pela forma de sua partitura.

O caráter, a índole, a profissão e a psicologia da personagem podiam ser informações e pontos de partida importantes para realizar ações reais. Mas no Odin Teatret, os atores alcançavam esse objetivo usando, sobretudo, diferentes técnicas de improvisação para criar uma partitura de *ações reais*.

Em geral, o termo improvisação cobre três procedimentos bem diferentes.

A improvisação pode ser entendida como a criação de materiais, um processo que dá vida a uma sucessão de ações físicas ou vocais partindo de um texto, de um tema, de uma personagem, de imagens, associações mentais ou sensoriais, de um quadro ou de uma melodia, de lembranças, episódios biográficos ou fantasias.

No segundo procedimento, improvisação é sinônimo de variação. O ator desenvolve um tema ou uma situação alternando e entrelaçando materiais já conhecidos e incorporados. Elementos que já tinham sido assimilados reaparecem dando a impressão de ser "espontâneos" e assumem significados diferentes segundo as variações, as combinações, as sucessões, o ritmo e os contextos. Era o tipo de improvisação dos europeus, desde os tempos da *Commedia dell'Arte* até Stanislávski e os reformadores do século XX.

O terceiro procedimento é muito mais sutil. Aqui, improvisação quer dizer individuação. Noite após noite, o ator dá vida às ações da personagem repetindo uma partitura de ações que normalmente foi fixada nos mínimos detalhes. Poderia parecer que tudo já tivesse sido decidido e que as possibilidades de variações ou de novas escolhas tivessem sido excluídas. E mesmo assim, esse tipo de improvisação é a mais comum na prática cotidiana dos atores: a capacidade de interpretar a sua partitura a cada noite com matizes diferentes – como um pianista "interpreta" um trecho de Mozart.

No Odin Teatret, o termo *partitura* dizia respeito:

– ao desenho geral da forma de uma sequência de ações e ao desenvolvimento de cada uma das ações (início, ápice, conclusão);

– à precisão dos detalhes de cada ação e de seus desdobramentos (*sats*, mudanças de direção, variações de velocidade);

– ao dinamismo e ao ritmo: a velocidade e a intensidade que regulavam o tempo (no sentido musical) de uma série de ações. Era a métrica das ações com suas micropausas e decisões, o alternar-se de ações velozes e lentas, acentuadas e não acentuadas, caracterizadas por uma energia vigorosa e macia;

– à orquestração das relações entre as várias partes do corpo (mãos, braços, pernas, pés, olhos, voz, rosto).

A construção e as fases seguintes da elaboração de uma partitura aconteciam dentro de um processo minucioso para o ator, no qual eu reconhecia paciência e recusa à facilidade. Eles apresentavam uma postura e uma consciência incorporadas no treinamento: a eficácia da presença cênica dependia da justificação interior, da precisão e da capacidade de preservar os mínimos detalhes.

Uma partitura só começava a viver depois de ter sido fixada e repetida muitas vezes.

A partitura era a manifestação objetiva do mundo subjetivo do ator. Permitia o encontro com o diretor, que a elaborava segundo critérios artesanais que eram compartilhados. A partitura era a busca da ordem para dar espaço à Desordem.

O termo *elaborar* era muito usado em nossa gíria de trabalho e em nossa prática. Essa palavra tinha inúmeros significados que continham procedimentos técnicos diferentes e até mesmo opostos. Por exemplo, desenvolver e ampliar o material do ator obtido com uma improvisação ou através de uma sequência de ações que ele tinha estruturado intencionalmente. Mas elaborar também queria dizer destilar esse material por meio de modificações e cortes radicais; achar variações, refinar os detalhes para ressaltá-los, alterar a forma das ações, preservando, porém, suas tensões originais (sua informação dinâmica). A elaboração compreendia as mudanças de ritmo e de direção no espaço, a fixação das micropausas entre uma ação e outra, e um novo arranjo das várias partes do corpo (braços, pernas, expressões faciais), que era diferente do material originário.

Quando escrevo que elaborava os materiais do ator, eu quero dizer que aplicava um ou mais desses procedimentos técnicos.

Durante suas improvisações, o ator ia pescar materiais de onde destilar (elaborar) em seguida uma partitura. Teria sido estúpido pescar com redes furadas e deixar que os peixes fugissem quando chegassem à superfície. Para mim, uma improvisação só tinha valor se eu pudesse reutilizá-la em sua totalidade como um fragmento de tecido vivo a ser inserido no complexo organismo do espetáculo.

Aprender a repetir uma improvisação sempre foi um dos meus primeiros pedidos aos atores. Eles tinham que ser capazes de replicar suas improvisações exatamente na mesma sequência, simultaneidade e variedade de posturas e dinamismos, comportamentos introvertidos e extrovertidos, pausas, demoras, acelerações e pluralidade de ritmos. Era fácil improvisar, muito mais complicado era memorizar a improvisação. O ator a reconstruía passo a passo com a ajuda dos companheiros que tinham anotado desenhos de ações e de gestos, direções, mudanças de velocidade, paradas imprevistas, hesitações. Às vezes filmavam a improvisação com um vídeo. Tudo estava ali na tela, nos mínimos particulares, para a surpresa do ator que não conseguia acreditar ter feito um determinado gesto ou não reconhecia uma careta. Era como se tudo isso pertencesse a outra pessoa. Era necessário tempo para "vestir" este comportamento que tinha se tornado estranho e reapropriar-se dele por meio de uma frequente repetição.

Perseverança, concentração e conhecimento de procedimentos mnemônicos eram fatores necessários para fixar uma improvisação. Eu exigia que o ator tornasse perceptíveis situações concretas ou imaginadas, eventos reais ou psíquicos, as paisagens e as épocas que tinha atravessado na realidade da improvisação. Mas a fauna e a flora de seu microcosmo interior, desabrochadas no decorrer desse processo, eram uma realidade friável e fugidia, como neve pronta a se dissolver.

Aos meus olhos, era sinal de experiência e perícia saber preservar a neve da improvisação, sem deixar que ela se fundisse ou se tornasse lama. O que caracterizava os atores do Odin Teatret era a capacidade de fixar uma improvisação. Um aspecto de seu ofício consistia em permitir a intuição de processos interiores por meio de *precisas* ações vocais e físicas.

Na dramaturgia orgânica, a *precisão* era, para mim, a informação sensorial essencial que induzia o espectador a reagir. A precisão tornava evidente a *necessidade* de uma determinada ação e, ao mesmo tempo, a sua coerência interior.

Utilizávamos ou inventávamos técnicas mnemônicas e procedimentos pragmáticos que consentiam reconstruir e recriar, sob comando, toda a variedade de impulsos, matizes, dinamismos e formas de uma improvisação.

Um fio conduzia o ator a reencontrar os caminhos que, durante a improvisação, podiam até se bifurcar ou se misturar em seu corpo-mente. Era um fio feito de estímulos, de energia mental e memória somática, de subjetividade absoluta e liberdade imaginativa, impregnado de atemporalidade e de episódios biográficos.

Esse fio era a *subpartitura*: o modo em que o ator via, ouvia, sentia o cheiro e reagia dentro de si, ou seja, como ele contava a história da improvisação para si mesmo através de ações. Essa história interior comportava ritmos, sons, melodias, silêncios e suspensões, perfumes e cores, figuras isoladas e montes de imagens contrastantes: uma enchente de ações interiores que se manifestavam em precisas formas dinâmicas.

Subpartitura

A subpartitura é um elemento técnico que pertence à particular lógica criativa de cada ator. Ela é encontrada, com diferentes nomes, em todos os gêneros cênicos. É um daqueles "princípios que retornam" que descrevi em *A Canoa de Papel: Tratado de Antropologia Teatral*, que defini como uma ciência pragmática e um estudo *sobre* o ator e *para* o ator. Nesse livro, eu indicava a distinção entre técnicas cotidianas e técnicas extracotidianas do corpo, e designava a técnica extracotidiana do ator como sendo uma particular utilização do corpo para conquistar uma presença cênica. Existem alguns princípios que estão sempre na base da presença cênica dos atores, seja qual for a tradição ou o estilo ao qual pertencem. Os "princípios que retornam" são: a alteração do equilíbrio, a construção de oposições dentro do corpo, a equivalência, a incoerência coerente, a omissão e, também, a subpartitura.

A subpartitura é um apoio interno, um pilar escondido que o ator esboça para si e que não tenta representar. Não deve ser confundido com o significado que a partitura vai assumir para quem a observa. Sem a subpartitura, aquilo que o ator apresenta não é mais a criação de uma corrente subjetiva de reações, uma linha orgânica guiada por uma coerência interna, mas gesticulação, movimentos e deslocamentos casuais.

Há muitas maneiras de fazer uma subpartitura funcionar. Elas dependem da dramaturgia do ator específica de cada tradição técnica. O subtexto de Stanislávski é uma forma particular de subpartitura, e diz respeito à interpretação pessoal que o ator faz das intenções e dos pensamentos que a personagem não expressa. Na visão de Brecht, a subpartitura é o diálogo contínuo com o qual o ator deveria se interrogar sobre a verdade histórica da qual sua personagem é, sem saber, a expressão subjetiva do autor. Nos espetáculos codificados (os diferentes teatros clássicos asiáticos ou o balé clássico) a subpartitura está relacionada com os refinados sistemas de regras específicos de cada tradição.

Meus estudos comparativos com atores de diferentes tradições mostraram claramente que não era importante que a subpartitura viesse de um material reconhecido, de prestígio, inteligente, fantasioso ou original, como, por exemplo, uma música sublime ou uma história magnetizante. Podia até ser uma cantilena qualquer, um caso insignificante, inclusive um truque. A qualidade da subpartitura não é importante do ponto de vista dos outros. Mas é importantíssima do ponto de vista do ator. Pode ser algo extremamente infantil que, visto de fora, seria considerado uma coisa banal ou burra. Mas é uma daquelas burrices que acabaram se tornando um superego profissional ou que se enraizaram em nossas cabeças, e que carregamos conosco há muitos anos. Deve ser só *nossa*, sem que levemos em consideração como elas pareceriam para os outros.

Com o passar do tempo, os atores do Odin Teatret começaram a criar suas subpartituras por conta própria e com total liberdade. Nos primeiros anos, eu é que dava a eles o tema da improvisação. Depois, eram eles mesmos que escolhiam e que se deixavam inspirar, de forma autônoma, por pontos de partida e procedimentos que variavam: situações descritas num texto ou inventadas pela própria fantasia, associações, lembranças, imagens fotográficas, o tema ou os dinamismos de um quadro, o texto de uma canção, de uma poesia ou de um conto, as posturas de uma série de estátuas, uma melodia, uma sucessão de ações que, depois de ser feita em sua dimensão originária, vinha miniaturizada.

Sempre considerei a improvisação dos meus atores como a capacidade de conduzir um diálogo consigo mesmos, um sonhar acordado, uma espécie de meditação, de caminho pessoal para uma viagem interior que deixava rastros de reações perceptíveis. Era esse rastro de reações memorizadas que eu me preparava para elaborar, inclusive transformando-o radicalmente, até fazer com que se tornasse uma coerente sequência de peripécias dinâmicas: *bios* (vida), presença cênica pronta a representar e a assumir significados quando colocada em relação ao texto, à partitura de outro ator, a um objeto, uma melodia, uma luz. Durante esse processo inicial de elaboração, eu começava a estabelecer as primeiras relações, instaurando nexos lógicos ou analógicos, associativos ou rítmicos. Continuava por muito tempo a elaborar a partitura do ator com o objetivo de encontrar ações densas, impregnadas de informações contrastantes, um oximoro vivo. Compunha com cuidado esse mosaico de significados e formas dinâmicas discordantes para provocar desequilíbrios na percepção do espectador com relação ao contexto previsível de uma determinada cena.

A elaboração da partitura consistia em fundir e dar acabamento às formas com dinamismos e ritmos diferentes: um processo de disciplina e precisão em que o ator tornava perceptível aos espectadores o seu processo interior. Era uma atividade psicofísica por meio da qual o ator entrava em outro estado de consciência, com a probabilidade de se tornar *quente*, transparente, luminoso: *um corpo dilatado*. Dilatar não significava acentuar, exagerar em vitalidade e quantidade de ações. A "dilatação" era uma consequência. Era o resultado da busca do essencial, da eliminação de gestos e movimentos supérfluos, da capacidade técnica de saber preservar a energia da ação até mesmo quando o volume e o desenho de sua forma exterior eram reduzidos. O segredo do *corpo dilatado* consistia na salvaguarda do núcleo dinâmico da ação: o impulso.

A partitura era a concha que podia conter a Desordem: uma pérola de luz.

Existem e existiram atores e atrizes de uma eficácia extraordinária que nunca fixaram o desenho de suas ações cênicas, que não pensavam em categorias de partitura e que evitavam qualquer precisão que fosse controlada de fora. Por que, então, eu teimava tanto com meus atores falando da importância da precisão para fixar e saber repetir o desenho dinâmico das ações? Falando do valor da independência deles em relação às intenções do diretor e do autor? Da coerência de suas partituras e subpartituras?

Essa insistência se baseava na constatação de que a partitura era um *fator que tornava o ator eficaz na sua relação com o espectador*. O longo processo de destilação de uma partitura, com a sua artificialidade e a escolha consciente de cada detalhe, eliminava qualquer elemento supérfluo. Essa quintessência formal se apresentava como uma compacta estrutura de dinamismos somáticos e vocais que eram a manifestação dos processos da subpartitura do ator e das suas condições específicas durante o espetáculo daquela noite. A partitura me lembrava a lâmpada de Aladim: uma lamparina metálica que, se fosse tocada de leve pela decisão do ator, liberava um espírito que a transfigurava. Eu ficava sempre impressionado com a transfiguração dos meus atores. Era como se eles apertassem o interruptor da luz elétrica e se iluminassem. Sua imobilidade, seu agir, seus silêncios e excessos pareciam brotar de uma zona de singularidades. Eles surgiam num outro estado de consciência, carregados de determinação, sangue frio e fascínio. Não era transe. Era o estado do ator depois de ter derrubado o muro do som: ele tinha superado a própria técnica, tinha se esquecido da partitura e da subpartitura e se transfigurava naquilo que eu chamava de *corpo-em-vida*. Mas a partitura e a subpartitura continuavam a agir mesmo contra a vontade deles. Como espectador eu tinha uma dupla visão: via uma personagem teatral fictícia e a Desordem do microcosmo individual do ator; a artificialidade da partitura e o processo de organicidade que a sacudia com violência; a coerência de uma disciplina exterior e as forças obscuras que a tornavam misteriosa. Essa dupla visão ajudava a fazer do espetáculo a experiência de uma experiência.

Não era a simples repetição das ações que levava o ator a esse estado de consciência, de alerta e radiação de energias particulares. Era a integração da partitura com os múltiplos níveis da subpartitura e a interação entre as motivações interiores, suas manifestações perceptíveis e aquilo que acontecia ao redor. Tecnicamente, esse processo se dava respeitando os dinamismos e os ritmos das ações da partitura, mas num permanente estado de microimprovisação.

Eu também teimava que a partitura era necessária porque a coerência autônoma da ação do ator, independentemente do significado que assumia no espetáculo, desenvolvia uma qualidade particular e preciosa em seus materiais: tornava-os *anfíbios*, capazes de passar de um contexto para outro sem perder o vigor, propensos a mudar, mas sem perder as raízes que os mantinham em vida e ainda provocando um efeito de organicidade no espectador.

Várias vezes eu vivi uma experiência particular, trabalhando com os atores do Odin e com aqueles de tradições asiáticas acostumados a representar as mesmas partituras durante muitos anos. Eu podia pegar uma partitura inteira ou algumas de suas partes, variá-las, tirá-las de seu contexto, submetê-las a inúmeras metamorfoses sem que perdessem seu poder associativo e seu efeito de organicidade: a sua *identidade*.

Eu tinha a sensação de que essa autonomia da partitura fosse a consequência do tempo, como se os anos tivessem causado uma erosão nos vínculos que ligavam a partitura ao contexto para o qual ela foi criada. Salvaguardada pelo tempo e pela repetição, a partitura tinha se tornado uma forma independente, animada por uma improvisação interna.

Eu sabia o que era a partitura: um esquema de ações, definido em seus mínimos detalhes, que podia ser percorrido com diferentes ritmos, modelado e remodelado, cortado e montado de novo. Eu também sabia que cada partitura tinha, para o ator, um forro escondido, uma subpartitura que motivava as ações com uma determinada qualidade de energia.

Mas a *identidade* de uma partitura não dependia nem do esquema externo das ações e nem da sua subpartitura. Essa identidade tinha sua origem num dinamismo de tal forma incorporado que podia se transformar exteriormente, perdendo tudo, menos seu perfil essencial, sua qualidade e sua fonte: *a improvisação permanente*.

Para os meus atores, o que mantinha uma partitura viva depois que ela já tinha sido fixada era evidente: a busca do modelo original, o esforço de permanecer fiel à primeira improvisação com todos os seus detalhes. Mas depois de já ter apresentado um espetáculo dezenas e dezenas de vezes, eu reparava que surgia uma improvisação dentro de cada partitura. Era esse âmbito da improvisação que a mantinha em vida e que a impedia de se tornar mecânica.

Repetição e duração transformam uma partitura numa planta que gera sementes, que por sua vez podem fazer crescer outras formas, sempre da mesma espécie.

Stanislávski chamou de *música interna* a qualidade orgânica da ação do ator, assim como ele a percebe de dentro: um tempo-ritmo de seus impulsos mentais e nervosos.

Eu tinha traduzido a expressão *música interna* da seguinte forma: uma semente frágil e ativa que eu não podia mais chamar de subpartitura, que não era uma estrutura de ações, mas que continha o *programa* de estruturas diferentes e com a mesma qualidade orgânica.

Esse *programa* continha três perspectivas distintas: forma, ritmo e fluxo. Esses termos não indicavam outros princípios técnicos ou diferentes partes da composição, mas designavam três faces de uma mesma realidade. Eu as distinguia provisoriamente quando trabalhava, sabendo bem que a distinção era uma ficção útil para a pesquisa e para o processo criativo.

O ator e o diretor podiam tratar uma partitura física:
– como uma forma, um desenho dinâmico no espaço e no tempo que era o resultado de uma improvisação ou de uma composição;
– como ritmo, escansão e alternância de tempos, acentos, velocidades, acelerações;
– como cores e qualidades de energia (macia ou vigorosa);
– como um dique que contém o fluir orgânico das energias.

O trabalho prático oscilava constantemente entre uma e outra destas perspectivas de ações: forma, ritmo, cor da energia, fluxo (fluxo = múltiplos ritmos diferentes e divergentes). Podíamos diferenciar tais perspectivas para depois colocá-las em tensão; usar uma contra a prevalência da outra; indagar a maneira de fundi-las em uma densidade saturada de contraposições; estabelecer um antagonismo entre elas ou dissolver seu contraste numa identidade inseparável.

Durante o espetáculo, o espectador não deveria ser capaz de distinguir entre o fluxo das ações, sua forma, seu ritmo e a cor de sua energia. Assim como não deveria poder separar a ação física daquela mental, o corpo da voz, a estrutura pré-expressiva do ator da sua eficácia expressiva, a palavra da intenção, a organicidade do sentido, a dramaturgia de um ator daquela do companheiro ou do diretor.

Um Teatro que Dança

Quando eu me transferia da ótica do ator para aquela do espectador, traduzia a *música interna* de Stanislávski com outra metáfora: *cores de energia*. Era uma das formas de indicar o corpo-mente, a fusão da partitura e da subpartitura, do somático e do psíquico que estavam na mira da dramaturgia do ator.

Para mim, a partitura do ator sempre teve as características de uma sequência de dança: uma alternância não narrativa de jorros tônicos de energia, uma simultaneidade de tensões e de formas que produziam uma impressão de vulnerabilidade, aspereza, exuberância ou delicadeza, sedução ou agressividade: um teatro que dança.

Essa dança se materializa através de uma sucessão de expansões e contrações de energia, e é uma das muitas informações que aparecem em qualquer espetáculo a que assisto. Outras informações são: o gênero (teatro, dança, mimo, ópera etc.), a estrutura do espetáculo, a sua estética, a história que *quer* contar, a história que conta *sem querer contar*, como ele a conta, o contexto em que o espetáculo foi preparado, o contexto em que é representado, o principal sentido que ele assume para cada espectador.

Termino com uma observação que lança luz sobre a absoluta subjetividade das minhas escolhas de diretor com relação à dramaturgia do ator. Uma ação (a menor mudança de tonicidade no tronco do ator) tinha para mim uma natureza complementar. Eu podia modelá-la seguindo categorias contraditórias: como puro dinamismo (dança) ou como portadora de um significado que era claro para mim, mas ambíguo para o espectador. Eu podia transformá-la em uma entidade rítmica ou em uma ação "aberta" à qual o espectador teria fornecido um sentido específico pessoal. Eu podia tratá-la como um vago sinal associativo ou como uma clara expressão conceitual, como estímulo energético ou como orientação narrativa para mim e/ou para o espectador. Dependia do contexto e da rede de relações e referências em que eu a inseria.

Eu avaliava com cuidado o efeito de uma ação, relacionando-a com as ações anteriores e com aquelas sucessivas. A ação sempre estava integrada numa concatenação e numa simultaneidade de ações que faziam com que ela interferisse e interagisse com aquelas dos outros atores.

Uma ação era sempre uma interação. Não é um jogo de palavras, as consequências eram evidentes. Sua manifestação externa interagia com aquela interna (a subpartitura).

Como diretor, fiz de tudo para aproveitar a complementaridade das ações e para consolidar sua ambiguidade, disseminado-as em extratos de luz e extratos de trevas.

O Ritual da Desordem

Martin Berg, um querido amigo dinamarquês que colocou suas capacidades de editor e escritor a serviço do Odin Teatret, tinha o costume de dizer que cada filho, com cinquenta anos, devia escrever a biografia do próprio pai: ali residia a origem de todas as nossas faces. Ele o fez. Eu não poderia fazê-lo. Ignoro tudo sobre meu pai, sobre sua infância como órfão, sobre o que pensava a respeito do amor, sobre seus ideais – pelos quais foi lutar voluntariamente na Espanha e na Etiópia – e sobre seus sentimentos nos últimos anos, quando sua vida e seu mundo se esfarelavam miseravelmente. Quando fiz cinquenta anos, as pessoas que o haviam conhecido já tinham morrido e eu vivia entre pessoas estrangeiras a 3.000 km e a algumas fronteiras de sua tumba.

Tenho uma vaga lembrança dele, forte e respeitado, até mesmo temido. E mesmo assim era um cadáver que, quando vivo, mal ficava de pé e se movia segurando-se na figura delgada da minha mãe. A autoridade paterna surge na minha memória como um "nó", uma dança de contrários que se abraçam: homem e mulher, graça e desgraça, doença e vigor, juventude e fraqueza.

Eu e meu irmão dormíamos juntos na mesma cama. No mesmo quarto, perto de nós, meu pai descansava respirando com dificuldade, sozinho, na grande cama matrimonial. Minha mãe estava lá fora, sentada nos degraus da escada. Vestia um penhoar em cima da camisola, tinha o olhar fixo diante de si, imóvel, um objeto negro no colo: o revólver militar do meu pai. Noite após noite eu acordava, a cena não havia mudado e eu abraçava meu irmão sem compreender o que minha mãe fazia sozinha na escada, com aquela arma.

Meu pai tinha sido fascista, havia comandado uma legião de camisas-pretas[1], e combatido na África setentrional com Rommel em El Alamein. Tinha sido repatriado com a saúde fragilizada. Logo após a Segunda Guerra Mun-

---

[1] Organização militar do Partido Fascista italiano, mais conhecida como Milícia Voluntária para a Segurança Nacional, cujas camisas pretas eram parte do uniforme (N. da T.).

dial, era comum que os comunistas fizessem justiça com as próprias mãos. Minha mãe os esperava na escada de nossa casa, sob a intensa fragrância da trepadeira de jasmim do quintal, cujas flores ela colocava todas as noites sobre a mesa de cabeceira do meu pai, para perfumar seus sonhos.

Meu pai morreu dois anos depois da guerra. Transcorria boa parte do tempo na cama. Minha mãe o lavava, cortava pacientemente a sua barba com uma tesourinha de unha, ajudava ele a se levantar, o vestia como se fosse uma criança e o carregava até a taberna de pescadores que ficava na esquina da nossa casa. Sentado a uma mesa, meu pai batia papo com os fregueses que não conhecia, mas que conheciam o ex-chefe fascista.

Não sei como explicar sua ligação com os filhos. Ele gostava de nós, essa é a sensação que fica no fundo fuliginoso da minha memória. Mas quando eu e meu irmão não respeitávamos as normas tácitas da disciplina de casa, ele tirava o cinto, a gente abaixava as calças, e ele nos batia sem hesitação.

Numa noite de junho, eu e meu irmão brincávamos sozinhos em casa, meu pai e minha mãe tinham saído para jantar na casa de amigos. Ouvimos os cascos de um cavalo em nossa pequena rua. Pela janela, vimos uns estranhos tirarem nosso pai de uma carreta e levá-lo pra casa nos ombros. Ele agonizava.

Minha mãe fazia tudo com firmeza, recusando a ajuda da sogra. Chamou meu irmão e eu num canto, distribuiu as tarefas. Eu tinha que correr até um armazém onde vendiam gelo. Servia para deter a hemorragia. O armazém estaria fechado, pois já era tarde. Eu tinha que chamar o dono do armazém debaixo de sua janela e acordá-lo. Depois precisava passar no médico: que viesse com urgência. Eu não devia acompanhá-lo até em casa. Tinha que continuar até encontrar o padre e informá-lo. Ele sabia. Teria corrido com o que fosse necessário para os últimos sacramentos. Só então eu podia voltar.

Minha mãe insistiu para que os filhos estivessem presentes durante a morte do pai. O médico, velho amigo da família, desaconselhou-a: a agonia teria sido longa e violenta e teria chocado as crianças. Vó Checchina tentou com sua autoridade, e o padre com argumentos lógicos. Teimosa, minha mãe não se deixou convencer.

O tempo passava. Eu olhava para o rosto daquele homem que até poucas horas antes parecia com o meu pai. Às vezes ele se desfazia em estertores. A realidade dissolvia sua carga dramática substituindo-a com um imenso cansaço e com dor na coluna. Eu esperava que o fim não demorasse a chegar. Só às três da madrugada o silêncio tomou conta do lugar. Minha mãe parou de enxugar o suor do rosto do marido e abriu a janela para que a alma pudesse partir. Eu tinha dez anos.

Objetivamente, aquela noite de junho não foi lacerante. Plantou uma semente que cresceu como sentido de ausência. A planta começou a brotar no funeral como raiva, notando a piedade dos outros: coitadinho, perdeu o pai. A raiva cresceu contra meu irmão que chorava, mostrando sua dor. Eu era incapaz de chorar. Mais tarde foi a vez da autocompaixão, a pena pela solidão de minha mãe, uma constante sensação de ausência: as mil caretas do sofrimento interior. Sua morte não foi um ápice, mas somente a origem de uma bomba de efeito retardado. Há noites que duram uma vida inteira.

Minha mãe pôs os filhos para dormir, acompanhou minha avó em seu quarto e ficou sozinha com o corpo do marido. Lavou-o, cortou-lhe a barba, cuidou de suas unhas, vestiu-o com um pijama branco que há tempos estava preparado para a ocasião, e juntou as mãos dele como se rezasse. Foi assim que o encontramos no dia seguinte, meu irmão e eu, e dezenas de parentes, amigos, vizinhos e desconhecidos: uma procissão interminável que o observava em silêncio, chorava, murmurava uma oração, fazia a saudação fascista ou o sinal da cruz, abraçava os órfãos e dava os pêsames à minha mãe e à minha avó com frases e gestos de compaixão.

A casa toda estava invadida por pessoas conhecidas e por outras que nunca tínhamos visto, sentadas em cadeiras colocadas ao longo das paredes de cada quarto. Enxugavam suas lágrimas, alguns eram reservados e taciturnos, outros contavam fatos e histórias sobre meu pai. Riam um pouquinho, se comoviam, acolhiam quem tinha acabado de chegar e que com pesar entrava no quarto onde, na grande cama matrimonial, embaixo de um lençol bordado, meu pai, com as mãos entrelaçadas sobre o peito e um babador branco ao redor do rosto impedindo que a mandíbula caísse, parecia estar com dor de dente. Era sinistro e desajeitado. Ao seu redor estavam as pessoas mais próximas: minha mãe, algumas tias e tios, primos, amigos de infância, camaradas de fé política e companheiros de guerra. Os recém-chegados se despediam do meu pai cada um a seu modo, em silêncio, soluçando, se ajoelhando e tocando de leve o cadáver, beijando-o na testa. Em seguida dirigiam-se aos vivos, apertavam minha mãe contra o peito e a encorajavam, às vezes era ela quem os confortava, trocavam apertos de mão e abraçavam os outros. Na ponta dos pés, dirigiam-se para o quarto da minha avó para replicar uma cena parecida.

Chegavam contínuas consolações[1]*, enviadas por amigos, parentes e vizinhos: almoços com 24 pratos de comida diferentes, caixas de refrescos, dúzias de doces, sorvetes, bandejas cheias de xicrinhas de café e docinhos*

---

[1] Costume típico do sul da Itália, quando os amigos mandam comida para as pessoas que estão vivendo um luto (N. da T.).

de massa de amêndoas. A família, enfrentando a perda imprevista, não tinha condições de se ocupar das tarefas domésticas e de alimentar os hóspedes e nem a si mesma. As pessoas comiam, bebiam, alguns rezavam em voz baixa o rosário do "mistério doloroso", uma mãe abriu os botões da blusa, tirou fora o peito e meteu-o na boca do bebê que choramingava, um grupo de homens, de pé, fumava e discutia baixinho. Meu irmão e eu, como dois estranhos curiosos e medrosos, atravessávamos os cômodos da casa no meio desse formigueiro de botequim de praça e de fim de missa. Parecia um espetáculo do Odin.

Houve uma gritaria, uma confusão, as mulheres berravam desesperadas, alguns homens correram para o quarto do meu pai para segurar seu irmão Aldo, que, gritando seu nome, tinha se jogado sobre o cadáver, sacudia-o para colocá-lo de pé, sacolejava a cama para despertá-lo. Com dificuldade, alguns homens arrastaram-no dali, minha mãe tentou acalmá-lo, mas só a vó Checchina é que no final conseguiu. Anos depois, encontrei o mesmo tipo de reação (dor, mas sobretudo raiva e rancor da pessoa que, morrendo, nos abandona) em um livro de Renato Rosaldo, o antropólogo que tinha estudado o fenômeno do amok entre os Dayak do Bornéu. Ele também tinha sido dominado pelos mesmos sintomas quando sua mulher morreu num acidente.

Minha mãe nunca se casou novamente. Seu pai, um almirante, havia proibido: a viúva de um oficial que morreu para defender a pátria não pode ter outro marido. Muitos anos depois, numa das vezes em que visitei minha mãe em sua casa de Monte Mario, em Roma, ela me contou que assistiu a agonia e que lavou os cadáveres de cinco homens: seu marido, seu pai, seu irmão, um primo e um amigo querido da família. Outra vez ela me confessou que um dos dias mais felizes de sua vida foi quando ela entrou na casa de Monte Mario, uma casa toda para ela, longe da sogra, do pai e de outras autoridades da família.

Eu gostava de visitar minha mãe em sua casa de Roma. Não era a minha casa (a minha era aquela onde eu tinha crescido em Gallipoli), mas eu ficava encantado vendo o quanto ela amava e cuidava dela. Aos móveis e objetos do passado, eu via somarem-se móveis de laca e bibelôs chineses, japoneses, coreanos, afegãos e, sobretudo, livros – milhares de livros que iam cobrindo uma parede depois da outra. Pertenciam ao meu irmão Ernesto, que os deixava lá nas pausas de sua vida errante na Ásia. Sentados na cozinha, eu lhe fazia perguntas enquanto degustava os pratos gallipolianos que eu preferia: couve-flor frita com anchovas e alcaparras, berinjela ao molho de tomate, pimentões assados com cebola e alho.

E foi assim que eu acabei sabendo por que ela ficava acordada com a pistola no colo, em Gallipoli, logo após a guerra. Foi ela que me contou sobre *meus antepassados paternos. Sobre meu bisavô Emanuele, um médico, seguidor de Garibaldi e da unidade da Itália, que conspirou contra o rei de Nápoles, foi condenado e fugiu para Florença, em exílio. E depois sobre meu avô Ernesto, pai do meu pai, advogado republicano e socialista que publicava o jornal* Spartaco *e que tinha se suicidado deixando a mulher – vó Checchina – com duas crianças de dois anos e poucos meses: meu pai e o tio Aldo.*

Eu perguntava à minha mãe: por que meu pai se tornou fascista nessa família republicana solidária com os humilhados e os ofendidos? Ela ignorava a resposta, só sabia que meu pai, mentindo sobre a idade, tinha se alistado com dezesseis anos no exército durante a Primeira Guerra Mundial. Enquanto na Rússia o cruzador Aurora abria fogo sobre o palácio do tsar, na Alemanha os espartaquistas lutavam nas ruas e em Turim os operários da Fiat ocupavam as fábricas, meu pai havia marchado em Roma com Mussolini acreditando defender os valores da civilização europeia contra o arrivismo, a corrupção e o bolchevismo.

Era estranho conhecer o próprio pai através das histórias de sua esposa. Uma vez eu lhe perguntei se ela o amava quando se casou. Sem hesitar ela respondeu que sim. "Mas estou contente que esteja morto" – disse – "agora não preciso mais viver a dor de sua perda".

Em 1993, o Odin Teatret estava fazendo um espetáculo de rua em Coyoacan, o bairro da Cidade do México onde tinham vivido Trótski, Frida Kahlo e Diego Rivera. Judy, minha esposa, me telefonou da Dinamarca: "Não é sua mãe, é o Ernesto".

Meu irmão sempre afirmou, descaradamente, que morreria aos sessenta anos. Ele tinha feito sessenta anos duas semanas antes, e eu me diverti gozando da cara dele por sua supersticiosa profecia. Ele foi encontrado no chão do quarto que tinha alugado em Livorno. Estava arrumando a mala para ir à Algéria como consultor de um hotel em construção quando um AVC *o fulminou com um par de meias nas mãos. Ouvindo as palavras de Judy, não senti dor, somente estupor: eu pensava no sapato nas mãos de Artaud e numa poesia de Ernesto:*

> *O que vou me tornar?*
> *Uma árvore no Haiti*
> *Uma onda do Pacífico*
> *Uma gaivota sobre o Jônico*
> *Uma nuvem no Japão*
> *Uma brisa durante a regata*
> *Um verso em sânscrito*
> *Eu*
> *Que não mudo nunca?*

Com o tempo, a ausência do meu irmão, com quem dividi a noite que dura uma vida inteira, transformou-se num sentido de solidão.

A essa altura minha mãe tinha oitenta anos, ainda era vivaz e curiosa, havia frequentado a Universidade da Terceira Idade, fazia yoga, viajava para o exterior como presidente da associação das viúvas de guerra. A partir do dia da morte de seu primogênito, decidiu esquecer. É contra a natureza, é obsceno, que um filho morra antes de quem o gerou. Nunca mais ela me falou do meu irmão, via sua nora e sua neta contra a vontade, sua memória começou a se desfazer. Hoje, enquanto escrevo sob o fúlgido céu de Puerto Morelos, ela já não está mais aqui com a cabeça, não me reconhece mais. Afundaram, dentro daquele corpo magro e debilitado, a parte nobre, o senso de dignidade e aquela forma de coragem anônima que eu tanto amava nela. Em seu rosto aflora um sorriso, ela está em paz consigo mesma. Beijo-lhe a mão assim como fazia com aquela jovem mulher que apoiava meu pai, e que sempre me apoiou nos momentos em que eu tinha que tomar decisões incompreensíveis à minha razão e à dela.

> *Trinta e duas vezes eu levei os dotes de minha mãe*
> *quase sempre os joguei nas margens da rua*
> *para ter menos peso nas costas.*
> *Com grama na boca, maravilho-me.*
> *E a trave que não posso arrancar dos olhos*
> *começa a florir com as árvores da primavera.*
> (Yehuda Amichai)

Não sei se estou inventando ou se é verdade. Colocando-me para dormir no dia da confusão pela morte de meu pai, minha mãe, dando-me sua Bênção, sussurrou-me num beijo: que Desordem hoje.

Dramaturgia Sonora

Durante a ditadura de Pinochet no Chile, nos anos 70, o poeta Nicanor Parra, irmão da conhecida cantora Violeta, anunciou que ia ler publicamente, numa praça de Santiago, um soneto dele que a censura tinha proibido. Subiu na tribuna e ficou em silêncio o tempo que corresponderia à declamação. Foi ovacionado.

O silêncio também é uma ação vocal. A situação, compartilhada pelo poeta chileno e por seus ouvintes, tornava compreensível e ao mesmo tempo subvertia o sentido da ação vocal. O episódio explica o quanto um contexto contribui para tornar "político" um espetáculo, mesmo sendo a simples leitura pública de uma poesia. Compartilhar constrições, comuns a atores e espectadores, permite apreciar este tipo de comunicação em todos os seus matizes.

Ações Vocais

Sempre experimentei a voz como uma força material que estimulava, dirigia, modelava, freava: um prolongamento do corpo. Ela se manifestava por meio de ações bem precisas que provocavam uma reação imediata na pessoa a quem se dirigiam. A voz era um corpo invisível que atuava no espaço.

Quando, em 1966, o Odin Teatret emigrou da Noruega para a Dinamarca e se batizou, transformando-se num teatro laboratório escandinavo, seus atores, que já não eram só noruegueses, mas dinamarqueses, suecos e finlandeses, não compartilhavam mais a língua dos espectadores. Até aquele momento, nosso único espetáculo era baseado no texto de um autor norueguês, interpretado por atores noruegueses para espectadores noruegueses. Eu tive que arquitetar um plano de ações e peripécias vocais que deixassem os espectadores fascinados pelo espetáculo, independentemente da compreensão das palavras. Exclamações e chamamentos, murmúrios, grunhidos, gritos, gemidos, risos, silêncios imprevistos, tons cristalinos e roucos, cantilenas e frases salmodiadas, entonações que sugeriam litanias ou sons de animais – eles baliam, relinchavam, piavam – eram as bases da nossa dramaturgia sonora. E sobretudo o canto, nos momentos de ápice dramático, tomava o lugar das palavras.

Nossos espetáculos eram um fluxo cuidadosamente orquestrado de estímulos vocais. Eles funcionavam como uma música sobre a qual navegavam as palavras, muitas vezes numa língua incompreensível ao espectador.

Em nossos primeiros três espetáculos (*Ornitofilene*, *Kaspariana*, *Ferai*), que se basearam em textos já existentes, cada ator falava em sua própria língua escandinava. Mas em *A Casa do Pai* (1972) eles se expressaram em um "russo" que eles mesmos inventaram. Eram as ações vocais, despidas do significado das palavras, que sugeriam associações e significados personalizados para os espectadores. Essa experiência me fez constatar a existência de uma dramaturgia vocal que possui vida própria e uma coerência que é sua; sendo assim, ela podia ser separada do sentido das palavras.

Quando falamos, há dois níveis de informação que interagem simultaneamente: aquele do significado das palavras (comunicação semântica) e aquele das particularidades sonoras: entonações, volume, intensidade, musicalidade, coloração, dinamismos (comunicação vocal). Os linguistas afirmam que a comunicação acontece principalmente através das variações sonoras do discurso e das reações físicas que a acompanham, e somente em parte através do componente semântico.

Na minha prática, a dramaturgia era uma sucessão/simultaneidade de eventos: orgânicos, dinâmicos, rítmicos, narrativos, sonoros, alusivos, analógicos, proxêmicos. A orquestração da dramaturgia vocal permitia que eu construísse uma tensão constante entre comunicação vocal e comunicação semântica, contrastando, comentando ou desmascarando o significado das palavras. Eu podia modular o silêncio através de sons quase inaudíveis e envolver a ação física de música, fazendo-a dançar. Eu tinha lido tudo isso em Meierhold e tinha visto Grotowski fazer a mesma coisa com seus atores. Mas acima de tudo, eu tinha vivido isso em meu corpo de emigrante, no esforço de me orientar e de decifrar um universo de sons que não dominava conceitualmente. Quando alguém falava comigo, o que estava dizendo? Era uma ameaça, uma oração, uma ordem, um elogio?

A expatriação do Odin Teatret na Dinamarca reforçou minha mitologia de diretor principiante. Um dos meus modelos era a atriz russa

Alisa Koonen, mulher de Tairov. Eu tinha lido as descrições do lendário encantamento de sua voz: ela não interpretava um texto, "gorjeava-o". Outra lembrança não me abandonava: uma noitada no clube dos estudantes de Oslo onde o poeta Stephan Hermlin, da Alemanha Oriental, tinha lido suas poesias. Eu não conseguia compreender como aquela melodiosidade, típica das sereias, havia revirado sua língua natal, cujas sonoridades guturais eu associava às barbáries nazistas da Segunda Guerra Mundial, terminada há pouco tempo. Vivi a mesma experiência extraordinária poucos anos depois, ouvindo os atores históricos de Brecht no Berliner Ensemble. Mas a influência mais forte vinha de Grotowski, de seus atores que diziam o texto como se fosse uma *'inkantacja*: fórmulas mágicas, chamamentos misteriosos, salmodias, litanias.

Todos esses modelos confluíram para as minhas tentativas, na Dinamarca, de dar informações ao espectador graças a uma sonoridade impregnada de associações e reverberações emotivas. Conduzi o treinamento dos meus atores afastando-os de seu modo natural de usar a voz.

A cada dia, durante anos, nos dedicamos a buscar a potencial variedade e a musicalidade que a voz possui quando nascemos, e que desaparece na medida em que nosso aparelho vocal se especializa em padronizar sons e tonalidades característicos da língua materna.

Exercitávamos um vasto leque de entonações, sons, volumes e ressonadores; reproduzíamos vozes de animais, de objetos, de seres extraterrestres; ouvíamos discos com cantos de outras culturas e os imitávamos; repetíamos cadências melódicas e rítmicas de línguas e dialetos que ignorávamos. Dizíamos um texto como se fosse uma melodia emitida por um instrumento musical ou como a expressão de um médium que conta episódios de uma realidade sobrenatural. Ou então era a voz da caravela Santa Maria que se lembrava da lenta travessia num infinito deserto de água, entre as tempestades e as bonanças, a ira dos marinheiros, a solidão de Colombo e os estrídulos comentários dos pássaros marinhos empoleirados entre as enxárcias.

Assim como fazemos uma ação física (cortar uma fatia de pão, por exemplo), eu conduzia meus atores para que fizessem a mesma ação com a voz. Eles tinham que saber um texto de cor, não para interpretá-lo, mas para dizê-lo de modo fluido, sem refletir, assim como falamos na vida cotidiana, onde não recitamos ou fixamos a atenção nas palavras. Dizendo o texto sem precisar lembrá-lo, o ator se concentrava para realizar *ações vocais reais*: subir numa árvore, nadar numa piscina, enfiar uma linha na agulha e costurar um botão; descrever um pôr do sol, contar a história da Ana Karenina, recriar um quadro de Van Gogh.

Cada ação vocal tinha suas raízes numa ação física correspondente, e o ator a executava com todo o seu corpo, tomando cuidado para sincronizar os impulsos físicos com aqueles vocais. Sem essa sincronização, era impossível conseguir um efeito de organicidade.

Trabalhando dessa maneira, a dramaturgia vocal se personalizou e seguiu caminhos individuais. As demonstrações/espetáculos de trabalho dos atores do Odin ainda hoje apresentam os procedimentos de cada um para superar obstáculos pessoais, para ampliar a gama vocal, combater maneirismos e criar partituras vocais capazes de permanecer em vida e de atuar sobre os sentidos e a memória do espectador para além do significado das palavras.

Convenção Linguística e Música Contínua

Cada língua tem uma natureza sonora própria e ocupa um lugar no imaginário do espectador. A escolha de uma determinada língua ou dialeto provoca reações e conotações imediatas, independentemente do seu conteúdo semântico. Preparando um espetáculo, eu me esforçava para fazer com que os espectadores entendessem a convenção linguística utilizada pelos atores.

Às vezes, como em *Kaosmos* e em *Mythos*, cada ator falava sua própria língua, e os vários idiomas se entrelaçavam numa espécie de composição musical, que só podia ser compreendida de forma fragmentária pelos espectadores que mudavam a cada apresentação. Em outros espetáculos, os atores se expressavam numa língua inventada, construindo, assim, uma homogeneidade sonora. Era o caso do "russo" de *A Casa do Pai* ou do "copto" de *O Evangelho de Oxyrhincus*. Ou então dialogávamos em línguas existentes, mesmo que não pudessem ser compreendidas pelos espectadores. Em *Vem! E o Dia Será Nosso*, os pioneiros falavam um inglês com acento de emigrante, e os indígenas, por sua vez, quiché, quíchua, sioux e cheyenne.

A escolha da língua (ou das línguas) também tinha consequências no plano semântico. Boa parte do meu trabalho num espetáculo visava estruturar um universo vocal que dialogasse emotivamente com *cada um* dos espectadores. Mas ali podia haver cenas ou fragmentos onde eu queria que o texto fosse compreendido. Então eu inventava soluções para fazer com que diálogos e monólogos se tornassem compreensíveis aos espectadores de diferentes países.

Durante os ensaios, eu elaborava uma dupla dramaturgia vocal: respeitava a característica musical, melódica e rítmica da língua (ou das línguas) em que os atores tinham criado o espetáculo, e escolhia as cenas que deveriam ser traduzidas nos diferentes contextos linguísticos. Essa dupla dramaturgia vocal me obrigava a resolver problemas de montagem narrativa, de ritmo e de organicidade.

Em alguns casos, eu inseria uma tradução simultânea na dramaturgia narrativa do espetáculo, conseguindo calculados efeitos grotescos. Como aconteceu em *Cinzas de Brecht*, quando a personagem Mackie Messer traduzia o alemão da personagem Bertolt Brecht para a língua do espectador: "O Senhor Brecht afirma que…". Eu sempre levava em consideração o efeito causado pelo sotaque do ator que falava numa língua estrangeira, e manipulava-o conscientemente para transformar essas circunstâncias inevitáveis numa qualidade 'estranhante' ou significativa.

A dramaturgia vocal do ator constituía só uma parte do universo sonoro do espetáculo. Este era composto por uma trama de sons que contribuíam para determinar o fluxo do espetáculo.

Os barulhos – passos, rangidos de porta, objetos que alguém mudava de lugar, que caíam e quebravam, o gotejar da água ou o ruído de uma panela que estava fervendo – brotavam das ações do momento. O ator as executava de forma que extraísse delas uma gama de variações. Elas eram incorporadas na coluna sonora do espetáculo, caracterizada por associações auditivas e por uma simultaneidade de ritmos divergentes. Amalgamados com as ações vocais do ator, os efeitos acústicos compunham a *música contínua* que deveria sugerir o espetáculo até mesmo a um espectador cego.

Naturalmente, a música contínua também é feita de silêncios e de música de verdade. E ela era presente de forma sarcástica, sentimental, alegre, melancólica ou dramática estando em constante relação com os outros sons. A orquestração do universo sonoro permeava todo o espetáculo, ninando-o, acelerando-o, freando-o ou despedaçando-o. Ao mesmo tempo, essa orquestração constituía uma corrente que transportava ou retinha.

Muitas vezes, principalmente nos primeiros espetáculos, trabalhei no final dos ensaios com os olhos fechados ou sentado fora da sala, reagindo como se estivesse num concerto ou ouvindo uma fábula contada a uma criança unicamente através de peripécias acústicas.

Durante os ensaios de *A Casa do Pai*, alguns atores aprenderam a tocar um instrumento musical segundo uma lógica teatral. Tratavam-no como uma *voz* que fala, discute ou faz um discurso: controlada, lírica, pedante ou melancólica. Por exemplo, a voz de um profeta que seduz com palavras de fogo ou aquela de um conspirador no escuro da noite.

O ator não se limitava a tocar uma melodia, mas teatralizava a ação de emitir o som e o que resultava a partir daí. O instrumento musical se tornava um acessório, uma parte do corpo, da *persona*, uma prótese ou um novo membro, um elemento importante na composição da personagem e de seu comportamento.

Em *A Casa do Pai*, as "vozes" da flauta doce e da sanfona pertenciam a dois servos que espiavam seus patrões (Jens Christensen e Ulrik Skeel). Às vezes comentavam ironicamente as paixões dos ricos e dos nobres; outras vezes, ao contrário, pajens servis, faziam de tudo para criar o ambiente para seus senhores: romântico, libertino, sensual. As vozes dos instrumentos queriam evocar o vento da taiga siberiana, o patear dos cavalos, a chama diante de um ícone que está em cima de uma jovem mulher degolada. Os instrumentos musicais contribuíam para delinear as personagens. A flauta doce se tornava uma longa excrescência do rosto (o servo abelhudo) e o ator a tocava com os movimentos de um tamanduá que fareja. A sanfona estimulava um comportamento como aquele dos boiardos – com uma digna e abundante barriga –, mas também era o biombo atrás do qual podiam se esconder ou escutar às escondidas.

O que era visual (que tinha um físico) tinha que se tornar sonoro (revelar a sua voz), e o que era sonoro (que tinha uma voz), tinha que se tornar visual (recuperar a sua presença).

Historicamente, a música sempre esteve *junto* da cena, tanto nos teatros asiáticos como nos teatros europeus. Podia não estar *em* cena, mas, mesmo nesse caso, funcionava como termo de referência e guia oculto. Ao lado do canto e da dança, a música fazia parte da *forma mentis* do ofício. Estava presente durante os ensaios, servia para identificar o ritmo certo, para sintonizar movimentos e gestos dos atores e das personagens. Marcava o compasso, fornecendo aos atores uma rede de contatos e de parceiros invisíveis.

Desde o primeiro ensaio para um novo espetáculo, a música era, para mim, um instrumento particularmente indicado para aguçar a dramaturgia orgânica. Eu modelava o tempo (como duração e como ritmo), entrelaçando, harmonizando ou opondo os acentos da música com os *sats* (impulsos, acentos energéticos) do ator.

No espetáculo, a música era uma mina de informações para o espectador e desempenhava numerosas funções. Ela me servia como ligação e como moldura. Criava um ambiente e uma atmosfera em torno de uma situação. Excitava sensualmente e elevava o espírito. Possuía uma força evocativa, fazia ecoar períodos e modas do passado, adquiria conotações históricas, políticas e geográficas. Dilatava o espaço e o preenchia materialmente, erguia-se do chão ao teto se estávamos num lugar fechado e rasgava o céu e as nuvens num espetáculo ao ar livre. Acompanhava a ação como um comentário ou uma emoção paralela. Tornava-se o equivalente de uma reação, como se materializasse a forma em que uma ação cênica ressonava na mente e nos sentidos do ator e do espectador.

    O ritmo musical ressaltava as ações do ator, dava corpo à sua duração e forçava-o a ser preciso. Mesmo executando sua partitura, na imobilidade ou na rapidez, o ator mantinha uma relação com o decorrer da música, deixava-se levar por ela, criava contrapontos ou se distanciava dela. Não era possível pensar num espetáculo sem um seu *duplo* de sugestões melódicas. Eu me servia da música como se ela fosse um rio invisível sobre o qual a presença do ator, a sua dramaturgia orgânica, dançava.

Dramaturgia do Espaço

Sempre tive a sensação de que o espaço teatral era sólido. O deslocamento de um ator no espaço tinha consequências imediatas sobre os outros atores, como se eles fossem unidos entre si por vínculos de ferro. Em cena, o efeito de um passo provocava uma reação *equivalente* em todos os outros atores. Cada ação, mínima que fosse, desencadeava uma resposta dinâmica: como espectador, eu era parte da engrenagem de um relógio biológico.

Um espaço cênico (qualquer lugar fechado ou ao ar livre escolhido com a finalidade de instaurar uma relação específica entre ator-espectador) nunca é neutro. Um palco italiano, o claustro de um castelo, o adro de uma igreja, o pátio de uma fazenda, o salão nobre de uma universidade, uma praça ou o refeitório de uma prisão, todos têm um passado, ainda que seja do nosso tempo. Transpiram informações e impõem signos materiais que podem ser acentuados, contrastados, rejeitados, mas não omitidos.

Mas para mim, a eficácia de um espaço cênico residia na capacidade de despertar no espectador uma dupla percepção: era um espaço que podia ser reconhecido (o palco de um teatro, uma igreja, uma academia de ginástica) e, ao mesmo tempo, um espaço potencial, pronto a se despir de sua identidade para ser transformado pelas forças do espetáculo. Era um *espaço esvaziado*, e não um espaço sem nada dentro, sem decoração e mudo. Admitia ser o que era, e estava decidido a negar a si mesmo. Eu trabalhava com as várias dramaturgias para esvaziar ou preencher o espaço, afirmar o teatro e contestá-lo, construir convenções, vínculos e separações, e anulá-las.

O espaço me lembrava o toldo de uma nave, que se inclina e balança e depois se endireita sobre um mar às vezes agitado pelo vento, às vezes plano, às vezes perturbado pela turbulência imprevista das correntes submarinas: as ações dos atores, seus dinamismos, as características introvertidas ou extrovertidas, o modo de usar a voz, sussurrar ou gritar.

Eu tinha a clara sensação de que o espaço respirava. Seus dois pulmões eram constituídos de um duplo centro: um centro geométrico fixo, resultado da simetria espacial, sobre o qual o espectador costumava, inconscientemente, se orientar; e um centro dinâmico, determinado pelo ator que se deslocava no espaço. Às vezes o centro geométrico e o centro dinâmico coincidiam; nesse caso, o ator colocava em evidência a simetria espacial. Outras vezes, mudando de lugar, o ator provocava uma tensão com o centro geométrico e deslocava os pontos dinâmicos e de atenção, jogando-os para um lado ou para o outro do centro geométrico. Eu usava conscientemente o balanço entre centro geométrico e centro dinâmico, a alternância de convergência e divergência, de simetria e de assimetria, de relações harmônicas e desarmônicas, de proximidade ou de distância entre os atores, e entre atores e espectadores.

O espaço era um reino mágico que eu preenchia e esvaziava. Tecia ações reais, introduzia ao mesmo tempo várias situações que independiam umas das outras, modelava um ritmo ou uma ação vocal numa contiguidade de imagens e alusões. Mas o reino não me obedecia, resistia a mudar para outra dimensão e a transportar a mim e meus futuros espectadores para um tipo particular de percepção: *uma alucinação que contivesse uma verdade pessoal para cada um de nós.*

O espaço engloba atores e espectadores e, ao mesmo tempo, os separa. Eu queria que ele fosse igual a um caleidoscópio: a mínima tensão de um ator deveria transformá-lo em novas formas e realidades. As marcações de tempo, as intensidades e o fluxo (multiplicidade de ritmos divergentes) eram os instrumentos com os quais eu virava o espaço de cabeça pra baixo, comprimia-o até se tornar asfixiante, expandia-o ou desintegrava-o.

Eu trabalhava a voz dos atores para forjar o espaço, expandi-lo ou contraí-lo, torná-lo íntimo, sensual, um deserto sem vida ou uma selva. As ações vocais – do sussurro imperceptível ao grito que ofende o ouvido – faziam com que ele rodopiasse, revelando ou escondendo. O espaço virava pelo avesso através do que não era expresso explicitamente, através do silêncio, através daquela parte do corpo de onde brotava o *sats*, o impulso, o indício. Tudo já estava lá, o universo inteiro, em toda a sua potência.

Jagat, as mil coisas que se movem: é o nome do universo para os hinduístas.

Jagat eram as ações físicas e vocais dos atores, o fluxo de suas tensões e sonoridades. *Jagat* abraçava e empurrava para trás, lacerava e aliviava.

Jagat condensava e desdobrava o espaço, e também o multiplicava, fraturava, liquefazia, o transformava num castelo de perfumes que meus sentidos exploravam, e num Leviatã que me engolia em seu ventre. Eu escorregava do espaço exterior a um espaço interior, nos confins de um universo e de um tempo que só pertenciam a mim, aos meus atores e aos meus espectadores.

O Espaço-Rio

Estruturando o espaço, eu queria despertar no espectador um senso de curiosidade ou perplexidade, mas evitando torná-lo inseguro. Eu queria que ele se sentisse como uma criança num parque de diversões, quando se embarca num inofensivo barquinho que a corrente d'água arrastará para um túnel escuro cheio de bruxas e vampiros. Quando estávamos em turnê, os espectadores não vinham ver nossos espetáculos num edifício teatral tradicional, com um amplo *foyer*, bar, banheiros cômodos e, sobretudo, com a convencional divisão entre palco e plateia. O Odin precisava de um lugar muito grande para instalar seu "espaço-rio" com sua particular relação entre atores e espectadores.

O "rio" tinha duas margens, formadas pelas cadeiras ou pelos bancos onde se sentavam os espectadores. Entre eles escorria a corrente do espetáculo. Esse foi o tipo de espaço que usei com mais frequência. Podia ser o ginásio de uma escola, uma garagem ampla, o depósito de uma fábrica, um armazém, a entrada de um museu, o salão nobre de uma universidade, uma igreja ou a típica sala preta dos teatros alternativos – são todos espaços que possuem uma forte conotação devido às suas funções cotidianas, mas que muitas vezes não oferecem serviços adequados para acolher o público. O número de espectadores estava limitado entre 50 e 180, dependendo do espetáculo. A distância máxima entre um ator e um espectador era de nove metros. Proximidade e intimidade eram os elementos diferenciais.

Entrando no espaço do espetáculo, o espectador era colocado de frente para os outros espectadores. Ele se dava conta de que veria, mas de que também seria visto. Durante o espetáculo, muitas vezes, as reações de um ou mais espectadores eram tão particulares que chamavam a atenção dos outros espectadores, desviando-a dos atores. Consegui sistematizar essa sensação de espaço conhecido e ao mesmo tempo insólito em *O Evangelho de Oxyrhincus*. Uma cortina dividia as duas margens de espectadores, impedindo que notassem suas recíprocas presenças. Eles achavam que o espaço cênico com os atores estava atrás da cortina. De repente a cortina caía, e os espectadores acreditavam ver o próprio reflexo num espelho. O espetáculo sobre Antígona e sua revolta enterrada viva começava enquanto eles ainda estavam tomados por essa sensação de surpresa e desconcerto, que se transformava em sorrisos e ironia.

Em meu primeiro espetáculo, *Ornitofilene* (1965), eu tinha adotado o modelo espacial de Grotowski e dado um papel aos espectadores: eram os participantes de uma assembleia que havia sido convocada para que se tomasse uma posição diante de um dilema político-moral. O ator que dirigia o encontro convidava-os a votar levantando o braço, para abolir com o direito de caça no lugar em que vivíamos. Os atores se dirigiam a cada um dos espectadores, os acusavam de açougueiros cruéis de passarinhos e se escondiam atrás deles durante uma cena de *pogrom*. Nos espetáculos seguintes, parei de atribuir um papel aos espectadores e organizei *um espaço que os obrigasse a escolher inclusive fisicamente*, forçando-os a se virar para o lado que queriam observar.

Um típico espetáculo do Odin Teatret acontecia num corredor reto ou oval, com 10-12 metros de comprimento e 4-6 metros de largura, entre duas margens de espectadores que ficavam frente a frente e cujo campo visual não podia abraçar todo o comprimento do "rio" que estava entre eles. Sua atenção navegava sobre uma *corrente de ações* que o olhar não conseguia captar por inteiro. Se um espectador se concentrava no que acontecia à sua esquerda, não podia focar no que acontecia a poucos centímetros dele ou seguir a ação que acontecia no fundo, à direita.

A contiguidade de ações que pertenciam a situações diferentes impunha ao espectador um *processo de seleção* que muitas vezes não levava em consideração o que o diretor estava propondo como central. Minha intenção era que cada espectador decidisse a hierarquia dos acontecimentos. Cenas igualmente importantes aconteciam simultaneamente nos dois extremos do "rio". O espectador deveria escolher e fazer uma montagem própria, enquadrando rapidamente às vezes uma, às vezes outra situação, ou seguindo uma delas e ignorando a outra. Ao mesmo tempo, ele tinha consciência de que o espectador sentado ao seu lado estava olhando para uma direção diferente, escolhendo segundo um interesse diferente e recebendo uma informação diferente. A indeterminação era a condição que prevalecia, alimentada pela contiguidade de cenas que não tinham nenhuma relação recíproca.

O espaço-rio me ajudava a potencializar a ordem elusiva do espetáculo, a ambivalência de seus estímulos sensoriais e a dramaturgia do espectador com sua percepção seletiva. A vantagem dessa organização espacial era a descontinuidade, mas ela me obrigava a lutar para que o espectador, eventualmente, não ficasse com a impressão de descontinuidade. Para evitar essa sensação, eu manipulava propositalmente os elementos que punham em evidência continuidades e nexos que se repetiam. Podiam ser objetos cênicos e figurinos. Em *Sonho de Andersen* eram a brancura da neve que não parava de cair e cobria o chão, as roupas brancas que os atores voltavam regularmente a vestir, o *tutu* branco de bailarina usado pelo protagonista, as grandes folhas de papel – velhas fotos descoloridas – que eram queimadas. Em *Mythos* eram o cascalho e as pedras grandes que constantemente mudavam a forma e a identidade do espaço: um caminho longo e estreito, uma praia lambida pelo mar, um jardim Zen, as tumbas de um típico cemitério de igreja campestre dinamarquesa. Podiam ser as características do texto. Em *Mythos*, os espectadores dinamarqueses reconheciam imediatamente o particular estilo das poesias de Henrik Nordbrandt. Ou então podia ser a homogeneidade sonora de uma língua, ainda que incompreensível: o "copto" de *O Evangelho de Oxyrhincus* e o "russo" de *A Casa do Pai*. A *música contínua* – da qual já falei – era um fator importante que detinha a tendência à fragmentação, assim como acontecia com o efeito de organicidade causado pelo comportamento dos atores, por sua maneira de se mover e de falar.

A estimulação da atenção do espectador não era causada automaticamente pelo espaço-rio. Era o diretor que a planificava. Durante os ensaios, eu ia de um lugar para o outro para me dar conta de como cada espectador visualizaria cada uma das cenas. Eu alterava as posturas dos atores e suas direções no espaço para ampliar ou limitar sua visibilidade, me regulando pela quantidade de informações que o espectador já teria recebido. As mudanças que eu fazia dependiam do tempo que o espectador ficaria observando um ator de frente, de perfil ou de costas, em pé ou deitado, de perto ou de longe. Se eu quisesse que todos os espectadores reparassem num objeto que o ator tinha nas mãos ou na expressão de seu rosto, ele tinha que fazer uma rotação de 360° com todo o seu corpo.

A cuidadosa verificação que eu fazia do que cada espectador via tinha consequências concretas na partitura dos atores, que também deviam dar a sensação de se dirigir a espectadores que estavam atrás deles. O ator podia olhar em uma direção, indicar com os braços a direção oposta e fazer uma leve torção com o corpo, como se estivesse pronto para virar e falar diretamente com os espectadores que estavam atrás dele. Devia variar sua posição virando-se para a direita e para a esquerda, de maneira que, para um espectador, às vezes estivesse de costas, às vezes de frente. Eu elaborava a sua partitura como se ela fosse uma estátua cubista cujas diferentes partes tinham que ser percebidas de qualquer posição. Essa operação na partitura seguia o princípio da equivalência. Era como se eu esculpisse o espaço para recriar sua unidade através do efeito de organicidade, a força sensorial e o imediatismo persuasivo das ações dos atores.

Em *Ferai*, cada espectador efetuava sua montagem pessoal, inclusive em um dos ápices do espetáculo. Enquanto a rainha se suicidava no meio do espaço-rio, em uma de suas extremidades viam-se as impotentes reações do rei reformador, que ela tentava salvar com sua morte. Uma cena que não tinha nada a ver com isso acontecia na outra extremidade: os seguidores do usurpador se sujeitavam voluptuosamente ao poder do novo e belicoso soberano. O sociólogo sueco Ingvar Holm, tendo visto o espetáculo várias vezes, analisou as reações dos espectadores numa pesquisa sociológica. Descobriu que os apaixonados pelo teatro preferiam se concentrar no suicídio da heroína, gratificados com seu trágico *pathos*. Os espectadores menos acostumados com as convenções teatrais, ao contrário, sentiam-se atraídos pela luta do usurpador pelo poder, ainda que perturbados com sua animalidade. Os dois tipos de espectadores viam duas versões diferentes do mesmo espetáculo.

No *Sonho de Andersen*, os espectadores penetravam num espaço que tinha o chão preto e era muito pouco iluminado. Escuridão total durante alguns segundos, e uma luz resplandecente abraçava um jardim coberto por uma neve muito branca que em flocos caía do alto.

Em *Dentro do Esqueleto da Baleia*, os espectadores ficavam sentados frente a frente ao longo de duas mesas compridas, colocadas uma diante da outra e cobertas por toalhas de damasco brancas, com copos e garrafas de vinho, pão e azeitonas: uma reunião de família, um casamento, a Última Ceia. O diretor e uma sua assistente vertiam o vinho no copo de cada um dos cinquenta espectadores. O silêncio se tornava ainda mais agudo com o gorgolejar do líquido no copo. Assim começava a inútil espera do protagonista do conto de Kafka, *Diante da Lei*.

Quando eu usava a cena "entre as duas margens", o espectador, nos primeiros minutos, tinha a tendência de observar o espetáculo como se ele fosse frontal. Mas rapidamente ele se dava conta de que algo estava acontecendo fora do seu campo de visão. A partir daquele momento ele começava a escolher. Via que podia dirigir ao espetáculo um olhar independente, que bagunçava a hierarquia entre cenas principais e cenas secundárias. Se ele voltasse a ver o espetáculo, faria outras escolhas, e veria um espetáculo diferente. A partitura do espetáculo era a mesma, mas o que o espectador via era diferente.

A cena "entre as duas margens" traduzia em termos físicos uma complementaridade constante: o espectador observava as ações dos atores e, ao mesmo tempo, as reações dos espectadores visíveis. Já que não podia ser dominado com um único olhar em todo o seu comprimento, o espaço-rio obrigava o diretor, os atores e os espectadores a invalidar a tradicional distinção entre cenas e contracenas, entre acontecimentos centrais e colaterais. Transformava detalhes e ações em sintomas significativos que não pareciam programados para chamar a atenção.

O espaço-rio dava liberdade ao espectador para decidir e *colocar ordem a seu modo*, partindo da ordem elusiva tramada pelo diretor.

Preparo para a Vida e para as Armas

Atravessei um grande portão, uma pequena entrada, um amplo claustro cheio de meninos vestidos à paisana e com uniforme militar. Eu tinha acabado de descer do trem depois de umas dez horas de viagem. Sentia-me pequeno e sozinho, um caracol sem concha com uma mala imensa na mão. Ninguém se preocupava comigo. De longe reconheci meu irmão Ernesto. *Apoiei a mala, corri na direção dele, agarrei-o num abraço. Ele me empurrou com uma bofetada. "Recruta, respeite os veteranos", sibilou. Naquela noite, na minha cama, em um dormitório onde roncava uma centena de jovens, Ernesto me acordou: "Era a única maneira de te proteger. Se eu tivesse te tratado bem, os outros veteranos teriam se divertido gozando da tua cara".*

Com quatorze anos entrei para o colégio militar da Nunziatella, *em* Nápoles. *Eu me encontrei num quartel que tinha uma disciplina severa, mas que também possuía um excelente Ensino Médio, com outros trezentos adolescentes à mercê de normas brutais e de uma retórica patriótica. A hierarquia era rígida: os "recrutas", os alunos do primeiro ano, sofriam os maus-tratos e os caprichos dos que já estavam no terceiro ano, os "veteranos". À noite, os veteranos faziam visitas aos nossos dormitórios, nos jogavam pra fora da cama, nos batiam, bagunçavam nossos pequenos armários, abriam as janelas e jogavam nossas roupas e nossos colchões pela janela. Às vezes, eles nos imobilizavam no chão e passavam graxa de sapato em todo o nosso corpo, ou esvaziavam um tubo de pasta de dente no ânus.*

Os oficiais nos tratavam como adultos, ignorando essa infantilidade selvagem. Tinham participado da Segunda Guerra Mundial na Albânia, na África, na Rússia, todos possuíam uma condecoração militar: alpinos, soldados de infantaria, atiradores, granadeiros, entre os melhores que havia, assim como nossos professores de latim, grego, filosofia, história da arte, física, matemática e química.

Eu estava enganado achando que tinha chegado como se fosse um desconhecido. Acabei herdando a reputação do meu irmão que, depois de três anos, era aureolado com a fama de "scapocchione" (indisciplinado) e hábil "squagliatore": à noite ele escalava o muro de proteção do colégio para cultivar seu talento de "Don Juan" na cidade. Era, porém, estimado por sua inteligência e cultura, e também por ser um poeta que começava a publicar com pseudônimo.

Alguns veteranos me perseguiam: eu tinha que fazer a cama deles, engraxar seus sapatos e lhes oferecer café e doces no bar com o pouco dinheiro que minha mãe me mandava. Meu irmão ficava longe de mim, uma intervenção sua teria piorado a minha situação. De forma velada e com habilidade, ele me enviava sinais de afeto, sem que seus companheiros percebessem. Às vezes, durante o recreio, eu engraxava os sapatos dele, e aí cochichávamos sobre a nossa mãe, sobre Gallipoli, sobre o que havíamos feito nas saídas livres.

Meu destino foi marcado por um mal-entendido. Tinham se passado poucas semanas desde a minha chegada e, num domingo, numa saída livre, um jovem me parou na rua e me deu um opúsculo. Mecanicamente coloquei-o no bolso. Eu não tinha dinheiro nem amigos, então passeava pela rua Caracciolo, desfrutando da vista do mar, ou ficava sentado num banco da Villa Comunale, vendo as mães brincarem com seus filhos. Uma vez, um deles se aproximou e me ofereceu um chocolate. Eu era tão baixo que ele achou que fosse uma criança vestida de soldado. Eu me senti humilhado, mas o chocolate era bom.

Quando voltei ao colégio, o oficial de serviço perguntou o que eu estava escondendo no bolso. Eu tinha me esquecido completamente do opúsculo: era um panfleto anárquico. O oficial ficou fora de si e me jogou na cela: eu estava introduzindo um material subversivo na escola. Eu nunca tinha ouvido falar de anarquismo. E foi assim que eu ganhei, sem merecer, a reputação de ser pior do que o meu irmão, o qual me congratulou, maravilhado. Ele não imaginava que eu tivesse esse tipo de dom.

A partir daquele dia tudo foi de mal a pior. A mínima desobediência era considerada por meus oficiais como insolência ou repúdio aos valores da escola. Eles ficavam enfurecidos quando eu arrancava o distintivo de órfão de guerra costurado no uniforme. A tradição dizia que os veteranos tinham que deixar os órfãos de guerra em paz. Eu não gostava desse privilégio. Eles me obrigavam a remendar o distintivo e eu o arrancava de novo. Interpretavam meu gesto como se eu tivesse vergonha de ter tido um pai que morreu pela pátria. Eu era sempre repreendido, várias vezes terminava na cela, inclusive na solitária.

Construí um mundo só meu, ignorando as prescrições do mundo exterior. Não me levantava quando o despertador tocava, chegava atrasado, dormia durante as aulas ao invés de seguir as lições, não engraxava os sapatos, usava a boina de forma não regulamentar, fingia estar doente quando tinham as marchas e os exercícios militares, batia papo quando tínhamos que estudar no mais absoluto silêncio. Choviam punições, uma depois da outra, e eu ficava preso no colégio nos dias de saída livre, domingos e quintas-feiras. Em três anos saí umas dez vezes, nos dias de perdão, em ocasião da festa nacional ou do padroeiro da cidade. Fui punido em "repreensão solene", diante do regimento armado. O coronel leu a ordenança que representava minha expulsão da escola. O capelão intercedeu por mim, eu era um dos poucos a ajudar na missa, além disso, era órfão de guerra e minha família passava por uma situação econômica difícil. Até meus professores me defenderam, estavam satisfeitos com meus resultados escolares. Através das grades da solitária, no último andar, a baía de Nápoles convidava à fuga, o horizonte era uma nuvem macia e azulzinha – a ilha de Capri. Eu mergulhava dentro de mim e viajava para países que não tinham confins e alfândegas.

Eu não me sentia um rebelde, não tinha nada contra o colégio militar, ele podia continuar do jeito que era. Eu não me importava com nada. Ou melhor, não ligava pra nada. Eu mesmo tinha decido ir pra lá, e lá pretendia permanecer até o final dos estudos. Por isso tinha me tornado um aluno muito aplicado nos últimos dois meses do ano escolar: não queria correr o risco de repetir. Vivia naquele mundo, mas não tinha vontade de pertencer a ele. Logo que cheguei pensei em me tornar piloto militar. A miopia me impediu. Planejei ir para a academia militar de Modena. Ernesto me dissuadiu: a Itália havia perdido a guerra, não tinha mais colônias e nenhum conflito em vista – sendo assim, nada de estadias em países exóticos ou a possibilidade de subir rápido na carreira. Queria eu ser um oficial para ensinar os recrutas da tropa a marchar num quartel de província?

Na Nunziatella desenvolvi a capacidade de me mover entre as pessoas, interagindo com elas e, ao mesmo tempo, encontrando refúgio num mundo só meu. Até quando eu passava longos períodos na cela, a solidão se transformava num estado de inebriante liberdade. Eu vivia em duas realidades distintas, respeitando simultaneamente suas regras: a vida dos eventos cotidianos e aquela de uma realidade interior feita de sonhos e fantasias. Mais tarde, encontrei essa dupla condição em situações muito diferentes entre si: quando eu era emigrante e marinheiro, durante os anos com Grotowski na Polônia e quando estava à frente do Odin Teatret.

Aprendi a tratar a vida militar como se ela fosse uma ficção. Isso se revelou útil quando, como diretor, eu imaginava meu trabalho em termos de campanhas, estratégias, guerrilhas e ocupações de territórios. Criei um espetáculo de rua, Anabasis, *em que os atores, como um punhado de soldados perdidos em território inimigo, ocupavam uma cidade invadindo-a com bandeiras e fanfarra. Eles se posicionavam nos tetos e nas varandas, se reuniam em formação compacta, avançavam com precaução, se dispersavam de repente protegendo-se nos portões, atrás dos monumentos, sobre as árvores, nas águas de um chafariz. Nutro a ilusão de que nos três anos que passei na* Nunziatella, *desenvolvi o reflexo de pensar como um general experiente e de me comportar como um tenente impetuoso.*

Depois que a deixei, não pensei mais nela. Nunca mais voltei lá. E no entanto, ainda hoje revejo o rosto tenso de alguns amigos e do meu irmão, olhando para o futuro. Sei que ela me ensinou a viver em solidão dentro de um grupo. Durante três anos me exercitou na arte da espera. Foi minha primeira experiência de exílio. Não me esqueci das palavras esculpidas sobre o portão de entrada: preparo para a vida e para as armas.

O Momento da Verdade

Meu método foi uma prática artesanal, impregnada de rigorosas *superstições* mantidas em vida por um ambiente de trabalho, o Odin Teatret.

Em nossa gíria de trabalho, os materiais cênicos eram o conjunto dos elementos criados pelo ator: sequências de ações físicas e vocais, propostas de textos, canções, figurinos, objetos.

Com o tempo, meus atores aprenderam a criar autonomamente os materiais pessoais, a protegê-los e a mantê-los em vida. Essa capacidade era a medida de sua independência criativa: a sua dramaturgia do ator. Ao mesmo tempo, ela garantia que cada ator falasse em primeira pessoa no espetáculo, com uma presença individualizada e intransferível.

Para um ator, era quase impossível assumir materiais inventados por um companheiro ou impostos pelo diretor sem transformá-los radicalmente. Quando um ator abandonava os ensaios ou um espetáculo, seus materiais também desapareciam. Se entrava um novo ator ou uma nova atriz, eles deviam criar os próprios materiais cênicos, que modificavam o andamento dos ensaios ou a composição do espetáculo já pronto.

Os materiais cênicos não eram o ponto de chegada de uma interpretação, nem realizavam uma ideia ou um objetivo estabelecidos anteriormente pelo autor, pelo diretor ou pelo próprio ator. Eram o empurrão inicial para estimular minha dramaturgia de diretor: uma coleção de fragmentos e cenas mais ou menos desconexos, óbvios ou enigmáticos, que eu devia elaborar e orquestrar em um organismo vivo que comunicava.

Minha improvisação de diretor começava depois que os atores já tinham assimilado suas próprias improvisações. Normalmente eu não perguntava a eles sobre suas intenções ou motivações. Fiz isso raramente, no começo de sua aprendizagem, para torná-los conscientes da própria tendência a pensar genericamente e para indicar a diferença entre sua intenção e a falta de precisão em executá-la. Eu nunca fazia alusão à subpartitura deles e nem interferia nela. Eu considerava a subpartitura uma realidade íntima, difícil de expressar e de propriedade exclusiva do ator. A exposição da subpartitura teria bloqueado minhas associações e sufocado as potencialidades sibilinas dos materiais que acendiam a minha improvisação.

Meu encontro pessoal com o ator acontecia através das improvisações que ele já tinha fixado: materiais e partituras. Elas ainda não reverberavam significados claros para mim. Eu os vivia como estímulos: ações, impulsos, desenhos dinâmicos que podiam ser repetidos e que despertavam díspares associações. A trama simultânea e a concatenação de microações, impulsos, fixações e ímpetos constituíam a flora orgânica dos materiais. Para mim aquilo tudo parecia uma seara de sinais, sintomas evidentes ou obscuros, informações alusivas que deveriam ser defendidas e introduzidas logo em seguida, naquele nível do trabalho em que eu elaborava interações, nexos, conjuntos de sentidos, correspondências, associações: a dramaturgia narrativa.

O encontro com o ator, para mim, era o momento da verdade. Quem faz teatro sabe que momentos como esses existem.

Nas mãos eu tinha tesoura e agulha, como exigia minha função, mas o que eu cortava e costurava era pele e carne humana. Eu precisava saber exatamente onde enfiar a agulha e onde fazer o fio passar, onde uni-los e onde cortar, onde remendar e juntar fragmentos rasgados ou transplantar órgãos provenientes de corpos estranhos. Em minhas mãos, a matéria viva sobre a qual eu operava se transformava, correndo o risco de se esvair em sangue e dissipar sua carga vital.

No momento da verdade, quando, como diretor, eu interpolava, deturpava ou amalgamava, o ator corria o risco de perder as raízes vivas de suas improvisações e de seus materiais, de ver que elas descoloriam nas opiniões e no bom senso, de sentir-se expropriado e de ficar sem nada. Ou podia sentir que nele cresciam novas raízes e novas asas, provocadas por uma sucessão de atormentadas operações causadas pela constante intervenção do diretor e pelas interações com os outros atores.

Eu observava o esforço com o qual meus atores davam o máximo de si por lealdade com as minhas escolhas. Ainda que não as entendessem, eles se aplicavam para realizá-las. Era confiança, segurança emotiva, talvez até o desejo de compartilhar um caminho que outras vezes já tinha superado um horizonte imprevisto. Eles sabiam que eu era um cirurgião experiente em técnicas e em diferentes maneiras de operar.

Mas no momento crucial da operação, os atores e eu tínhamos consciência de que o meu saber não garantia um resultado.

Normalmente minha improvisação de diretor começava com uma sequência de materiais de um único ator. Eu sugeria variações, acelerações e desacelerações, modificava as direções no espaço, modelava (reduzindo ou ampliando) o volume das ações, invertia a ordem na sequência e eliminava alguns de seus fragmentos: o início podia se transformar no fim, e uma parte do meio, no início. Eu não me preocupava com o que significavam. Eu só queria estruturar uma dança de estímulos sensoriais que afetassem meu sistema nervoso. Eu chamava esse processo de *elaboração* ou *destilação* da partitura. E continuava afinando a dramaturgia orgânica, inserindo ou extraindo dela os primeiros elementos daquela nebulosa de associações e sentidos que se dirigiam às *fontes* – aos temas, textos ou personagens do início. Aquilo que chamei de "o nível de organização da dramaturgia narrativa".

Meus olhos deixavam de ser indiferentes e perscrutavam o ator, que gradualmente e com enorme esforço fixava e incorporava a sua improvisação – um processo que podia durar alguns dias. Eu analisava e sondava cada ação, cada tensão e postura. Depurava o material retirando o que era supérfluo (ao invés de dez passos, mantinha só três), o que era redundante (gestos que se repetiam ou movimentos que, aos meus olhos, não eram ações reais), o que tendia à "obesidade" (eu cortava uma parte da ação para que ela fosse intuída, ainda que não tivesse sido completamente executada). Eu salvaguardava, nos materiais, sua natureza de dança não domesticada por um significado óbvio, a índole meio bizarra, as hesitações e os contraimpulsos. Cada trajetória do olhar, cada torção do tronco, um gesto introvertido ou extrovertido, um deslocamento do equilíbrio ou a mínima imobilidade tinham que *convencer meus sentidos*, ser aceitos por meu sistema nervoso. Se meu sentido cinestésico não se deixava persuadir, eu insistia em elaborar, em voltar a propor mudanças por dias e mais dias, inclusive fazendo reduções radicais. Por exemplo, eliminando a maior parte da sequência.

Essa primeira intervenção era a premissa de outras mudanças que viriam em cascata. Eu partia novamente da sequência de *peripécias orgânicas* que tinha elaborado: uma sucessão detalhada de eventos dinâmicos. Era dramaturgia orgânica, pura presença, concentrado de *bios*, de vida cênica. Para mim, esse era o DNA a partir do qual era possível desenvolver ou extrair sentidos e alusões baseadas nas interações que, logo em seguida, eu estabeleceria com as ações dos outros atores, com o texto que seria dito, com um objeto ou uma melodia. A sequência tinha perdido o imediatismo da improvisação, e eu podia perceber o esforço do ator para obedecer à estranha sucessão das próprias ações, que ele tinha aprendido a repetir friamente.

Todos os dias eu fazia com que repetissem a sequência várias vezes, retificando e burilando. Eu verificava como o ator, na medida em que a assimilava, voltando a examiná-la e incorporando minhas modificações, também a relacionava à vida secreta de sua subpartitura. Talvez ele a renovasse, talvez a alterasse. Sobre esse tema, só posso dizer o que constatei: na hora do espetáculo, todos os meus atores eram capazes de se "iluminar", de recriar a simbiose entre subpartitura e partitura. Com certeza isso dependia de um *imprinting* artesanal, consequência da aprendizagem e das demandas do ambiente de trabalho, da experiência e das motivações pessoais.

Eu me via diante de partituras diferentes que flutuavam dentro da mesma moldura espacial. Cada ator possuía uma própria *linha orgânica* (intenções, tensões, ritmos, acelerações, pausas) que não tinha nenhuma relação com aquela dos outros atores, *senão por ser contígua, ou seja, executada no mesmo espaço*.

Essa contiguidade era fundamental no tipo de exploração que tira proveito da *serendipidade* (a técnica de encontrar aquilo que não se procura). Assim como eram fundamentais as constrições que eu tinha me imposto antes e que obrigavam a lutar com dificuldades *objetivas*. No *Evangelho de Oxyrhincus*, por exemplo, o espaço cênico foi reduzido a uma passarela de um metro e meio de largura por doze metros de comprimento; já em *Mythos*, o chão era coberto de pedrinhas sobre as quais os atores tinham que caminhar de salto alto e em absoluto silêncio ou usando uma voz baseada nos harmônicos; nas *Grandes Cidades sob a Lua* os atores deviam ficar sentados durante todo o espetáculo, só se levantando algumas vezes.

Era normal que a contiguidade desses materiais contraditórios desencadeasse uma redundância sensorial e uma incoerência que incomodavam e confundiam. Durante os ensaios, era raro que na minha primeira tentativa de construir casualmente uma relação eu já oferecesse soluções interessantes. A descoberta, graças à *serendipidade*, nascia da obstinação, da paciente elaboração de uma sequência inteira ou só de um detalhe, do cuidado em limar as nuances formais e rítmicas, tornando algumas ações mais introvertidas ou extrovertidas ou introduzindo um novo elemento: um objeto cênico, um figurino, um silêncio absoluto, uma música ou uma iluminação brilhante ou escura.

Mais uma vez: nessa fase do trabalho, as tensões e os ritmos que eu selecionava, as ações e as reações, a densa rede de relações ou a ausência delas, nada disso se referia a um princípio de causa e efeito psicológico, ou a motivações narrativas. Era a parte não-conceitual do meu cérebro que decidia. Eu tinha a sensação de escolher esses diálogos dinâmicos como uma projeção da minha identidade animal, que dançava com os atores com o objetivo de afinar o sistema nervoso do espetáculo.

Depois que o nível da dramaturgia orgânica tinha sido estabelecido, chegava a hora de construir o nível da dramaturgia narrativa.

O nível da dramaturgia orgânica era essa confusão de materiais contíguos, inseridos no mesmo espaço mas sem relações recíprocas. Eu partia dessa confusão para colocar as partituras de dois atores em relação, e fazer uma montagem. Seguia um critério de diálogo dinâmico: ação-reação. Um ator *executava* uma ação de sua partitura, e o companheiro dele *respondia* com uma ou mais ações da sua própria partitura. A ação de um ator provocava a reação imediata da parte de seu companheiro, ou de seus companheiros (o espaço é sólido). A *sincronização* das ações-reações era decisiva para conseguir um *efeito de organicidade*, e graças a ele eu via brotar os primeiros nexos rítmicos, associativos e narrativos.

A montagem entre as ações das duas partituras era estruturada numa cena que eu continuava a modificar, respeitando os critérios de impacto sensorial, mas também me concentrando nas associações, nas imagens e nas impressões que estivessem relacionadas com um episódio das *fontes* do espetáculo – textos, personagens, temas. Apesar do meu desejo de alcançar logo um resultado, eu tentava ser paciente quando estabelecia, passo a passo, os ganchos e os pontos de encontro. Os atores precisavam de tempo para absorver as inúmeras mudanças provenientes da minha elaboração contínua. Eu não desanimava, mesmo tendo a sensação de estar bloqueado. O trabalho numa única cena podia durar dias, semanas, até meses.

Eu limava e mudava detalhes e ritmos, tentando adivinhar o que poderiam me dizer ou para adaptá-los a um episódio narrativo. O ator executava sua partitura num espaço maior ou menor; se no começo ela era feita de pé e de frente, agora ele tinha que executá-la sentado numa cadeira e de costas. Enquanto eu adequava a partitura à sua nova tarefa, minha atenção se concentrava na precisão do ator ao "traduzir" cada ação, em sua capacidade de encontrar equivalentes dinâmicos. Se originalmente um ator executava uma partitura na ponta dos pés para ver um pássaro ao longe e à esquerda, qual poderia ser o seu equivalente se ele tivesse que estar numa cadeira lendo o jornal?

Essa adaptação (tradução através de equivalentes) era uma verdadeira improvisação em que o ator tinha que respeitar o máximo possível os impulsos das ações originais, mesmo que agora elas fossem realizadas em condições bem diferentes.

Esse procedimento tinha uma dupla finalidade: era um fator determinante para *estranhar a ação*; e obrigava o ator a *negar a ação realizando-a*. A ação era adaptada para uma nova situação que pudesse ser reconhecida, mas mesmo assim possuía algo de insólito. O espectador via uma pessoa sentada mergulhada na leitura, mas as tensões que animavam essa posição não correspondiam completamente àquelas de estar sentado lendo um jornal, mas àquelas de outra *ação real*: esticar-se para o alto para observar algo que acontecia à esquerda, mesmo que os olhos estivessem pousados no jornal. O ritmo do olhar sobre as linhas do artigo e no ato de virar as páginas era o equivalente da ação e do ritmo de seguir o voo do pássaro. O ator conseguia, dessa maneira, na prática, *negar uma ação realizando-a*: o melhor antídoto contra a ilustração, a ênfase ou a vacuidade de uma ação.

Dessa forma, mesmo a mais simples das ações continha uma essência dramática, uma presença de forças antagonísticas. No exemplo descrito, o drama estava no nível das tensões orgânicas: impulsos divergentes (seguir o voo do pássaro e, simultaneamente, ler o jornal). Essas tensões contrastantes, porém, afetavam o sistema nervoso e a percepção do espectador, causando uma minúscula e insólita impressão que *dava vida à ação do ator* e impedia de liquidá-la com um olhar mecânico e apressado.

Na verdade, eu deveria chamar minha dramaturgia narrativa de dramaturgia associativa ou alusiva. Era uma história que eu contava a mim mesmo e que se desenrolava em zigue-zague, pulava pra frente e pra trás no tempo, cheia de parêntesis, parecida com a marcha do nosso pensamento ou do diálogo com uma pessoa íntima. Eu tinha uma inclinação para as metáforas e os paradoxos: os cangaceiros, que são os fora-da-lei do Brasil, eram os profetas do Novo Messias; um jardim zen representava o comunismo. Eu me deixava seduzir pelas sinédoques: um amontoado de mãos de madeira eram pilhas de cadáveres. Eu não ficava agarrado muito tempo na exposição de um texto ou de um tema. Gostava de fazer com que surgissem outros, provenientes das várias *fontes* simultâneas, numa selva de acontecimentos e ritmos que se negavam mutuamente.

Todos esses esforços não queriam tornar o espetáculo difícil ou incompreensível. Eu era levado pela necessidade de mergulhar a narrativa num rio de estímulos sensoriais, com um percurso que facilitasse a compreensão, mas que ao mesmo tempo a estranhasse. Tecnicamente, o trabalho com a dramaturgia narrativa consistia em orquestrar a dramaturgia orgânica dos atores – suas partituras – em uma estrutura de *sats*, impulsos e contra-impulsos que irradiassem alusões, significados evidentes, associações e oximoros. É assim que o futuro espectador deveria experimentá-la: uma compacta e vaga configuração de dinamismos e descrições, ações e reações, causas e efeitos, sensações e informações, mesmo que a lógica explícita escapasse dele.

Durante meses eu me dedicava a examinar os materiais dos atores, submetendo-os sempre a novas combinações, gradações e nuances, para encontrar soluções interpretativas e para descobrir possibilidades insuspeitadas. Eu conhecia perfeitamente os materiais, repercorria-os com a mente e repetia seus impulsos em mim mesmo, buscando novas correspondências e perspectivas. À noite, na cama, ruminava no meu teatro mental a estrutura das sequências montadas. As feições do espetáculo que nascia começavam a se revelar. Eu deixava que essa estrutura fluísse em diferentes cadências, as desmontava e as remontava numa outra sucessão, me detinha numa cena, podia manipulá-la ou fracioná-la. Às vezes a ânsia desse processo mental agitava meu corpo e me deixava acordado. Eu tentava me controlar para não despertar minha mulher. Era um momento de exaltação e mistério. Intuía, chocado, o eminente fim do trabalho que durante meses parecia ter sido em vão. As ações, cada uma das células, tinham se juntado para formar tecidos, órgãos, sistemas, um organismo vivo que pensava com vontade própria e sussurrava histórias diferentes daquelas que eu havia proposto.

Sempre vivi uma sensação desconcertante na fase final dos ensaios. Era o espetáculo a me levar pelas mãos, uma criatura que seguia suas razões, impunha escolhas dolorosas, indicava o caminho exigindo que eu rejeitasse cenas e situações pelas quais tinha me apaixonado. O alívio e a solidão me envolviam. O espetáculo não me pertencia mais, estava nas mãos do ator, do meu *alter ego*, que zarpava para um continente onde não me era permitido entrar. Por isso sempre fui muito rigoroso: para consentir esta separação – o início de uma nova exploração. Eu exigia que cada ator escalasse seu Annapurna, fosse até o limite de suas capacidades e resolvesse a tarefa específica de seu ofício: recriar, a cada dia, na hora marcada, uma partitura de vida que todos nós, atores e espectadores, teríamos executado.

Segundo Entreato

*Os quatro pontos cardeais
são três:
o norte e o sul.*

Vicente Huidobro

O que Dizem os Atores e as Reflexões do Diretor

Eu improvisava me inspirando na dramaturgia orgânica dos meus atores. Por isso falo de improvisação do diretor. Mas eram eles que sabiam como eu me comportava durante o trabalho. Pedi àqueles que permaneceram no Odin Teatret por pelo menos trinta anos para falar sobre isso. Não pude deixar de intercalar as minhas reflexões nas descrições e comentários que eles faziam, para ilustrar a maneira pela qual uma mesma situação é vivida e interpretada pelo diretor e pelo ator.

ELSE MARIE LAUKVIK[1] Desde o primeiro dia em Oslo, entrando na sala de trabalho, tínhamos que deixar nossa vida privada do lado de fora. Para proteger o próprio trabalho e o dos companheiros, Eugenio não permitia que fizéssemos comentários ou mostrássemos a mínima reação, mesmo que fosse um sorriso. Isso também valia fora do teatro.

Ele queria que tratássemos os objetos cênicos e os figurinos com cuidado. Dizia: "Se descobrirem a alma do objeto, ele desenvolve uma vida autônoma no espetáculo e retribui, na mesma proporção, tudo aquilo que você fez por ele".

Frequentemente usava a palavra "extensão". Não só o figurino e o objeto eram uma extensão do próprio corpo, mas a voz também. Ele exigia que projetássemos nossa voz no espaço ao redor de nós mesmos.

Nos primeiros seis ou sete anos ele só era Barba, e nos tratava com grande formalidade. Nossos ouvidos estranhavam, talvez fosse um costume polonês. Eu considerava esse tratamento uma forma de respeito que ele tinha por nós.

---

[1] Norueguesa, fundadora do Odin Teatret em Oslo, em 1964. Ainda trabalha lá (2010).

IBEN NAGEL RASMUSSEN[1] Estamos ensaiando *Ferai* (1968), a cena do funeral do rei Frode Frødegod. O cadáver do rei, representado por seu manto, está estendido no chão. Um grande ovo de madeira pintado de branco é a cabeça. Os camponeses gemem ao redor do "cadáver". Cada um, em sua aflição, quer estar o mais próximo possível de seu monarca.

Cinco atores são os camponeses, e cada um de nós faz uma improvisação para essa cena. O tema que recebemos não tem nada a ver com um rei ou um funeral. Seu título é: árvores de angústia.

Fazemos a improvisação individualmente, depois a fixamos minuciosamente. Enquanto cada um de nós improvisa, os outros atores anotam uma ação depois da outra, e todos ajudam a reconstruir a sua sucessão, os ritmos, as tensões e as direções no espaço. Repetimos essa reconstrução muitas vezes.

Você nos pede para executar a partitura feita dessa maneira dirigindo-nos ao cadáver/manto do rei que estava no chão. Ensaiamos outra vez. São necessários alguns dias para fixarmos bem nossas novas partituras. A partir daí você nos dá a tarefa de executar nossas ações não só em relação ao cadáver/manto, mas também considerando os outros atores.

Você põe dois atores para ensaiar juntos e fixa o resultado. Depois coloca um terceiro, no final eles são cinco a agir juntos. Cada ação de um ator suscita a reação de outro. A dança se torna uma dança de reações e corresponde escrupulosamente ao contexto inicial: a profunda dor dos camponeses que se espremem ao redor do rei. Eles se enfrentam uns com os outros, abraçam o grande-ovo de madeira/cabeça, lançam-se sobre o manto, mas sem nunca se tocar.

O tema "árvores de angústia", com as imagens pessoais que despertou, não corresponde ao que os espectadores veem, mas ao que nos guia como atores.

ELSE MARIE LAUKVIK Eu não era a única a me sentir paralisada durante os ensaios de *Ferai*. Talvez levássemos muito ao pé da letra as indicações do diretor, ou então elas não nos estimulavam. Muitos dos temas das improvisações vinham da *Bíblia*.

No meu diário está escrito: "O arbusto ardente se apagou". Juha[2], que deve improvisar a partir deste tema, permanece imóvel por muito tempo.

Eugenio: "É útil pensar, mas faça isso com todo o corpo. Quatro, cinco minutos de preparação psíquica, e depois se jogue na água. As associações virão sozinhas. Não pare para pensar".

---

[1] Dinamarquesa, chegou ao Odin Teatret em 1966. Ainda trabalha lá (2010).
[2] Juha Häkkänen, finlandês, trabalhou no Odin Teatret entre 1967-1970.

Juha continua imóvel.
Eugenio: "Juha, qual é o problema?"
Juha: "Não sei o que fazer".
Eugenio: "Se o ator não sabe, quem mais pode saber?"

O DIRETOR *Ferai* era o primeiro espetáculo de Juha no Odin depois de poucos meses de treinamento. Mas os exercícios não preparam suficientemente para a densa estrutura dramatúrgica de um espetáculo. Dar vida a uma personagem pressupõe uma maneira completamente diferente de usar o corpo-mente. É preciso pensar e transformar os próprios processos mentais – pensamentos, sensações e emoções – em ações que possam ser dominadas, aprimoradas e relacionadas àquelas dos outros atores. E, sobretudo, repetidas com a mesma propriedade de vida. Com certeza as experiências anteriores de Juha não o tinham preparado para o meu modo de trabalhar. Eu mesmo, como diretor, ainda não tinha muita experiência. Sentia intuitivamente que o tema da improvisação "o arbusto ardente se apagou" deixava uma grande liberdade. Mas se o ator – tanto naquela época como hoje – interpreta um tema desses ao pé da letra, tem dificuldade de decolar. A implosão do argumento sobre o qual improvisar e a sua mudança num grande número de associações que levam a agir, são a consequência de uma aprendizagem e de um agir mental particular. Quem é o arbusto que arde? A voz de Deus? Quantas formas Deus tem? Como são? Cada forma possui sua própria voz? Como ardem essas diferentes vozes? Contra quem? Por que se apaga? Como mostrar as diversas fases da extinção de Deus (arbusto)? O que acontece quando a voz de Deus se apaga? Morrem os animais? Quais? Como morrem? O que fazer? Botar fogo no arbusto novamente? Ou se suicidar, seguindo o exemplo de Chatov, a personagem de *Os Demônios* de Dostoiévski? Entoar um canto de dor? Lançar-se numa dança de felicidade porque se está livre de Seu olhar e de Seus mandamentos?

Mas o arbusto também pode ser a última arvorezinha de um pobre camponês andaluz: um incêndio destruiu seu pequeno campo. O camponês, com cautela, pega as cinzas que ainda estão quentes, as mistura com um punhado de terra, coloca tudo num potinho vazio que leva consigo a bordo de um galeão, do outro lado do mar, onde ouviu dizer que há uma profusão de terra à espera de ser cultivada.

Juha era finlandês e se expressava com dificuldade em sueco. Eu falava norueguês e vivíamos entre dinamarqueses. Para ele devia ser difícil se explicar e compreender tudo aquilo que eu dizia, os jogos de palavra e os paradoxos com os quais eu tentava estimular o pensar/agir dos atores. Em *Ferai* os atores eram noruegueses, dinamarqueses, suecos, finlandeses e italianos.

TORGEIR WETHAL[1] Uma vez que as improvisações dos atores são fixadas, a sua improvisação de diretor passa por três fases. Na primeira

---

[1] Norueguês, fundador do Odin Teatret em Oslo, em 1964. Trabalhou no Odin até junho de 2010, quando veio a falecer.

você parece guiado por uma necessidade dinâmica e musical, corta e manipula os materiais dos atores segundo critérios cujos gostos e escolhas são incompreensíveis ao observador. Na segunda fase você afina os materiais que contêm possibilidades de associações, mesmo que ainda não se refiram a algo específico. Enfim, em sua terceira fase você se concentra para ligar esses materiais a um texto ou a uma situação, tentando estabelecer ou descobrir relações significativas entre eles.

Você adapta os materiais dinâmicos e associativos para uma cena relacionada ao tema do espetáculo dando-lhes justificativas, intenções e conteúdos. Esse processo absorve você por inteiro, mas, ao mesmo tempo, você tenta ir contra ele.

Depende da fase em que você se encontra, de quanto tempo já trabalhou para o espetáculo, de quanto "compreendeu" desse novo espetáculo que ainda está encontrando a sua forma. Essa "compreensão" não segue um percurso coerente. Algumas situações são mais claras para você do que outras, umas você acabou de esboçar, enquanto outras já estão quase prontas.

Na verdade você salta continuamente pra frente e pra trás entre formas diferentes de trabalhar. Depende do lugar em que o ator se encontre no trabalho com a personagem e da fase de sua evolução artística.

IBEN NAGEL RASMUSSEN A cada dia repetimos a cena do funeral do rei uma infinidade de vezes, mas você não está satisfeito. Pede que uma das atrizes explique cada reação que tem. "Este gesto quer dizer que estou dando flores a meu pai", responde com um soluço e o lábio inferior tremendo. Ainda bem que não sou eu, digo para me consolar, enquanto minha amiga desata a chorar.

Minha vez chega no dia seguinte: devo dizer o que estou fazendo com cada ação. Eu também começo a chorar. As razões invisíveis e secretas ficam expostas à vista de todos. Algumas ações são corrigidas, tornando-se mais concretas. Foi a primeira e a última vez, desde que estou no Odin Teatret, que você perguntou o que estava por detrás de uma improvisação minha.

A dor profunda, que era o fulcro da cena, não transborda das ações, mas é expressa pela voz com um salmo em alemão *Gott, befrei uns von der angst* (Senhor, livrai-nos da angústia) que se eleva veemente e sem consolo.

É a primeira vez que várias improvisações são relacionadas numa trama assim tão emaranhada. Na mesma hora eu entendo esse procedimento e me entusiasmo com ele. Tenho a sensação de que esse tipo de montagem abre possibilidades completamente novas: um ritmo que é nosso, um outro caminho para criar significados.

Eu me lembro de quando jogava vôlei na escola. Uma vez, o adversário jogou a bola de volta e eu me abaixei. Eu podia tê-la acertado, mas intuía que o companheiro atrás de mim estava mais bem posicionado que eu e tinha mais possibilidades de pegá-la. Senti, e sinto ainda hoje, uma alegria inexplicável e um orgulho: o jogo tem vida própria, eu faço o melhor que posso, dou o máximo de mim. Às vezes, o máximo consiste em abaixar e deixar que outra pessoa leve o jogo pra frente.

ELSE MARIE LAUKVIK A cena final de *Ferai*, quando a rainha se suicida, vinha de uma única improvisação. Lembro-me de que era muito longa, meia hora ou mais. Só o Eugenio estava presente. Eu nunca teria conseguido fazer uma improvisação daquelas na frente dos meus companheiros. Longe do olhar deles, eu me sentia livre e ousada. Se fazia uma coisa ridícula, eu era a única a saber, e as fronteiras do espaço interior e exterior se expandiam. No fundo, é uma questão de compreender as coisas da própria maneira, sem se fixar nas expectativas do diretor.

O tema da improvisação era: "Contemple você mesma a repousar. Você está morta e se torna uma única coisa com o cadáver".

Para mim foi uma experiência fora do corpo, eu me observava a mim mesma do alto. Era doloroso, por isso o início era tão triste. Eu dialogava com meu corpo sem vida e com seu passado. Lembro-me especialmente de como eu tocava o violino com uma das mangas largas do meu figurino. Depois eu me juntava ao cadáver: a alma penetrava no corpo com um grito que não era de vida, mas de morte, e aqui a sucessão se invertia. No final eu acordava para uma nova vida.

Eugenio me ajudou a reconstruir a improvisação baseando-se nas anotações que ele tinha feito, e condensou-a numa cena de uns dez minutos. Não tive dificuldade: minhas associações e imagens retornavam nítidas e precisas. Eu já sabia o texto de Peter Seeberg de cor e este foi sobreposto às ações.

Existe um estado de pré-improvisação cujas condições fundamentais são quietude e recolhimento na sala. Eugenio criava um clima propício com seu modo de dar, em voz baixa, o tema da improvisação.

ROBERTA CARRERI[1]: Cheguei ao Odin Teatret em abril de 1974. Eram sete horas da manhã quando entrei na sala branca pela primeira vez. Eugenio e os atores estavam sentados em silêncio num dos lados da sala. Eugenio fez um sinal para um dos atores que havia se aproximado dele. Eugenio cochichou alguma coisa no ouvido dele. O ator sentou-se no

---

[1] Italiana, chegou ao Odin Teatret em 1974. Ainda trabalha lá (2010).

centro da sala e ficou imóvel por um tempo, depois começou a se mover pelo espaço. Era como se o Eugenio tivesse lhe sussurrado um segredo. O ator reagia a uma precisa realidade que não podíamos ver.

Um depois do outro, os atores se revezavam no espaço. Finalmente o Eugenio olhou pra mim. Eu me aproximei e recebi o tema para a primeira improvisação da minha vida: "Você está no jardim do rei. Tem medo, mas alguém lhe estende a mão".

Eu não sabia o que fazer, nunca tinha feito uma improvisação, mas as imagens às quais os atores haviam dado vida estavam frescas em minha memória. Pensei em uma pessoa: estava ao meu lado e lhe estendi a mão. Eu a vi com clareza e senti sua mão segurar a minha. Depois desapareceu e eu me vi sozinha no espaço branco e vazio.

Eu tinha uma única certeza: não podia parar. Continuei a me mover no espaço e, lentamente, meu corpo decidiu para onde ir, quando parar, como sentar, porque correr. Era uma dança? Eu ainda seguia o tema do Eugenio? Eu tinha medo, e meu corpo me ajudava a não deixar que o pânico me paralisasse.

Não tenho a menor ideia de quanto tempo durou minha primeira improvisação. Eu tinha perdido a sensação do tempo.

TORGEIR WETHAL Quando você ainda não sabe em que cena do espetáculo o material que está trabalhando vai acabar, ou então quando o conteúdo das diferentes cenas ainda não foi decidido, tenho a impressão de que segue principalmente suas necessidades dinâmicas. Isso acontece tanto quando você elabora as improvisações de um único ator, como quando você faz o mesmo com dois ou mais atores. Escolhe aquelas partes das improvisações que o atraem (ou que o confundem) e as coloca juntas, muitas vezes numa sucessão diferente. É como se você estivesse compondo música.

Você deixa reinar o acaso. Não sabe o que está buscando. Não busca a partir de uma lógica descritiva, mas dinâmica. Podemos fazer uma comparação com um ator que está preparando um monólogo de *Hamlet* numa língua que você não conhece. Você escolheria frases e passagens que o convencem por sua expressividade sonora ou que o impressionam pela intensidade ou pela entonação que aprecia. Você inseriria os fragmentos selecionados numa sucessão que segue uma flutuação musical e dinâmica, e não a lógica do texto.

Logo depois você subdivide a montagem e as ações de um ator se tornam os elementos de um diálogo físico com outro ator cuja improvisação foi elaborada de forma análoga. Esse ator também se expressa numa língua que você não entende.

O diálogo das ações de dois ou mais atores não contém um desenvolvimento narrativo. Pode incluir trechos que despertem claras associações, sem que necessariamente haja uma relação entre elas. Você só montou uma sucessão do que chama de "ações reais".

ROBERTA CARRERI Em um dos primeiros ensaios de *Cinzas de Brecht* (1979), Eugenio nos lembra de que um espetáculo possui pelo menos três lógicas:
- a lógica da energia (fluxo orgânico);
- a lógica do ator (os próprios fantasmas);
- a lógica teatral (os espectadores).

Ele conclui: "Conceitos, noções e símbolos funcionam poucos segundos, depois perdem força porque não emanam vida. Só vocês, atores, podem infundir o sopro vital num espetáculo. Só a temperatura de vocês pode cozinhar a massa da 'torta' que o diretor preparou".

Francis[1] apresenta uma proposta para a entrada e para o discurso de Arturo Ui.

Eugenio: "A cena deve emanar ameaça e perigo. Você não pode recorrer a soluções exteriores. Deve ter imagens precisas que o façam reagir. Que associações você quer despertar?"

Francis, depois de um longo silêncio: "Para mim, é muito difícil pensar dessa maneira".

Eugenio: "Você deve pensar como um ator, deve agir mentalmente sobre si mesmo para influenciar seu comportamento. Vamos tentar com uma improvisação: Moisés está no limiar da terra prometida. Ele tem consciência de que nunca vai por os pés lá, mas mesmo assim, apesar da aflição, do senso de injustiça e do cansaço devido à idade, queima toda a sua energia para encorajar o povo".

Improvisação de Francis.

Eugenio: "Moisés cresceu na opulência da corte do Faraó e no requinte da cultura egípcia. Renuncia à liberdade, ao bem-estar e aos privilégios para se unir àquela que considera a sua tribo e vai rumo à Terra Prometida. Passa anos vagando pelo deserto. Escala uma montanha para pedir ajuda e recebe outros encargos: uma lápide pesada com os Dez Mandamentos gravados. Observa o horizonte: entre a areia e o húmus do Sinai dançam figuras de sua infância, a mulher amada que ele abandonou, as pessoas queridas de seu passado. O próprio nascimento, a primeira vez com a pessoa que se ama, e o próprio fim: eis aqui as três experiências capitais de nossa vida".

[1] Francis Pardeilhan, norte-americano, trabalhou no Odin Teatret entre 1976-1986.

Segunda improvisação de Francis.
Eugenio: "Vejo seus problemas, e não suas reações. Tudo acontece na sua cabeça. Você tem que se esforçar para não ser original, pare de pensar demais. Nenhum ator faz improvisações originais. Busque o simples que tenha precisão, as associações que estimulem você. Não se deixe influenciar pelas minhas propostas. Vá contra elas".
Terceira improvisação de Francis. Ele a repete três vezes para fixá-la. Eugenio o aconselha a preservar as imagens interiores e a se esquecer das formas exteriores.

TORGEIR WETHAL Você começa a improvisar com as partituras dos atores e a arrumá-las no espaço. Suas improvisações diferem substancialmente daquelas dos atores, constituem os primeiros esboços de uma trama ou de um núcleo de conflitos. Você usa cenas alinhavadas como se fossem molduras.
O que interessa a você é edificar um labirinto. Esses esboços de uma trama às vezes surgem de uma tarefa que você mesmo propõe e cujo resultado depende da perícia do ator: o que acontece se todos vocês começarem a caminhar sobre a água?

ROBERTA CARRERI Mais uma vez ensaiamos a cena de Francis dentro de todo o seu contexto. Ulrik[1] toca sanfona, eu começo o diálogo da minha cena com Tage[2], que acontece ao mesmo tempo da cena de Francis, quando Julia[3] traduz para o inglês o texto de Arturo Ui que ele fala em alemão.
Passo a passo, Eugenio insere na cena fragmentos da improvisação de Francis, integrando-os ao texto. Francis tem dificuldade de repetir a improvisação e se esquece das ações logo que começa a falar. Eugenio conduz e compõe os movimentos, e isso confunde Francis. Então ele o faz voltar à improvisação original, que é repetida várias vezes. Francis muda o ritmo o tempo todo. E aí o Eugenio faz com que ele conte o número das ações e as segmente detalhadamente. Francis as executa, mas o ritmo incha e perde força.
Eugenio: "Só vai ser possível aproveitar a sua improvisação se você conseguir manter os *sats*. A cena murcha porque você não sincroniza a ação física com o texto falado".
Francis repete várias vezes. No final, Eugenio lhe pede para voltar a fazer sua proposta de três dias atrás.

[1] Ulrik Skeel, dinamarquês, chegou ao Odin Teatret em 1969. Ainda trabalha lá (2010).
[2] Tage Larsen, dinamarquês, chegou ao Odin Teatret em 1972. Ainda trabalha lá (2010).
[3] Julia Varley, inglesa, chegou ao Odin Teatret em 1976. Ainda trabalha lá (2010).

Para um ator é desanimador ver a própria "criatura" jogada fora. Três dias de trabalho na mesma cena e voltamos ao ponto de partida.

O DIRETOR Por que renunciei? O motivo era simples: tanto na improvisação "quente" (aquela livre sobre o tema de Moisés) quanto na improvisação "fria" (o trabalho de composição que dirigi), eu não entrevia sintomas de organicidade nas ações. Não é verdade que qualquer material do ator pode servir. Corto várias coisas desse material durante os ensaios exatamente porque ele não funciona no nível orgânico. Para um ator não é fácil entender isso. Quando um ator assimilou essa maneira de construir personagens e espetáculos através das ações físicas, ele acredita que seja possível elaborar qualquer tipo de material. Mas aos atores mais novos ainda falta a experiência e a capacidade de gerar e proteger a vida interna de suas partituras. Para os mais experientes, ao contrário, os materiais estão frequentemente carcomidos pelos maneirismos e pelos clichês pessoais que resistem às tentativas de eliminá-los.

E nem hoje eu poderia dizer abertamente a um ator meu, com quem trabalhei dezenas de anos: olha, seu material não oferece possibilidades de elaboração, então não poderá ter um efeito de organicidade sobre o espectador. Com certeza ele compreenderia na hora o que estou dizendo se eu desse a ele esse texto de Vargas Llosa: "A história que um romance conta pode ser incoerente, mas a linguagem que lhe dá forma precisa ser coerente para que essa incoerência finja convincentemente ser genuína e ter vida. Um exemplo é o monólogo de Molly Bloom, no final de *Ulisses*, de Joyce, uma torrente caótica de lembranças, sensações, reflexões e emoções, cujo poder de enfeitiçar se deve a uma prosa de aparência desalinhada e quebrada, mas que conserva, por baixo desse exterior desordenado e anárquico, uma coerência rigorosa, uma configuração estrutural que segue um modelo ou sistema original de normas e princípios do qual o texto do monólogo jamais se afasta. Trata-se de uma *descrição* exata de uma mente raciocinando? Não. É uma criação literária tão convincente que nos parece reproduzir o devaneio da mente de Molly quando, na verdade, o está inventando. A literatura é puro artifício, mas a grande literatura é capaz de dissimulá-lo e aquela medíocre o expõe. (Mario Vargas Llosa, *Cartas a um Jovem Escritor*, Rio de Janeiro: Campus / Elsevier, 2008, p. 44-45).

O puro artifício da grande literatura corresponde ao efeito de organicidade. Se as ações do ator não conseguem esse efeito, não são mais do que artificialidades maçantes. Infelizmente não há critérios objetivos para medir a qualidade ou a eficácia do efeito orgânico nas ações cênicas, o ator deve confiar nas reações do diretor. Um outro diretor consideraria vivo o que para mim é inerte, e vive-versa.

ROBERTA CARRERI Ensaios de *Cinzas de Brecht* (maio de 1981). Até mesmo o trabalho com os atores experientes necessita de tempo. Eugenio cuida por muito tempo de cada uma das entonações das palavras de Torgeir.   Escrevo em meu diário: Eugenio se concentra nas mínimas ações e entonações do texto de Torgeir "Jeztz sminke sich". Esforço longo e enervante do mestre e do aluno, que me fazem pensar na relação entre o avô e o neto no filme sobre o Kyogen.

O DIRETOR Torgeir tinha fundado o Odin Teatret comigo. Sempre foi o protagonista masculino dos espetáculos; tinha experiência, era inteligente e havia introduzido todos os seus companheiros no treinamento, do qual ele tinha sido um dos criadores. Seu prestígio entre os companheiros e os espectadores era indiscutível. Mas depois de uns dez anos, eu e ele nos encontrávamos a combater juntos contra os maneirismos (repetições expressivas), nossos adversários. Além disso, pedagogicamente, era importante que os jovens aprendessem, observando, como até um ator experiente passava pelo mesmo rigor ao qual eles também eram submetidos. Era importante para todos nós, veteranos e principiantes, insistir com regularidade na essencialidade de cada detalhe, como se fosse uma cerimônia iniciática.

Do livro *De Amor e Trevas*, de Amos Oz: "A verdade é que eu trabalho como ele. Um trabalho de relojoeiro, ou de um ourives dos antigos – com um olho meio fechado e outro grudado numa lente de relojoeiro, uma pequena pinça entre os dedos, e à minha frente não as fichas de meu pai, mas cartõezinhos nos quais anoto palavras diversas, verbos, adjetivos, advérbios e também as pilhas de trechos desmontados de frases, cacos de ideias, fragmentos de definições e as mais diversas tentativas de combinações. De tempos em tempos, com os braços delicados da pinça, ergo com todo o cuidado um desses tênues fragmentos do texto, coloco à altura dos olhos e examino à luz, observo por todos os lados, e então volto a curvar-me sobre a escrivaninha, aparo as arestas e dou polimento, e de novo ergo e examino à luz, dou novo polimento e insiro com todo cuidado a palavra ou a expressão no tecido do texto que estou tecendo. Então a observo de cima, de lado, a cabeça um pouco inclinada, olhando diretamente, olhando de esguelha, e, ainda não completamente satisfeito, tiro aquele fragmento recém-encaixado e o substituo por alguma outra palavra, ou tento colocar a mesma palavra num trecho diferente da mesma sentença, retiro, dou mais uma polida, tento inserir de novo, talvez numa posição ligeiramente diferente. Talvez com um sentido um pouco diferente. Ou no final da frase. Ou no comecinho da frase seguinte. Ou é melhor pinçar logo a ficha em pedacinhos e criar uma frase de uma só palavra desta vez?

Levanto. Dou uma voltinha pelo escritório. Retorno à mesa de trabalho. Examino por alguns minutos, ou mais, o que já foi feito, apago toda a sentença, ou arranco de uma vez a folha do caderno, amarro e rasgo em pedacinhos. Desespero-me. Amaldiço-o a mim mesmo em voz alta, e aproveito para amaldiçoar também o ofício de escritor e a língua inteira, qualquer que seja ela, mas, não obstante, recomeço, e me ponho a combinar tudo de novo. [...]

Para escrever um romance de oitenta mil palavras é preciso tomar no decurso do processo algo como um quarto de milhão de decisões. Não só decisões sobre o enredo, quem vai viver ou morrer, quem vai amar ou trair, quem vai ficar rico ou sobrar por aí, quais vão ser os nomes e as caras das personagens, seus hábitos e ocupações, qual vai ser a divisão em capítulos e o título do livro (essas são as decisões mais simples); não apenas o que narrar e o que ocultar, o que vem antes e o que vem depois, o que revelar em detalhes e o que apenas insinuar (essas também são as decisões mais simples); mas é preciso ainda tomar milhares de minúsculas decisões como, por exemplo, na terceira sentença do começo do parágrafo deve-se escrever "azul" ou "azulado"? Ou seria melhor "azul-celeste"? Bem, que seja "azul-cinzento", mas onde colocá-lo? No começo da frase? Ou seria melhor aparecer só no final? Ou no meio? Ou deixá-lo como uma frase bem curta, com um ponto antes e um ponto e parágrafo depois? Ou não, quem sabe seria melhor fazer esse "azul-cinzento" aparecer no fluxo de uma frase longa, cheia de subordinações? Ou quem sabe melhor seria simplesmente escrever as três palavrinhas "luz da tarde", sem tentar pintá-las seja de "azul-cinzento", seja de "azul-celeste" ou de qualquer outra cor? (São Paulo: Companhia das Letras, 2005, p. 311-312).

Quantos milhares de ações compõem um espetáculo, quantos milhares de decisões é preciso tomar, o que revelar com simples clareza e o que velar com laboriosos enigmas?

TORGEIR WETHAL Antes que os ensaios entrem na fase final, tenho a impressão de que você perscruta o trabalho do ator através de um filtro particular. Você não tem pressa de remover ou cortar logo as partes que têm excesso de movimentos, mas evidencia ou valoriza as ações que podem despertar imagens claras ou associações. Modela algumas ações e suas direções no espaço para demonstrar as relações entre os atores.

Por exemplo, um ator fez um movimento ondulatório com sua mão, como uma folha que cai lentamente numa brisa leve que passa. Você pode pedir que ele repita a mesma ação de forma mais arredondada e com um volume menor, fazendo-a partir não de cima da cabeça dele em direção ao chão, mas pra frente e pra baixo. Aos olhos do espectador, parece que o ator quer acariciar à distância, tocar delicadamente os cabelos de um companheiro que está deitado no chão.

Você insere tarefas novas: "Faça uma pausa mínima no final da ação ondulatória, e então leve sua mão rapidamente para baixo, fechando-a em punho. Só dez centímetros". Olhando de fora, parece que o ator, depois de ter acariciado os cabelos com carinho, pega eles e puxa.

Você busca conexões e contrastes, sem se preocupar em colocá-los imediatamente em contato com as várias histórias do espetáculo. Mas é claro que você saiu à caça, ainda que às cegas. Não sabe que presa acabará dentro de sua bolsa, se uma raposa ou um pássaro. Você tenta adivinhar o que está atravessando seu caminho.

ROBERTA CARRERI Em março de 1984 começamos os ensaios do novo espetáculo, que depois de alguns meses recebeu o título de *O Evangelho de Oxyrhincus*.

Eugenio: "Vocês vão usar uma hora por dia para criar o *mármore* (materiais) do qual vamos extrair a estátua. Cada um de vocês deve desenvolver uma ideia própria sobre a personagem que recebeu. Essa ideia, porém, não deve colorir o seu *mármore*. Anotem tudo aquilo que fizerem, escrevam a história da sua personagem assim como vocês imaginam realizá-la através dos materiais. No final, cada um de vocês terá um contexto autônomo de fatos e episódios, a *própria* história da personagem, que todos farão confluir no espetáculo e que o influenciarão.

Esse é o ponto de partida de vocês. Nas propostas que farão e em seus materiais eu tenho que achar mil possibilidades a serem cultivadas, desenvolvidas, destiladas.

O processo de criação do *mármore* acontece em três dimensões: espaço, tempo e intensidade. Dividam os resultados em fases e segmentos e depois os tratem de maneira diferente: por exemplo, como se fossem uma sequência de ginástica ou como se quisessem ensiná-los para outra pessoa. Não estou interessado em seus braços e suas mãos, mas em como usam a espinha dorsal e deslocam o peso. As ações são importantes, mas ainda mais importantes são suas transições, nuances, variações e peculiaridades. Não tenham pressa.

Inventem novas regras para limitar a própria liberdade. Vocês têm que estar na ação que executam, mas ao mesmo tempo devem negá-la, da mesma forma em que enfiam um prego na parede: afastem o martelo para acertar na marca".

O DIRETOR Por mais de quinze anos trabalhamos com dois tipos de improvisação, que chamávamos de "quente" ou "fria". Nas improvisações "quentes" eu dava um tema ao ator, e ele o desenvolvia como um sonho íntimo e muito pessoal. Muitas vezes aconteciam sem a presença dos companheiros. As improvisações "frias" baseavam-se na composição, modelando uma ação depois da outra, o desenho de suas formas, seus detalhes, o ritmo e a capacidade de sugerir simultaneamente diferentes informações para o espectador. Por exemplo, o comportamento de uma pessoa alcoolizada: como, através da ação de uma única mão, indicar a vontade de pegar um copo de conhaque que está na sua frente e, com a outra mão, mostrar vergonha pela própria fraqueza; o olhar finge estar interessado no lustre que está no alto, enquanto a perna direita vacila como se estivesse embriagada, e a esquerda está em *sats*, com o impulso de fugir da tentação do álcool. Eu é que conduzia os atores nas improvisações "frias". Por exemplo, eu podia pedir a um ator para levantar um pouco o braço como se o dedo médio e o indicador quisessem tocar uma aranha com apreensão (e não só com o indicador, como em um movimento "normal"); para olhar pra cima para pensar, mas, ao mesmo tempo, para contar as manchas do teto; para dar um passo como se o pé estivesse sendo segurado por um fio bem fininho preso no calcanhar. Minhas indicações sempre sugeriam a execução de ações reais.

A maior parte dos materiais usados nos espetáculos vinha das improvisações "quentes". As duas primeiras gerações de atores do Odin receberam este *imprinting*; no entanto, a consequência foi uma expressividade que, depois de alguns anos, revelou uma tendência a se repetir. O ator era como um pintor que usava sempre a mesma paleta de cores, as mesmas nuances, inclusive os mesmos padrões. Por isso, a partir da terceira geração de atores, aquela da Roberta Carreri, dei mais importância às improvisações "frias". Até mesmo porque havíamos passado pela experiência radical do teatro de rua, com paradas e espetáculos itinerantes que exigiam uma imediata improvisação/composição com elementos arquitetônicos encontrados pelo caminho – um lampião, um chafariz, uma varanda, as árvores – ou a adequação instantânea à reação de um espectador.

Àquela altura eu já sabia que as condições de criação de um novo espetáculo dependiam das constrições que teríamos imposto a nós mesmos, circunstâncias que punham obstáculos às nossas capacidades técnicas e à nossa experiência. Ou que inclusive podiam ir contra os nossos tabus. Por essas razões, começando o *Evangelho de Oxyrhincus*, parti do "mármore", um procedimento puramente técnico.

A busca dessas constrições se tornou um dos maiores esforços na preparação de um espetáculo. Em *Talabot*, uma determinada constrição foi muito sofrida para mim: ficamos um tempo isolados na cidadezinha italiana de Fara Sabina, onde, dia e noite, sob o comando de nosso conselheiro literário Nando Taviani, fazíamos um trabalho prático sobre a *Commedia dell'Arte*, com máscaras, figurinos e improvisações. Eu não suportava as versões modernas da *Commedia dell'Arte* e havia contagiado meus atores com meu ceticismo. Em *Mythos*, a constrição estava ligada a um dos tabus da minha crença teatral: a partitura. Os atores estavam livres para não fixar nada, podiam improvisar, mudar, surpreender os companheiros durante os ensaios e o espetáculo. A única regra era o respeito dos *møtepunkter*, os pontos de encontro, a dinâmica falar-responder, agir-reagir. Em outras palavras: não fazer pausas.

TORGEIR WETHAL Você plasma as ações dos atores de modo que correspondam à sua lógica. Vamos voltar ao exemplo da ação que lembrava uma folha que caía, transformada em carinho nos cabelos e depois no gesto de arrancá-los. Pode ser que esta ação não seja mais lógica para você, que a tira dali mas que a deixa à parte, esperando inseri-la em outro contexto.

Em situações como essa os atores reagem de várias formas. Alguns mudam sua lógica gradualmente, para torná-la paralela à personagem e ao espetáculo que está nascendo. Outros agarram-se à lógica de sua improvisação inicial.

Uma vez, ensaiando um espetáculo que não apresentávamos há meses, você disse a um dos atores: "Você mudou o fragmento onde acompanha o texto estrangulando com as mãos". Eu intervim para ajudar meu companheiro a se lembrar das mudanças que você tinha feito naquele fragmento. "Ah, lá onde eu seguro um buquê de flores com duas mãos e lhe mostro", exclamou o companheiro.

A única mudança que você fez foi pedir que ele ficasse com as mãos um pouco mais separadas, de modo que aumentasse o círculo entre elas e, ao mesmo tempo, para que ele apertasse um pouco com os dedos. Para nós que víamos a cena, a imagem que resultou daí mudou radicalmente. Mas, na própria fantasia, o ator continuava a "mostrar um buquê de flores".

ELSE MARIE LAUKVIK Em *O Evangelho de Oxyrhincus*, os atores recebiam tarefas que deviam desenvolver em casa. Uma vez tínhamos que preparar uma cena em que se matava uma criança. Na mesma hora eu tive uma série de associações sobre os recém-nascidos trucidados por Herodes quando Jesus estava por nascer. Mais tarde me dei conta de que o Eugenio fazia uma alusão à revolução que devora os próprios filhos.

Não dá para acreditar, mas eu me esqueci de preparar a cena. No dia em que deveria apresentá-la, corri para meu camarim, abri o armário e levei para a sala o que tinha encontrado: jornais velhos, uma tesoura e o conteúdo da minha caixinha de costura: fios, carretéis, botões, agulhas e alguns dedais.

Quando chegou minha vez, embrulhei os objetos de costura nos jornais, fiz um pacote meio comprido que parecia um recém-nascido e golpeei-o com a tesoura, furando-o em várias partes de onde saíram os carretéis que se enovelaram em fios de diferentes cores.

E foi assim, por pura coincidência, que minha personagem se tornou um alfaiate. Eugenio propôs que eu trocasse os jornais pelo papel escuro usado pelos alfaiates. Ele me deu um xale de oração hebraico, que escondi entre duas folhas de papel que eu colei. Acrescentei uma canção ídiche, *Bin ich mir a Schneider* (Sou um alfaiate), que eu cantava enquanto cortava as grandes folhas de papel na forma de uma figura humana. Eu a lacerava e extraía o xale em que me envolvia, protegendo-me na oração.

Eu podia ser infantil e suave no papel de Zusha Malak, o judeu pio e paciente que espera o Messias "num mundo de verdades enlouquecidas".

O DIRETOR Era pura coincidência, mas também havia uma atitude de base: interrogar os erros, anatomizá-los, indagar sua natureza. Era uma das primeiras regras que eu ensinava aos atores: estruturar um erro. Durante o espetáculo, esse procedimento consistia em repetir logo depois o mesmo erro. O que parecia engano ou falta de exatidão, quando cometido de novo adquiria um caráter intencional. Se acontecia no meio de uma improvisação, o erro era fixado como parte integrante da partitura. Já disse: eu distinguia entre erros *sólidos*, que podiam ser repescados e corrigidos; e erros *líquidos*, ambíguos e indefiníveis, que nos induziam a rodeá-los, a encorajar seu desenvolvimento ao ponto de se tornarem, de uma hora pra outra, seu próprio contrário: um panorama de perspectivas insuspeitadas.

ROBERTA CARRERI Eugenio: "É verdade que às vezes eu explico, comento, descrevo e analiso. Mas não tenho a intenção de impor uma lógica comum. Vocês têm que traduzir o que digo numa linguagem que considerem aguilhoante. O que é vivo, luta contra a força de gravidade. Isso também vale para as minhas palavras: são vocês que dão vida a elas. De tudo aquilo que eu falo, o contrário é igualmente verdadeiro. Mas se o repito em continuação, confundo vocês ainda mais. Se não se sentem estimulados, também não serão capazes de estimular.

Como podemos preservar e fazer brotar as várias vidas que existem dentro de vocês? É essencial que construam perspectivas divergentes e pontos de oposição com relação ao que eu elaboro com vocês. Digo sempre que devem negar a ação realizando-a. Agora o espetáculo está se consolidando em uma história. Para negar essa história, preciso que suas ações não correspondam ao que estamos contando. Vocês devem desenvolver uma série de referências que são só suas. Elas constituem as bases invisíveis, mas sensorialmente perceptíveis, das quais se prolongam as *suas* histórias no espetáculo, corroendo as certezas dele.

Estamos numa fase crítica dos ensaios. O espetáculo está se tornando robusto, está desenvolvendo um cérebro e um sistema nervoso. Temos que criar obstáculos para esse processo. Ainda nesta fase, nem eu nem vocês devemos ter muita certeza do que este espetáculo vai tratar, nem de como ele vai se comportar. Para mim essa incerteza é emocionante, para vocês, talvez, ela seja um pesadelo. Se não a combaterem com propostas, ideias e soluções para contra-atacar, vocês vão ser triturados pelo crescimento do espetáculo".

É um trabalho longo, complicado e enervante para um espetáculo com seis personagens principais. O processo é doloroso e transforma as pessoas.

O DIRETOR Antigamente, eu tinha uma imagem clara do que significava preparar um espetáculo: uma montanha a ser escalada. Eu não estava sozinho, tinha meus companheiros e estávamos todos unidos por uma corda.

Cada um de nós tinha seu próprio ritmo. Se alguém se atrasasse, os outros iam mais devagar, e todos nos acelerávamos se o guia conseguisse identificar uma passagem que permitisse avançar mais rápido. Às vezes quem puxava os outros era o diretor, às vezes os atores o rebocavam. Cada decisão era tomada de forma que não colocasse todo o grupo em dificuldade. Cada passo, cada parada, cada mínima ação tinha consequência para todos.

Durante essa escalada podíamos ter que voltar atrás. Parecia que estávamos nos distanciando do cume, mas, ao contrário, era somente uma deviação para distinguir um lugar mais sólido da parede, uma sustentação mais segura para a bota, um ponto de apoio melhor para escalar e chegar mais alto ainda. Sabíamos onde estava o cume: estava lá, escondido pela neblina, mas lá.

Com o passar dos anos, a imagem da montanha desbotou. No início de um novo espetáculo, eu não entrevia as camadas de um monte que deveria escalar, mas um cume com um buraco negro onde ventava muito: a cratera de um vulcão. Eu me jogava lá dentro e atrás de mim vinham os meus atores. Mergulhava no escuro e me perguntava se teria conseguido salvá-los, se teríamos saído dessa juntos.

Ainda hoje, depois de quase cinquenta anos, sou fascinado pelo meu trabalho, pelo silêncio e pela concentração dos ensaios, pela meticulosidade do processo e pelas minúsculas fagulhas que saem dali. Mas mesmo assim, quando penso em me lançar num novo espetáculo, fico impaciente, sinto quase repugnância. É como se tivesse perdido a direção do cume e só sentisse a sensação do vazio, de um buraco negro sem fundo.

Sempre pensei nessa minha reação de fascínio e repugnância em termos femininos. Eu me sinto como uma mulher que deseja ter um filho, mas se opõe à gravidez, à deformação do corpo, à longa espera, à náusea.

As primeiras horas, os primeiros dias, as primeiras semanas de ensaios são insuportáveis. As várias tramas e as muitas histórias que sonho em materializar ficam lampejando no cérebro: imagens, textos ou simples palavras são somente sinais num papel, ideias sugestivas, pensamentos abstratos. Fico atormentado com as maneiras de transformar tudo isso em carne e em sangue, num corpo vivo com um sistema nervoso, um esqueleto, uma epiderme, reações de riso, compaixão e susto. Eu me canso ao extrair da história suas ramificações escondidas, eu as viro e reviro na minha cabeça, e me pergunto, angustiado, como transformar situações generalizadas num punhado de ações e reações particularizadas.

A carne é macia, pode se desfazer. Em nosso ofício, a agregação das células não é uma lei natural. No teatro não é a força da coesão que vigora, mas um esgotamento centrífugo que pulveriza as nossas energias.

ELSE MARIE LAUKVIK Durante os ensaios de *O Evangelho de Oxyrhincus*, Eugenio pediu que eu fizesse uma improvisação sobre o avô da minha personagem, que também era um alfaiate. Utilizei um pequeno gravador para registrar a improvisação que eu contava para mim mesma e que comentava em voz alta. Eugenio deixou que eu o fizesse. Ouvindo a fita, era fácil reconstruir as ações e a sucessão delas, a duração dos silêncios e as entonações vocais.

Eu também utilizei essa técnica de memorizar as improvisações com a ajuda de um gravador no trabalho que fiz com o Frans[1] para um espetáculo chamado *Memória* (1990).

Ensaiávamos *Memória* na sala azul, que é pequena e íntima. Com os anos foi se tornando normal aproveitar espaços diferentes. Sendo assim, preparei a cena inicial e algumas canções em casa, na minha cozinha. Teve um fim de semana em que o aquecimento da sala azul não funcionou, então o Eugenio transferiu os ensaios para o escritório dele. Faltava uma semana para a estreia e eu fiquei gripada. Eugenio veio me ver, fez retoques no texto final e pediu que eu o ensaiasse. Foi assim que fiquei boa.

TORGEIR WETHAL Você faz suas improvisações com o ator em centenas de maneiras diferentes. Mas desde o início há uma dupla exigência: o cuidado com os detalhes e identificar a musicalidade dinâmica das ações.

Todos nós sabemos que a cena será reelaborada inúmeras vezes. Mas mesmo assim você se concentra imediatamente no acabamento dos detalhes, tanto nas soluções técnicas (como estão suas mãos enquanto você desabotoa uma camisa?) quanto nos materiais iniciais dos atores, quando provavelmente eles ainda não encontraram sua lógica.

Às vezes você desenvolve as cenas se aproveitando de um problema técnico para excogitar uma dupla solução, soldar duas imagens que o fascinam. Por exemplo: como transformar uma tumba num caminho de pedrinhas sem que o espectador perceba isso na hora.

JULIA VARLEY Trabalhando com o Eugenio, eu me dei conta de que ele se concentra, quase automaticamente, na criação de uma outra história em torno daquela contada pelas palavras e pelas ações da cena. Por exemplo, num diálogo do *Otelo* de Skakespeare, durante o qual Iago (eu) insinua ter ciúmes de Otelo (Tage Larsen), Eugenio pediu que eu me concentrasse principalmente no olhar, olhando de soslaio e fixamente, suspeitando, para dar a sensação de que alguém nos espiava de fora. No entanto, minhas ações e entonações deveriam registrar uma amizade sincera entre as duas personagens. Realizando essas indicações, eu entendia que, como atriz, podia deixar às palavras a tarefa de contar uma história, enquanto eu me concentrava em como revelar outras histórias.

---

[1] Frans Winther, dinamarquês, compositor e músico que chegou ao Odin Teatret em 1990. Ainda trabalha lá (2010).

IBEN NAGEL RASMUSSEN Durante muitos anos, no Odin Teatret, as improvisações deram ao ator a possibilidade de encontrar um espaço mental próprio em relação às fantasias e sonhos pessoais ou a uma específica figura dramática. Hoje, nós atores somos muito mais independentes e sabemos compor, improvisar e fixar cenas e sequências. O diretor pode elaborá-las, cortá-las e montá-las junto às propostas dos outros atores. Mas elas também podem ser manipuladas ao ponto de perder seu nervo e sua incandescência. E assim corre-se o risco de esmagar o espaço do ator.

Uma colaboração que dá frutos, assim como eu a entendo, consiste numa alternância entre conduzir a si mesmo e deixar-se conduzir. Em outras situações, o diretor teria que elaborar por muito tempo os materiais do ator, que deseja e pode dizer algo importante.

JULIA VARLEY Muitas vezes, mesmo durante meus seminários, me perguntam como reajo quando sou manipulada pelo diretor que corta, elabora e monta minhas improvisações e meus materiais. Quem observa esse processo vê o diretor que modela minhas ações como um escultor que trabalha a pedra. No entanto, não percebe a oportunidade que me é dada para recusar a banalidade, escavar mais a fundo, enfrentar outros limites e, assim, dar sempre o máximo de mim mesma.

A colaboração com um diretor em quem se confia, e que assume a responsabilidade do resultado diante dos espectadores, dá uma imensa liberdade. Posso me recolher no trabalho sem me preocupar com o resultado final e com as intenções que os espectadores atribuirão a ele. Não preciso me ver e me julgar com o olhar de quem está do lado fora. Posso me concentrar nos fios desordenados dos meus interesses e das minhas necessidades, e fazer com que minhas ações digam o que nem eu mesma sei explicar.

ROBERTA CARRERI *Sal* nasceu de materiais que eu e Jan Ferslev preparamos durante cinco anos. Em abril de 2000, Eugenio decide pegar esse material e fazer um espetáculo falado só em italiano, inspirado na última carta de *Está Ficando Tarde Demais*, um romance epistolar de Antonio Tabucchi.

Eugenio começa pedindo que eu improvise. Quer materiais com uma densidade diferente da que eu propus. Os temas da improvisação são extraídos do texto de Tabucchi. Por exemplo, "Alguns grãos de areia e uma concha" e "Um rastro de espuma branca".

Eugenio trabalha comigo em cima do texto. Quer ações vocais. Ele me indica quatro fases para eu me livrar dos reflexos condicionados da minha maneira de falar e, assim, evitar a "recitação":

– devo traduzir todos os textos italianos para o inglês e decorá-los;
– faço uma improvisação sobre um tema que o Eugenio me deu e a fixo;
– sobreponho o texto em inglês à improvisação fixada, adaptando e sincronizando os impulsos físicos àqueles vocais;
– uso no texto italiano o ritmo, a entonação e a melodia que resultaram desse trabalho.

Eugenio: "Faltam as variações. A precisão da ação física é desvalorizada quando você fala. Só a inflexibilidade da sua motivação torna suas ações lógicas, e assim plausíveis. Quando você morde a mão eu devo intuir as razões, ainda que não as saiba explicar para mim mesmo. Você morde sua mão por que:
– quer sufocar um grito?
– quer se machucar?
– gostaria de morder outra pessoa?
– para se lembrar de alguém que lhe mordia até sentir dor?

Agora eu vejo uma ilustração: uma mulher que morde as próprias mãos, mas não dá outras informações – lógicas, emotivas, sonoras, sensuais, políticas."

O DIRETOR Com o passar dos anos, tinha se tornado cada vez mais difícil criar desafios para a forte identidade dos meus atores, considerando a habilidade que tinham desenvolvido para capturar a atenção do espectador. Essa identidade, ou maneira pessoal, também tinha seus bumerangues: os maneirismos. Como romper com os clichês de um ator que tinha intuição, experiência, perícia em conduzir a si mesmo e era, em parte, consciente de seus hábitos? Quando o ator era jovem, ele aceitava todas as minhas indicações. Com o tempo, quando não concordava que eu mudasse ou cortasse uma parte da partitura, ele propunha outros materiais. Nos últimos anos, alguns deles passaram a discutir, a explicar e a justificar. Mas eu via seus maneirismos e tinha a obrigação de tutelar o espectador, para que não tivesse um *déjà-vu*. Do outro lado, eu era incapaz de dizer: olha, o que você está me mostrando já fez de todas as maneiras neste e neste e neste espetáculo. Eu me esforçava em dar tarefas que os estimulassem, mas depois de anos e anos de trabalho em comum, nem sempre minhas propostas eram eficazes. E aí eu ficava impaciente e me irritava. Depois ficava muito sem jeito, como se tivesse dado um tapa numa pessoa indefesa.

JULIA VARLEY Como atriz, reconheço no Eugenio três capacidades fundamentais: é um diretor "animal"; carrega consigo uma vasta bagagem de leituras e conhecimentos; é capaz de identificar ideias e temáticas que emergem das necessidades pessoais e daquelas do grupo.

Ser "animal" significa que ele sabe reconhecer a exatidão de um impulso físico e sabe calibrá-lo com outros impulsos no espaço; intui a potencialidade da música e dos sons que devem ser tratados como ação teatral; sabe desenvolver a lógica da entonação de um texto; consegue extrair uma essencialidade dramática a partir das relações entre os atores.

Acho que a biblioteca que ele incorporou é um presente de sua curiosidade, de sua velocidade de leitura e de sua memória.

Com relação à identificação das ideias e das temáticas, suponho que derivem de seu costume de pensar por associações e de se colocar diante de um problema imaginando como outra pessoa o enfrentaria, tanto um diretor como uma personagem histórica. Por isso ele ficou acostumado a vagar pelos caminhos da imaginação, mas sempre intimamente vinculado ao que acontece ao seu redor. Ele tem muita prática em saltar o tempo todo da história que está contando para a História, e da História para a anedota.

Imagino que outros diretores que lerão esse livro vão se fazer algumas perguntas, como eu também me faço: quando o Eugenio elabora os materiais dos atores, *como faz* para saltar da sua necessidade de organicidade para um dos fios da meada de suas "narrações"? *Como faz*, no momento em que persegue um outro fio, para não modificar todo o espetáculo e deixar que coexistam coerências incompatíveis entre si?

Eu me fazia essas perguntas durante os ensaios de *O Sonho de Andersen*, quando o Eugenio encalhou na cena que a Roberta preparou partindo da fábula *O Fuzil*. Ele nos pedia para repetir essa cena introduzindo, a cada dia, novas modificações e ideias, fruto evidente de seu humor e das circunstâncias. Retomava situações que haviam sido descartadas e que nós quase tínhamos esquecido; o ambiente se torna um beco de Nápoles atravessado por panos estendidos que estavam secando; depois tudo muda e vira um *grill-party*, uma festa típica num jardim dinamarquês que tinha um churrasco que espalhava um forte cheiro de linguiça queimada e de cerveja. Improvisamos um longo texto e o decoramos. Eugenio o reduzia na medida em que as personagens e a trama da fábula se liquefaziam. Os primeiros a desaparecer foram os três cachorros que tinham coberto o soldado de dinheiro e ouro, e também as torres imponentes e nobres que havíamos construído para eles. Depois foram eliminados a bruxa e o soldado que a tinha assassinado. Ao invés disso, apareceu na cena um outro soldado que não tinha nada a ver com a fábula: era Augusto Omolú[1], nosso ator afro-brasileiro, que carregava no ombro um pastor-alemão empalhado dentro de

---

[1] Mestre da Ista (International School of Theatre Anthropology) desde 1994. Trabalha como ator no Odin Teatret de 2004 até hoje (2010).

um saco preto. Eugenio o chamava de "a sombra de Tage", que já não sabíamos mais que personagem tinha se tornado nessa festinha amadora que destoava do resto das cenas preparadas. De um dia pro outro o Eugenio esvaziou a cena, e no espaço coberto só pela branquíssima neve, instalou um balanço preto, que ficava pendurado no alto.

Muito tempo depois, quando o espetáculo já estava pronto, perguntei ao Eugenio como ele tinha conseguido concluir a cena com coerência. Ele respondeu: a solução veio com o balanço. Mas por que ele pensou no balanço? E o que mudou de tão essencial com a introdução desse objeto? Para mim, o salto qualitativo narrativo tinha acontecido antes, quando ele entrelaçou as duas fábulas de Andersen, *O Fuzil* e *A Sombra*, quer dizer, as cenas entre o "branco" Tage e o "preto" Augusto. Porque o balanço foi assim tão determinante?

O DIRETOR A cena que a Roberta preparou em poucos dias com todos os atores durava meia hora e contava toda a fábula de *O Fuzil* de Andersen. Para mim, aqueles eram materiais que deveriam ser compactados, perfurados, sondados em profundidade. A exploração deveria acontecer num nível geológico, e não geográfico. Por isso a paisagem mudava, o que era bucólico se tornava selvagem, os signos externos (as anedotas) – que nos orientavam e nos ajudavam a reconduzi-los para a fábula – foram desenraizados e apareceram outros signos que nenhum de nós ainda era capaz de decifrar. Davam uma sensação de caos e turbulência, na verdade, agitavam-se esperando que descobríssemos suas correspondências e seus nexos: analógicos, rítmicos, associativos, narrativos. Eu também achava que a cena tinha adquirido uma densidade narrativa quando consegui estabelecer a relação com o tema da Sombra da fábula homônima, que toma o lugar de seu dono até fazê-lo se enforcar em seu lugar. Exatamente o contrário da fábula de *O Fuzil*, em que o soldado que deveria ser enforcado é salvo pelos três cães. Eu tinha fornecido muitas informações ao espectador, para que se iludisse e achasse que a cena se inspirava no *Fuzil*. E nós "negávamos essa ação" realizando-a, ou seja, contando paralelamente a fábula da Sombra.

Essa densidade e as contínuas interpolações funcionavam no nível intelectual e levavam o andamento narrativo para frente. Mas o diretor "animal" não estava satisfeito. Eu tinha obsessão por um problema: como sacudir o sistema nervoso do espectador, fazê-lo viver com seus sentidos o equivalente da ameaça da Sombra, colocá-lo diante do desconcerto de uma realidade que, de uma hora pra outra, se despedaçava. Enfrentei esse problema com uma pergunta: qual é a realidade de uma fábula? O que a torna diferente da realidade de um romance, de um drama, de um mito? Respondi: a fábula se baseia na necessidade de romper com as amarras que ligam a sua realidade àquela do mundo assim como ele é. Então o que acontece se eu corto as amarras das leis físicas e não respeito a lei da gravidade? Seremos capazes de voar. Aqui encontrei um gancho narrativo com *O Fuzil*, quando a princesa voa durante a noite cavalgando um cachorro. Eu tinha que subverter as condições existentes, de modo que toda a cena voasse, e não só o cachorro e a princesa. Disse aos atores: a cena deveria ser como um quadro do Chagall. Mas como fazer as pessoas levitarem no espaço, sem antecipar e desnaturar a surpresa do voo do cachorro e da princesa? O balanço!

Parecia que era ela que balançava, mas rapidamente ficávamos impressionados com a sensação de que o espaço é que estava ondeando, projetando a Sombra e seu dono no ar, deitados um sobre o outro, aproximando-os e afastando-os dos espectadores com o impulso de um aríete, a poucos centímetros de seus rostos, e um segundo depois, a metros de distância. O balanço desequilibrava o espaço, suscitava precariedade e ameaça, provocava estupor, duplicando seu efeito no céu de espelhos que encapsulava atores e espectadores. Ao mesmo tempo evocava uma hierarquia: o "preto, a sombra" (Augusto) sobre o "branco, seu corpo" (Tage). O balanço conduzia ritmicamente e analogicamente à cena seguinte: o espaço ficava novamente imóvel e estável, e a princesa o sulcava voando, montada no cachorro ao encontro da Sombra, lá em cima, no ar. O acasalamento deles se refletia com um tremor sobre as águas de um pequeno lago: os espelhos do teto.

O balaço permitiu que o diretor "animal" criasse, numa linguagem de cérebro réptil e límbico, o equivalente do que o diretor narrador tinha conseguido entrelaçando várias fábulas com as sinapses do córtex.

ROBERTA CARRERI Os temas para as improvisações que recebi do Eugenio ao longo dos anos sempre foram sugestivos e abertos a todo tipo de interpretação. Algumas vezes fizeram ressoar em mim lembranças pessoais, outras, reminiscências de um "mim" que eu não conhecia. Certas vezes também caíram com um tombo surdo, deixando um silêncio pesado. Nesses casos tentei traduzir o tema em imagens que pudessem me guiar. Nunca recusei um tema. Sempre tive a exata sensação de que se eu não tivesse começado a agir, nunca os teria sondado.

As palavras do Eugenio às vezes são racionais, às vezes são irracionais, ajudam, surpreendem, esclarecem, confundem, ferem e mistificam. Muitas vezes expressam o oposto do que disseram ontem. Só depois consigo ver que elas nos colocam em dificuldade para que saiamos do casulo. Às vezes elas conseguem, mas nem sempre.

Há palavras que o Eugenio usa no contexto do treinamento e dos seminários, e há palavras das quais ele se serve durante a criação de um espetáculo. Muitas vezes, principalmente no início, temos a tentação de interpretar da mesma forma as *mesmas* palavras, ditas em *diferentes* contextos. É uma simplificação que se deve à necessidade de acreditarmos que entendemos tudo. Podemos ter entendido com a cabeça, mas o processo para transformar essa compreensão em experiência, em conhecimento assimilado pelo corpo, é muito mais longo e trabalhoso.

Relendo meus diários de trabalho, tenho a impressão de que as palavras do Eugenio se repetiram e se contradisseram inúmeras vezes. Decisivas eram as situações em que eram ditas e a quem ele as dirigia.

Durante os ensaios de *Sal*, as palavras do Eugenio frequentemente causaram uma grande confusão na minha cabeça. Não consegui fazer o que ele me pediu, mas pelo menos consegui *não fazer* o que eu fazia antes.

TORGEIR WETHAL Com cautela e sem ter pressa, você seleciona algumas sequências de ações. São aquelas que para você têm – ou são modeladas para que tenham – um sentido lógico ou emocional dentro da estrutura dramatúrgica do espetáculo que está crescendo.

A lógica ou as imagens que você identifica em algumas das ações dos atores fazem com que veja um fragmento, ou uma cena inteira, de forma completamente diferente. Você começa a seguir essa pista até ver onde ela vai dar. Talvez ela conduza a um novo episódio da história ou revele partes dessa história que você não tinha imaginado. Talvez termine num beco sem saída que pode conter uma história interessante, mas distante do tema do espetáculo. Então, mesmo que você tenha trabalhado nela por muito tempo, uma cena longa e inteira é amputada ou jogada fora. É uma decisão que machuca os atores, e acho que machuca você também.

O DIRETOR Às vezes parecia que meus atores retornavam às suas qualidades animais, às suas encarnações anteriores. Tocavam meus sentidos assim como fazem os animais: uma barata, um gato, um cavalo.

Um modo particular de se mover, de levantar a cabeça, de olhar, de ficar parado, de calar ou sussurrar, dava a impressão de que eles tinham se soltado de um remoto espaço interior, de um universo familiar e misterioso. Não eram signos simbólicos, conceituais ou abstratos, eram sinais biológicos que afetavam meu sistema nervoso, de maneira imperceptível ou com um choque. Inexplicavelmente, me seduziam ou me repugnavam, se insinuavam sob a minha pele evocando metamorfoses, mutações interiores, corpos que eu havia atravessado.

As ações orgânicas do ator tocavam a parte réptil do meu cérebro, aquela que compartilho com outros animais. Mas eu modificava suas ações para também comprometer o córtex, para refletir sobre mim mesmo, para me deslocar no tempo pra frente e pra trás, imaginar e colocar em relação fatos e pessoas distantes, até mesmo inexistentes. Eu olhava para os meus atores com carinho e trepidação: eu os conhecia tão bem depois de tantos anos, mas mesmo assim, ainda que por poucos segundos, eles eram capazes de me fazer arrepiar. Metade-humano e metade-animal: meus atores eram centauros.

Eu os amava porque com sua fantasia e seu ofício, como se fossem uma ventania, desmanchavam tudo aquilo que eu tinha na cabeça. Seus materiais me indicavam direções impensadas, jogavam para o alto minhas propensões e convicções. Graças a eles, eu também me tornava um centauro. Como um cavalo, meus sentidos dilatados arrastavam minha cabeça para além das certezas.

Em que consistiu o trabalho de diretor com os meus atores, senão em seguir rastros quase cancelados e decifrar, de maneira consciente ou às cegas, indícios que as forças obscuras que nos acompanhavam deixaram cair?

A Dramaturgia Narrativa
como Nível de Organização

*Enfin, mon oncle me tirant par le collet, j'arrivai près de la boule.
"Regarde, me dit-il, et regarde bien! Il faut prendre des leçons d'abîme."*

Jules Verne, *Voyage au centre de la terre*

O Pensamento Criativo

Quem pode nos garantir o resultado? O que é, no teatro, um resultado? A capacidade de acertar no coração e na mente de cada um dos espectadores? Estamos falando de uma técnica particular do arqueiro.

Em 1700, na Rússia, um oficial recrutador entra numa cidadezinha da Volínia. Em muitas árvores da região notam-se os resultados de um arqueiro extraordinário: dezenas de flechas fincadas no centro de um pequeno círculo traçado nos troncos. Quem é esse talento? É Misha, respondem, o bobo da cidade. Primeiro ele lança a flecha, e quando ela já está plantada na árvore, ele vai lá e desenha um círculo ao seu redor.

Em seu livro *The Sleepwalkers*, dedicado à história das mudanças de visão do homem sobre o universo, Arthur Koestler mostra como todo ato criativo – na ciência, na arte ou na religião – é realizado através de uma regressão preliminar a um nível mais primitivo: *reculer pour mieux sauter*. É um processo de negação ou de desintegração que prepara o salto para o resultado. Koestler chama esse momento de uma pré-condição criativa.

Queimar a casa.

É um momento que parece negar tudo o que caracteriza a busca do resultado. Não determina uma nova orientação, é mais uma desorientação voluntária que obriga a movimentar todas as energias do pesquisador, afinando seus sentidos, da mesma forma em que se penetra na obscuridade. Essa dilatação das próprias potencialidades tem um preço alto: perde-se o domínio do significado da própria ação. É um negar que ainda não descobriu o novo que afirma.

Na sessão da Ista de Volterra, em 1981, trabalhei num texto de Edward Bond, *Narrow Road to the Deep North*, rodeado de um grupo de jovens diretores. Com objetivos pedagógicos, separei os dois modos de pensar em duas fases. A primeira aconteceu à mesa: cortes, interpolações e reestruturações, visto que eram umas dez personagens e eu só tinha cinco atores. A segunda fase foi um esboço de espetáculo. Foi difícil fazer com que os jovens diretores entendessem (e eu também) porque o trabalho prático consistia numa longa batalha com as escolhas e as ideias que eu tinha estabelecido à mesa.

Um pensamento é uma força em movimento, uma ação, energia que muda: parte de um ponto para alcançar outro, seguindo caminhos que mudam de direção de repente. Assim como há um modo preguiçoso, previsível e cinza de se mover, também há um modo preguiçoso, previsível e cinza de pensar. O fluxo do pensamento pode ficar pesado e bloqueado por causa dos estereótipos, das objeções e dos julgamentos já prontos. O que diferencia o pensamento criativo é exatamente seu fluir por saltos, por meio de uma desorientação imprevista que o obriga a se reorganizar de outra forma, abandonando a casca onde tudo estava em ordem e perfurando aquilo que se apresenta de maneira inerte quando imaginamos, refletimos ou agimos.

O pensamento criativo não é retilíneo, unívoco, pré-visível. É o objeto de uma ciência labiríntica.

Falo de uma *ciência labiríntica* para definir a estratégia da exploração que começa pelo que é previsível para se confrontar com o que é imprevisível. Não é a simples *casualidade* que faz jorrar soluções e significados imprevistos, e nem são os encontros e os paralelismos não programados que permitem que nos interroguemos sobre o sentido do que estamos contando. No processo criativo é preciso ser um artífice da própria casualidade, assim como os latinos diziam que eram artífices de sua própria fortuna. Aqui valem as palavras de Pasteur: "o acaso favorece somente as mentes preparadas".

Às vezes tinha a sensação de que não era eu que conduzia o processo de trabalho, e a única coisa que podia fazer era calar os preconceitos que impediam o pensamento-em-vida de dançar. No começo eu tinha uma sensação de ânsia, de acabar a bordo de um navio arremessado por uma *tempestade*. Antes de viver essa sensação como sentido de liberdade e abertura a novas dimensões, eu a vivia como coerção, um conflito entre o pensamento-em-vida e aquilo que eu sabia, que havia decidido ou a que aspirava.

Quando conseguia realizar a pré-condição criativa, eu me sentia arremessado por uma tempestade, me sentia até possuído, num estado de *ex-tasis*: de sair de mim. Mas era uma sensação que permanecia ancorada ao sólido terreno da meticulosidade artesanal.

Ser patrão do meu próprio ofício significava, sobretudo, saber preparar a tempestade que teria me apavorado. Em outras palavras: eu devia ser teimoso e resistir, sem correr para as soluções fáceis e antecipadas.

Quando estavam no meio de uma tempestade, os marinheiros dos veleiros tinham que executar, com extrema precisão e competência, as operações mais difíceis de seu ofício, cada um em seu lugar, sem muitas palavras, sem gemidos, sem rogar pragas e sem pedir socorro. Ao mesmo tempo, a cabeça de cada um voava para a imagem de seu santo ou de seu demônio protetor.

Quando eu estava à mercê da tempestade onde tinha me jogado de propósito, e que ameaçava o sucesso do meu trabalho, tinha frequentemente um pensamento mudo que corria para a imagem protetora de Picasso.

No verão de 1955, Pablo Picasso havia aceitado, contra todas as previsões, rodar um filme que o mostrasse trabalhando. Quem o convenceu foi o diretor francês Georges Clouzot. Durante um mês, Picasso acordou cedo e foi para os estúdios cinematográficos de Nice, submetendo-se às exigências das filmagens. Pegou uma tela branca e começou a pintar na frente de vários espectadores: técnicos de luz e de som, eletricistas, fotógrafos, todos os componentes de uma equipe cinematográfica normal.

Várias vezes, no filme, quando o quadro parece estar pronto, Picasso para e anuncia que agora sim, ele pode mesmo começar. Todos os que estão ao seu redor demonstram estupor e incompreensão. Mas ele começa a mudar tudo aquilo que fez antes. Desenha outras cenas, e figuras que se entrelaçam ou se sobrepõem às de antes, são desfiguradas ou canceladas por ele. No final, pega uma tela nova e pinta o quadro que mentalmente extraiu das dificuldades em que tinha se jogado quando pintava a tela anterior.

Todas as vezes que observei *Le Mystère Picasso* para deduzir alguma coisa que pudesse me interessar do ponto de vista profissional, não me deixei cegar pelos aspectos extraordinários de sua criatividade. Seus dons excepcionais tornavam particularmente evidentes os procedimentos humildes sobre os quais o trabalho artístico sempre se baseava, seja qual fosse o nível dos resultados.

Nos primeiros anos eu me esforçava para encontrar e tornar teatralmente perceptíveis os núcleos da história, os conflitos evidentes e potenciais de uma situação, as tensões e os contrastes entre as personagens. Esse pragmatismo me ajudava a colocar as bases dramáticas da presença e das ações dos atores. Para mim, isso era ainda mais útil se o texto era excessivamente literário, se incluía cenas que eu pensava em mudar ou cortar, ou quando o número dos atores não correspondia ao número das personagens. Eu me dedicava a resolver esses problemas. Com o tempo, adquiri uma certa habilidade nesse campo. Então passou a ser essencial *inventar problemas para mim*, me impor constrições e obstáculos para desencadear a *tempestade* durante os ensaios. A tempestade consistia em construir um sistema de relações que não se deixava explorar só com uma rápida olhada. Era uma ordem heterogênea em que várias forças agiam simultaneamente.

Cada elemento que entrava no espaço -- texto, figurino, objeto, sequência de ações, pausa imprevista e, sobretudo, *erros e mal-entendidos* – tornava-se um precioso colaborador, além de ser um entrave com o qual fazer as contas. Cada obstáculo era um enigma oferecido pelo acaso.

Eu amava decifrar esses enigmas que, no teatro, não se resolvem com as palavras, mas com a ação. Eu não podia esperar deles uma resposta explícita, precisava extorqui-la, colocar armadilhas, inventar estratagemas. Eram enigmas andróginos: para um ator assumiam uma forma, para outro, uma forma contrária.

É natural usar palavras, figurinos e objetos pelo que são. Mas eles também são entidades autônomas, com uma vontade e um temperamento próprios. Possuem uma espinha dorsal e uma voz. É preciso descobrir os movimentos típicos, as propriedades dinâmicas, as características sonoras, seu desejo de ser independente dos modos com que são tratados normalmente.

Um certo capote morou muito tempo em minha casa
era um capote de boa lã
um penteado leve
um capote de muitas feituras
Vivido e revirado mil vezes.
Era o desenho de nosso pai
Tinha o molde dele, às vezes concentrado e às vezes feliz
Pendurado numa corda ou num cabide
Assumia um ar desconfiado:
através daquele antigo capote
eu conheci os segredos de meu pai
vivendo-o, assim, na sombra.
Alda Merini

Só quando estava distraído eu achava que os objetos e os figurinos eram inanimados. Eles têm vontade própria e contam histórias. Eram cúmplices e amantes. Eu só precisava estar aberto a ouvir e a fazer o que eles queriam que eu fizesse e expressasse. Tentava não me esquecer de que eram dons generosos dos deuses, portadores de mensagens ocultas.

Para mim era impossível colaborar com a tempestade – com seu sistema de relações que não se deixa dominar – sem dispor de uma vasta variedade de materiais, e sem me movimentar simultaneamente em outras direções. Essa profusão de fragmentos gerava confusão.

A confusão, quando é procurada e praticada como *fim*, é a arte do engano. Quando é deliberada e aproveitada como *meio* em uma atividade criativa, é um dos fatores de um fértil processo orgânico.

A tensão entre várias forças divergentes podia acabar num desastre. Mas se eu fosse capaz de dominar essas forças, de descobrir o tipo de relações que elas podiam estabelecer entre si, se eu conseguisse fazer com que convivessem e se entrelaçassem num diálogo, ao invés de me aproximar do desastre, eu chegaria mais perto do limiar da complexidade.

Um processo de trabalho não é verdadeiro, autêntico ou sincero, mas apenas funcional e utilizável em relação a uma determinada pessoa. O uso de um conhecimento ou de uma imagem sempre é determinado pelo sistema de pensamento e pelas *superstições* da pessoa que os escolhe, servindo-se de uma interpretação pessoal. As linhas emaranhadas da minha exploração não queriam dizer que a exploração em si mirasse ao emaranhamento ou que avançasse para uma solução. O acúmulo de elementos heterogêneos e a colisão de linhas contrastantes tinham o objetivo de identificar outras perspectivas e de lançar uma nova luz sobre minhas *fontes*, sobre os pontos de partida. Se raciocinamos segundo critérios de economia e poupança, era um modo de proceder paradoxal.

Mas não há trabalho criativo sem desperdício. E não há desperdício sem a boa qualidade daquilo que se desperdiça. A proporção entre aquilo que é produzido e aquilo que, no final, será utilizado, deve se inspirar na desproporção entre o sêmen – que na natureza é dispersado – e uma única célula fecundadora, que consegue gerar um indivíduo do reino animal ou vegetal.

A principal diferença entre a secreta complexidade que infunde vida à arte e a organização utilitarista das obras cotidianas, é que as últimas, quanto mais extraem o *fácil* do difícil, melhores são, enquanto a primeira, quanto mais extrai o *difícil* do difícil, mais eficaz ela é.

Extrair o difícil do difícil é a atitude que caracteriza um processo artístico. Dessa atitude dependem os momentos de obscuridade, esforço, intuição, desorientação, desconforto, re-reorientação e solução inesperada. Isso também vale para a complexidade do resultado.

É fácil ler *pré-condição criativa, colaborar com o acaso, tempestade e meticulosidade, confusão e complexidade, acúmulo e desperdício* como fórmulas para extrair o difícil do difícil. E é igualmente fácil imaginar como, na repetitiva realidade cotidiana, tudo isso seja vivido como dúvida, mal-estar, desfalecimento, e muitas vezes sofrimento.

Durante os ensaios, quando o resultado de um longo período de esforços era tratado como mais um ponto de partida, alguns atores perdiam o ânimo. Para todos nós, atores e diretores, era um momento crítico. Às vezes, a irritação de todos contra todos prevalecia como se fosse um vírus destrutivo. Mas mesmo assim nunca paramos, ainda que contra a vontade, porque esses eram os ossos do ofício.

Trabalhar cansa, mas não é só isso, às vezes machuca. Mas sadismo e masoquismo não servem no trabalho teatral. Se afloram no sistema de relações de um grupo que está trabalhando num espetáculo, provocam uma desagregação imediata e amarga.

A criação de um espetáculo é necessariamente um processo coletivo, ainda que profundamente solitário, voltado para um horizonte que nos escapa. É um percurso íntimo e incomunicável que une as pessoas que se submetem a ele. E, como acontece com qualquer tipo de cumplicidade, se fracassar, as separa.

Uma anotação de Anton Tchékhov: "Um homem, em Monte Carlo, vai ao Cassino, ganha um milhão, volta pra casa, e se mata".

Do Olhar para a Visão

As Mil e Uma Noites, a psicanálise de Freud, a psicologia analítica de Jung e a antropologia cultural mostram como o conto – *mythos* em grego – pode ser útil para salvar a vida do indivíduo e da sociedade. Para se orientar no mundo, ou seja, para viver, homens e mulheres, crianças e adultos, todos precisam das narrativas. Só compreendemos as pessoas, as coisas, os conceitos, os números e os deuses se eles são narrados, inseridos em uma história. Até a matemática consiste em narrativas de números, viagens e peripécias que estão entre os dois extremos de uma fórmula.
Tell me a story... the rest is silence.
Um teólogo medieval europeu teria afirmado categoricamente que nossa necessidade de histórias é típica da imperfeição humana. No Além – teria nos garantido o teólogo – bastará ter a visão no lugar da narrativa, e compreenderemos as coisas humanas e as coisas divinas penetrando, com nosso olhar, dentro delas, *vendo-as dentro* (do latim *intuere*, de onde vem "intuição").
A narrativa dizia respeito à atividade mental que eu projetava em meu trabalho. No final, eu podia ocultar essa minha narrativa ou fazer com que o espectador não a reconhecesse. Mas não podia excluí-la de todas as fases da elaboração.
Para mim, o trabalho no nível narrativo não visava preparar a trama que o espectador leria no espetáculo: uma única história para todos os espectadores. Eu tinha a tendência de criar as condições para que cada espectador pudesse ler uma história pessoal no espetáculo. A *minha* dramaturgia narrativa era diferente de tudo aquilo que um teatro que parte do texto pode entender com essa expressão. Ou até mesmo um teatro que, mesmo não partindo do texto, quer construir um único fio narrativo, igual para cada espectador. Nesse tipo de teatro, a margem de liberdade dada a cada espectador está relacionada

às conotações literárias, sociais, políticas e éticas da história. Mas ele exige que a história deva ser a mesma para cada espectador.

Eu não trabalhava usando um texto como ponto de partida, no sentido usual do termo, assim como também não havia uma única história no final. O que eu chamo de dramaturgia narrativa era só a minha maneira particular de contar uma história. Isso não tinha nada a ver com a interpretação de um texto preexistente ou com o encaixe e a colagem mais ou menos coerente de vários escritos. Era uma *narrativa--através-das-ações*. Ou mais precisamente: a constelação de sentidos e de orientações que eu escondia conscientemente, ou que revelava, *por--trás-das-ações*.

Vou repetir mais uma vez, por mais estranho que possa parecer: quando eu começava a preparar um espetáculo, não existia necessariamente um drama escrito ou uma adaptação de um romance ou uma novela, e nem o resultado dava numa única história. Eu tinha algumas *fontes*, referências, pontos de orientação, estímulos fortes que me afetavam e que, muitas vezes, podiam ser diferentes tipos de texto: artigos, poesias, fábulas, lendas ou histórias que eu inventava ao redor dos vários temas que enfrentava no espetáculo. Mas não necessariamente. Ou, por exemplo, uma das *fontes* de *Mythos* era uma canção, a *Internationale*[1], e a história de seu assassinato.

Há diretores que plasmam o espetáculo, com vontade e originalidade, já conhecendo os caminhos que o levarão a realizar suas intenções. E há diretores-parteiros, que ajudam o espetáculo a vir à luz aceitando até imagens e ações cujo sentido eles não dominam, mas nos quais confiam, porque são indícios de uma subterrânea e ambígua presença de vida. Eu pertenci a essa segunda espécie, que ignora o fruto do processo e o observa com aquele olho crítico, curioso, meio cético e meio estupefato de um primeiro espectador.

Meus primeiros três espetáculos (*Ornitofilene, Kaspariana* e *Ferai*) contavam *uma única* história, aquela proposta pelo autor. Com cada novo espetáculo, eu ia compreendendo melhor os procedimentos para estimular o ator, para guiar a atenção do espectador, entrelaçar os fios da narrativa, narrar fazendo uso de associações, fazer alusões através de analogias e antíteses, encontrar soluções interpretativas e descobrir aquilo que eu não sabia ou que acreditava não saber. Eu inventava várias formas de começar um espetáculo, até mesmo para evitar que me repetisse. A motivação "narrativa", que nos primeiros anos vinha do

---

[1] A canção comunista mais famosa do mundo, reconhecida em todos os países como hino dos trabalhadores (N. da T.).

texto de um autor, transformou-se, com *A Casa do Pai*, em um meandro de estímulos heterogêneos que eu imaginava como *fontes* do espetáculo. Desde então, essas *fontes* tão diferentes me induziram a narrar--através-das-ações.

Para começar o trabalho, eu sentia a necessidade de empurrões e incitações que viessem de argumentos e motivos diferentes, que fossem relacionados com as preocupações daquele período da minha vida ou que simplesmente me deixassem curioso. Na minha atividade de diretor, tive *fontes* de todos os tipos: um drama teatral (*Ornitofilene*, de Jens Bjørneboe, *Ferai*, de Peter Seeberg); um longo poema (*Kaspariana*, de Ole Sarvig); os 22 livros de poesias de Henrik Nordbrandt para *Mythos*; uma novela ou um romance (*Está Ficando Tarde Demais*, de Antônio Tabucchi, para *Sal*); cenas extrapoladas de um drama (*As Três Irmãs*, de Tchékhov, para *Kaspariana*); fragmentos de textos religiosos (gnósticos para *O Evangelho de Oxyrhincus*, bíblicos para *Judith*); um fato de crônica (para *Mythos*, as festas para o ano 2000 e a pergunta: o mito da revolução teria sobrevivido no novo milênio?); um provérbio, um aforismo, um paradoxo ou uma citação conhecida (para *Kaosmos*: "um fantasma vaga pela Europa, o fantasma do comunismo"); a biografia e a obra de uma personagem histórica (Joseph Stálin, para *O Evangelho de Oxyrhincus*), ou literário (Dostoiévski, para *A Casa do Pai*, e Brecht, para *Cinzas de Brecht*), ou um desconhecido soldado brasileiro da Coluna Prestes para *Mythos*; uma lembrança; um quadro; uma fotografia; um ensaio de antropologia; uma metáfora (a revolta sepultada viva, para *O Evangelho de Oxyrhincus*). Mas também o prazer de enfrentar um problema técnico. Para *O Evangelho de Oxyrhincus* eu me perguntava: se o ator é o demiurgo do teatro, como pode estar sempre presente até quando é invisível?

O nível orgânico do espetáculo pode ser organizado através de um modo preciso de trabalhar com o ator. Meu modo era pessoal e, como tal, podia ser compartilhado ou não. Mas objetivamente ele era verificável e, sendo assim, pode ser explicado ou, pelo menos, descrito.

Com relação ao nível narrativo, eu só podia preparar as suas condições. Para que o espetáculo se abrisse a uma pluralidade de histórias possíveis, eu tinha que ter torneiras, ainda que com pouca água, que fossem as fontes do que depois teria se tornado o rio do espetáculo, com todos os seus afluentes.

Não era fácil encontrar ideias que movimentassem meu imaginário ou que me dessem vontade de começar a trabalhar. Não eram pretextos, escolhas casuais ou arbitrárias. Podiam parecer obscuras ou insignificantes aos olhos dos outros, mas elas tinham que me atormentar.

Às vezes eu também me sentia incomodado na companhia delas, eu as avaliava com ceticismo e as discutia de maneira indireta com amigos confiáveis. Tinha reticências quanto a expô-las em sua frágil simplicidade e extravagância. Eu ficava esperando muito tempo, até o encontro decisivo com os atores: o primeiro dia de ensaio. E só então eu deixava que essas fontes corressem livremente numa improvisação oral com todas as associações cabíveis, inadequadas e irreverentes que se sobrepunham na minha cabeça.

Para mim, as fontes eram um equivalente do que o subtexto era para os atores. Uma referência íntima que permite que a cena alcance uma profundidade e que seja alimentada, e também contradita, por um eco profundo. Durante os ensaios, as águas das fontes iniciais podiam ser canalizadas, misturadas, e até afundar e desaparecer dentro de rios e lagos que elas encontravam de repente em seu percurso. O encontro de novas fontes (temas, situações, textos, desafios técnicos, perguntas) causava guinadas e flutuações não programadas: uma nova orientação. Sem as fontes originárias ou aquelas que apareceram durante os ensaios, perdia-se o eco do espetáculo. O espetáculo podia ser interessante, sugestivo, agradável, mas era só teatro.

Quando chegava a hora de orquestrar o nível narrativo, eu procedia com cautela, prestando atenção para não enclausurar os materiais do ator em um sentido unívoco e preestabelecido. Eu usava ações que despertavam pensamentos, impressões, ritmos ou imagens como rastros a serem seguidos rumo a regiões que não estavam previstas pelas *fontes*. E aí a clareza da situação se embaçava, e eu me adentrava na bruma da confusão com todos os meus sentidos aguçados para discernir a direção do próximo passo.

Paguei por esse "método" com o tempo. A verdadeira parteira sabe que depois de nove meses o neném vai vir à luz, e que o risco está em antecipar isso. Mas o diretor-parteiro deve entender, a cada vez, de que tipo de parto se trata, quando é prematuro e quando está atrasado, sempre de acordo com uma escala incerta: alguns espetáculos se contentam com o tempo de gestação dos ratos, outros pretendem que seja como aquele dos elefantes. Eu nunca consegui saber disso antes da hora.

Um espetáculo não se limita a contar histórias, e sua eficácia e seu valor não residem *somente* no aspecto narrativo. Mas a técnica da narrativa continua sendo um componente importante do ofício teatral e do impacto no espectador. É uma técnica que influencia, antes de tudo, aquela parte da percepção que pertence ao olhar.

Normalmente, no teatro, os atores contam uma história utilizando um sistema de significados mais ou menos unívocos que encapsulam o olhar dos espectadores e unificam-no. De certa maneira, poderíamos dizer que o limitam para facilitar a clareza.

Quando tentei subverter essa relação entre dramaturgia narrativa e percepção, descobri que a técnica de narrar pode ser um válido instrumento para *dilatar o olhar do diretor* durante os ensaios e, sucessivamente, *o olhar do espectador* durante o espetáculo.

Na concretude do ofício, *dilatar o olhar* significa abrir a percepção do espectador para a consciência de um sentido pessoal.

Minha meta era transformar o olhar em visão.

O caminho que levava o olhar à visão atravessava diferentes campos da experiência: *pre-ver, não-ver, mergulhar no não-ver, re-ver*.

O cérebro humano está programado para *pre-ver*, para prefigurar o desenrolar de uma ação e antecipar seu percurso e seu fim. Vendo o começo de um gesto ou de uma ação, o cérebro pula para a sua conclusão. Se me levanto de uma cadeira, o observador intui, pela maneira que realizo essa ação, se vou continuar de pé ou se vou me movimentar no espaço. Ele adivinha a direção que vou tomar e, muitas vezes, até minha intenção. Essa previsão é causada pelo sentido cinestésico, a sensação que nos permite perceber as posições corporais, as tensões musculares e os movimentos. É a consciência que cada ser humano tem do próprio corpo e daquele de qualquer outro ser vivo. É o sentido cinestésico que permite que eu toque meu nariz com a ponta do meu dedo sem a menor hesitação, ou que eu junte as mãos atrás das costas sem olhar. É o sentido cinestésico que, reconhecendo os impulsos, responde a um abraço ou evita bater de frente com as pessoas que saem de um elevador quando nós entramos. O sentido cinestésico era a arma secreta que eu usava para dar aos nossos espetáculos um efeito de organicidade, era a prerrogativa excepcional da qual eu e meus atores nos aproveitávamos para manipular a percepção do espectador.

O sentido cinestésico decifra os *sats*, as características (as informações) dos impulsos e das tensões de uma ação e, também, pre-vê seu próximo desenvolvimento. Se o ator estende a mão para pegar um dicionário pesado que está em cima da mesa e, no último segundo, agarra a caneta que estava ao lado, ele provoca um desconcerto infinitesimal na percepção do espectador. Este, influenciado pelo *sats* inicial – o impulso do braço, da posição e da tensão dos dedos do ator – tinha previsto, e então imaginado, uma intenção diferente: levantar o dicionário.

Esse era o princípio basilar da percepção que eu utilizava para compor uma *narrativa-por-trás-das-ações*. As ações dos atores, com suas tensões precisas e detalhadas, provocavam esquemas mentais no espectador, geravam previsibilidade, compreensão, nexos e dinâmicas de causa e efeito. Eu vigiava para que os atores *negassem a ação realizando-a*, que a executassem com a tonicidade correspondente a uma ação diferente. Às vezes essa ação diferente fazia parte da subpartitura que, mesmo escondida, gerava tensões contrastantes na ação visível.

O objetivo era enganar a expectativa cinestésica. Eu queria que os espectadores projetassem uma justificativa própria nas ações de uma cena que, no final, resultava ter um valor ou um sentido diferente daquele mostrado pelas ações. Com esse oximoro sensorial eles teriam vivido a experiência de uma experiência, de uma realidade escorregadia, briguenta, que à primeira vista não se deixava dominar e que exigia ser perscrutada. Uma atriz se abaixa com cautela como se tivesse alguma coisa pesada entre as mãos, e deixa cair uma margarida; Joana d'Arc morre na fogueira sorrindo; "estou livre", exulta Xerazade, uma marionete, enquanto morre; Brecht faz a vivissecção de um peixe expressando a necessidade de uma aproximação racional e científica da realidade, e diante dele Walter Benjamin se enforca; na Berlim libertada do nazismo, Mackie Messer dança euforicamente um tango com Kattrin, a filha muda de *Mãe Coragem*, e a sufoca enfiando em sua boca o *Pravda* (A Verdade, o órgão do partido soviético); em *Talabot*, o globo terrestre queima como um monte de lixo, e Kirsten Hastrup, a protagonista, o observa feliz e apaixonada, com um buquê de flores entre os braços; no mesmo espetáculo, o Trickster dança feliz cantarolando uma litania de guerras, massacres e catástrofes históricas; em *Kaosmos*, a tumba é fechada e ali surge o trigo; Dédalo, em *Mythos*, voa com passos de cavalo.

Bloquear o mecanismo da pre-visão é a premissa para alcançar a *visão*. De fato, a visão é sempre uma experiência im-prevista.

Minha narrativa-por-trás-das-ações se desenrolava segundo as regras sensoriais de uma *ciência labiríntica*. Ela consistia em submeter a percepção do espectador a uma sucessão de deviações, ramificações e divagações. Cada ação, mesmo a mais insignificante, era uma peripécia dinâmica. A ação começava suscitando no espectador a sensação de prever o que ia acontecer. E eis que a ação mudava sua qualidade tônica, ou seja, o dinamismo e a intenção, agindo na atenção do espectador como se fosse um ferrão que pica. É evidente que sempre havia o risco da arbitrariedade e de uma falta de precisão, que resultava num confuso monte de estímulos.

Esse "efeito-ferrão" que capturava a atenção do espectador era a experiência do *não-ver*.

A vontade de organizar as deviações e dispersões que geravam ambiguidade e indeterminação tinha o objetivo de aguçar a realidade cênica, tanto para quem olhava como para quem agia. Era *estranhamento*, mas também uma experiência de *incômodo*.

Como diretor eu tinha um credo: para agir sobre meu olhar durante os ensaios, e sobre o dos espectadores durante um espetáculo, uma história tinha que ser colocada à prova. Seus componentes deviam ser separados e modificados, como acontece em um processo de destilação num alambique. Diante de uma história ou de uma situação, eu pensava imediatamente em como dissolvê-la em seus vários detalhes inconciliáveis, como ramificar seus componentes, tornando-os reciprocamente autônomos e fazendo com que navegassem um ao lado do outro num mar de contiguidade que favorece interações e percepções imprevisíveis. A *tempestade* que eu desencadeava me jogava num estado de *não-ver*, para encontrar o modo de *re-ver*.

Cada ação se torna história quando algo a impede de correr diretamente para a própria conclusão. Não importa qual seja o ponto de partida e o ponto de chegada, cada história é feita de peripécias – guinadas – que fazem com que ela desvie de sua corrida em linha reta. Muitas pessoas explicaram e repetiram isso de maneira convincente. Tornou-se um lugar comum. Seu revés inteligente, humorístico ou provocatório foram as tragédias de duas deixas inventadas pelos futuristas (Abrem-se as cortinas. Ele: "Eu te amo". Ela: "Eu não". Ele e ela, juntos: "Adeus". Fecham-se as cortinas). Sem contratempos, uma história não se reduz ao essencial mas num monstrinho que é todo "início e fim". Não é mais uma história, mas uma pressa.

Eu queria o *essencial*, e o essencial, para mim, era o resultado de uma maceração. Consistia em identificar as histórias que emergiam por detrás de um labirinto de ações orgânicas.

Quem Fez de Mim Aquilo que Sou

As paisagens, as vilas e as cidades da Europa exibiam os rastros da Segunda Guerra Mundial. Atravessada a fronteira, as pessoas paravam de falar uma língua compreensível e suas comidas deixavam de ser saboreadas. O estrangeiro era o reino do irracional. Tudo devia ser re-entendido, catalogado ex novo, inserido em categorias a serem descobertas. Eu me sentia metade estúpido e metade impostor. Era um desconhecido, um estranho, uma pessoa sem conotações, sem vínculos, sem história. Aqui não me servia o amor da minha mãe ou os bons resultados em grego e em latim do colégio militar. Com pouquíssimo dinheiro, dormindo ao relento, com uma enorme mochila militar que meu irmão tinha recebido dos escoteiros norte-americanos, dizendo a eles que era tuberculoso, eu me protegia atrás de uma expressão inocente, pegando carona até a mítica Suécia, o paraíso do amor livre. Era junho de 1953, eu tinha dezesseis anos.

Uma chuva torrencial tinha ensopado a mim e à minha mochila até os pés. Os carros desapareciam rapidamente num halo de borrifo d'água, indiferentes ao meu braço que pedia carona. Eu estava há horas na auto-estrada entre Stuttgart e Nuremberg, entorpecido nas minhas roupas encharcadas. Depois aconteceu o impensável: um milagre. Uma Mercedes mastodôntica parou, um senhor ainda jovem, bem vestido, colocou minha mochila no banco de trás e me fez sentar ao seu lado. Uma litania se repetia na minha cabeça: essa é a generosidade, a empatia, o altruísmo, a bondade, a nobreza, a magnanimidade. O senhor me deu a sua echarpe para enxugar o rosto e o pescoço. Senti vergonha, como se tivesse urinado, pensando na água que a mochila derramava no banco de trás.

Como sempre acontecia quando eu estava a bordo de um carro, a conversa seguiu como de costume. As mesmas perguntas: de onde eu vinha, para onde eu ia, o que fazia. E as mesmas respostas: eu era italiano, ia para a Escandinávia, pegava carona porque não tinha muito dinheiro e, além do mais, isso me dava oportunidade de encontrar gente interessante. Com essa fórmula, já estava no meio do caminho para ser aceito – às vezes me ofereciam uma refeição ou um sorvete. O dono da Mercedes perguntou se eu não pensava em visitar Bergen. Eu não sabia o que era, e ele disse que era uma cidade norueguesa. Continuou: foi o primeiro alvo que bombardeei. Descreveu seu primeiro ataque como piloto, e em seguida outras situações parecidas. Eu entendia pouco a língua alemã, e menos ainda o nome das cidades. Boa parte da geografia eu aprendi assim, viajando pela Alemanha, onde os motoristas contavam suas experiências de guerra. Já na França, na Holanda, na Dinamarca e na Noruega aprendi o nome de outros lugares da Europa, aqueles dos campos de concentração e de extermínio. O dono da Mercedes me hospedou em sua casa, em Nuremberg. Sua mulher enxugou minhas roupas e, na manhã seguinte, quando seu marido já estava no escritório, acompanhou-me com seu Volkswagen até a entrada da autoestrada.

Quanto menos conhecemos uma nação e uma cultura, mais elas parecem dotadas de uma identidade coletiva. A identidade cultural, a alma de um lugar ou de um país, o espírito de uma época ou de uma civilização são o produto das distâncias. Ganham consistência nos livros, nas narrativas, nas lembranças, nas generalizações. Assim que nos aproximamos, desaparecem como miragem. Olhar de longe e manter as distâncias nos permite generalizar apropriadamente e colocar nossos esquemas mentais em ordem. Mas esse procedimento inócuo e objetivo, que deveria servir para organizar, torna-se um instrumento do caos quando temos a ilusão de que essas generalizações têm fundamento na realidade. Ou quando nos fazemos perguntas do tipo: qual é a identidade de um italiano ou de um alemão, de um europeu ou de um africano? O que devemos fazer para encarná-la e desenvolvê-la? O que corre o risco de poluí-la?

Na Noruega eu descobri as várias faces da generosidade e da acolhida. Vivi minha condição de emigrante no calor do afeto de Fridtjov e Sonia Lehne. Eles me adotaram em sua casa como se eu fosse um irmão mais novo. Não havia muitos estrangeiros por lá e minhas inadequações e reações desajeitadas se coloriam de exotismo aos olhos dos noruegueses, suscitando neles o desejo de se aproximar de mim. Eigil Winnje era o dono da pequena oficina de latoeiro onde eu trabalhava em Oslo. Sempre do lado de seus operários e compartilhando as tarefas com eles, seu exemplo me ensinou a disciplina cotidiana de uma atividade manual, o respeito pelas ferramentas, a satisfação de deixar o local de trabalho limpo, a alegria de ver um trabalho bem feito. Com rigor e paciência, ele me introduziu na arte de soldar. Quando passava do exemplo prático para as palavras, ele assumia um ar compenetrado e, ao mesmo tempo, levemente irônico. Eu tinha a impressão de colher, no fundo de seus conselhos, um certo ar de gozação, como se no momento em que se esforçassem para que eu entendesse algo, também me dissessem que eu não teria entendido. Suas palavras pareciam intenções diretas, como se fossem simples receitas, mas, ao contrário, eram ditas para serem colocadas à parte, para um futuro mais ou menos próximo. Eram "palavras-encontro marcado" que deveriam ser guardadas para os momentos em que poderiam ser colocadas em prática e ser ativamente mal entendidas. A mesma sensação me invadiu alguns anos depois, com muitas expressões que encontrei nos livros dos reformadores teatrais.

Vivi meu primeiro ano de emigrante como uma aventura privilegiada, uma sequência de inimagináveis horizontes e epifanias, e o orgulho de ganhar o pão de cada dia com minhas próprias mãos. Eu posava como modelo vivo para Willi Midelfart, um pintor que tinha vivido na Paris dos anos de 1920 e, no início dos anos trinta, em Berlim e em Moscou. Ele foi meu guia no universo da arte, aconselhava minhas leituras e me mostrava as várias maneiras de ver um quadro.

Há um tempo para as iluminações e um tempo para as humilhações. Chegou o momento em que vivi a rejeição por ser estrangeiro. Como se comportar quando você é objeto de maus-tratos? Quando os outros acham normal tratá-lo com desprezo, dirigem-se a você com nomes ultrajantes e ainda esperam que você se submeta a tudo isso em silêncio?

Eu tinha um sonho: visitar a casa de Ramakrishna em Calcutá e, seguindo seu exemplo, descer, quando surgissem os primeiros raios de sol, os degraus dos ghats até as águas do Ganges. Naquela época, a única maneira de realizar um sonho desses era embarcar como aprendiz de maquinista num navio mercantil norueguês que ia para a Ásia. Muitos marinheiros me acolheram com tácita solidariedade, conscientes de partilhar das mesmas condições; outros, fascinados pelo demônio do racismo, trataram-me com desprezo. Rejeitar o comportamento deles significava briga, e eu tolerei a violência, mas algumas vezes também tive que recorrer a ela.

<blockquote>
Ao calar da noite as estradas se estriam
de placas de neon,
um balé negro de ideogramas;
uma loura holandesa
ostenta seios um tanto moles
para alguns turistas japoneses
na neblina de fumaça de uma cantina;
uma jovem filipina faz a mesma coisa
para marinheiros ianques cheios de cerveja;
</blockquote>

> *uma garota de Hong Kong*
> *incerta e taciturna*
> *acompanha um businessman britânico e gordo.*

Os versos de Kenneth White descrevem minhas primeiras experiências interculturais. A violência se esconde atrás de rostos exóticos e atraentes. Nada mais instrutivo para um jovem marinheiro de vinte anos à descoberta do mundo do que a companhia de uma mulher de outra cultura.

No longínquo ano de 1956, em Singapura, uma mulher me chamou da porta de sua casa. A hospitalidade não era cara. Ou eu preferia ser entretido por sua filha, uma menininha de uns dez anos? Fui educado com princípios saudáveis. Recusei indignado e fui me encontrar com os companheiros de equipagem num bar do porto. Marinheiros de todas as línguas, idades e cores – a internacionalidade do mar – compravam moedas no caixa para dançar com garotas que custavam pouco, prólogo de uma situação mais agradável. Naquela noite não pensei: quem fez daquela mulher que queria vender a (presumível) filha aquilo que ela é? Não me perguntei: quem fez de mim aquilo que sou? Foi uma outra mãe que me fez essa pergunta, três anos depois.

Aconteceu quando eu viajava por Israel. Vivi durante três semanas na praia semideserta de Eilat, entre personagens taciturnas, parecidas com aquelas que, cinco anos antes, Avner havia descrito em Memórias de um Terrorista. Isso era em 1960. Israel era um pequeno país completamente diferente do que é hoje: dois terços da população era de refugiados, sobreviventes do inferno nazista e de uma Europa que tinha enlouquecido. Ainda se passariam sete anos antes da guerra-relâmpago dos Seis Dias, em junho de 1967, e da ocupação permanente dos territórios de outros estados.

Em um moschav, *uma cooperativa agrícola*, Alex, um romeno louro de olhos azuis, me explicou que na Romênia os judeus eram reconhecidos por essas características. Eram os descendentes dos khazares, o povo das estepes que se converteu ao judaísmo e cujo império durou três séculos. Os habitantes dos schtetl *judaicos da Europa oriental tinham origem nas diversas etnias do império khazar.* À noite eu tinha acordado ao som de gritos e choros. Alex acalmava os meus medos: eram os holandeses que haviam escapado dos campos de extermínio. No escuro, as lembranças os visitavam.

Visitei o kibutz *Lohamei ha-Getahot*, "Os Combatentes do Gueto", fundado pelos sobreviventes da insurreição de Varsóvia contra os alemães, em abril de 1943. Era parecido com outros kibutz *onde eu tinha trabalhado.* "O espaço da memória" era uma barraca: três quartos com *fotos, recordações, objetos, documentos tão repugnantes que me pareciam inconcebíveis. "Quem fez dos Alemães aquilo que eles são?" Quem me fez essa pergunta, com toda a serenidade, como se não esperasse uma resposta, foi minha guia, uma mulher de uns quarenta anos. "Os pais deles? Suas mães doces e amáveis? Suas escolas assim tão eficientes? O desespero da crise econômica? Um único homem batizado como Adolf?".*

Ela também tinha sido envolvida na insurreição, capturada pelos alemães junto de seu filhinho num trem de gado que ia para Treblinka. Conseguiu fugir, com o bebê apertado entre os braços, escorregando por um buraco no vagão, e deixou-o diante da porta de uma casa de campo com poucas linhas de explicação. Depois, juntou-se aos guerrilheiros. No final da guerra, reencontrou o filho que a família polonesa protegeu, atravessou metade da Europa para embarcar em Trieste e desembarcar clandestinamente na Palestina.

Seu filho devia ter a minha idade. Eu perguntei se ele vivia com ela. Não, não queria ter nenhuma relação com a mãe e nem com outros membros do kibutz. Ele tinha se transformado em um sabra, o sobrenome dado aos judeus que nasceram em Israel. Queria dizer figueira-da-índia, cheio de espinhos por fora, macio e doce por dentro. Os sabras são rudes, dinâmicos, prontos para se defender e atacar. O filho não conseguia entender como os judeus da Europa tinham se deixado levar para o matadouro sem pegar em armas. Recusava a se identificar com eles. Mas vocês lutaram, retruquei. A mulher repetia em voz baixa: é o que eu também dizia a ele.

Eu reconhecia a tensão que fervia dentro de mim. Eu a tinha experimentado tantas vezes, como uma transfusão de sangue negro que inflama as veias. Diante daquela mãe, e impotente como ela, mais uma vez a minha raiva se lançava contra a vontade coletiva que chamamos de pátria, civilização, família: os ídolos da tribo que legitimam o abuso. O espírito do tempo ria na minha cara, e eu não sabia que armas usar para me defender.

Depois de seis meses em Israel fiz uma promessa. Para qualquer pessoa que me perguntasse qual era a minha religião, eu responderia: sou judeu. Aquele também foi um modo de queimar a minha casa?

Nós

A dramaturgia orgânica pode viver sem uma dramaturgia narrativa, mas nenhuma dramaturgia narrativa pode viver sem uma dramaturgia orgânica. Basta pensar num espetáculo de dança que nem sempre pretende narrar uma história.

Para mim, narrar-através-das-ações ou por-trás-das-ações implicava, antes de mais nada, a exploração das relações entre esses dois níveis de organização: a maneira não óbvia de estabelecer vínculos entre o nível orgânico e o nível narrativo.

A lógica do nível orgânico abraçava a precisão, as oposições, o ritmo, as cores da energia (macia ou vigorosa), o efeito de organicidade de cada uma das ações, a qualidade de suas formas, as características extrovertidas e introvertidas, a dinâmica ação-reação, as acelerações e as pausas, os ritmos de ações simultâneas e divergentes: o fluxo delas.

A lógica do nível narrativo se concentrava em amarrar relações, tecer associações, trilhas alusivas, imagens ou montes de ações que guiassem o espectador para a descoberta de um sentido pessoal na cena com a qual se confrontava. Muitas vezes, aquilo que funcionava no nível orgânico, considerando o ritmo e a variedade de ações, corria o risco de prolongar ou enfraquecer a narrativa.

Na realidade do espetáculo, a dramaturgia narrativa se imprimia sobre a dramaturgia orgânica e as duas eram indivisíveis. Mas durante os ensaios eu podia separá-las *conceitualmente e funcionalmente* em duas estradas contíguas. Então, essas estradas ficavam simultaneamente presentes, cada uma com sua própria lógica, e começavam a colaborar de modo não planejado, misturando precisão (necessidade) e casualidade (imprevisibilidade).

A colaboração entre essas duas estradas me obrigava a seguir, ao mesmo tempo, orientações divergentes, rastros opostos, associações desconexas, contradições e contrassensos. Isso provocava o crescimento de uma multidão de fragmentos e alusões diferentes que, nos ensaios, ofuscavam por muito tempo a clareza narrativa.

Quando eu narrava-por-trás-das-ações, não me apoiava na dramaturgia orgânica para expor uma história, mas a utilizava para *emaranhar* os fios da dramaturgia narrativa.

Nesse tipo de trabalho, a verdadeira dificuldade estava em salvaguardar a integridade orgânica do espetáculo e evitar a fragmentação e a desvalorização dos materiais dos atores. Durante boa parte dos ensaios, o crescimento do espetáculo não era ditado pelos significados da história, mas pela eficácia da dramaturgia orgânica: as ações e as interações dos atores.

Eu era mais ou menos capaz de seguir e de entender as ações dos atores porque elas tinham um significado evidente, ou então graças às associações que despertavam em mim. De repente elas paravam de avançar na direção em que pareciam ir, enrolavam-se em si mesmas e se tornavam um fogo de artifício dinâmico cujos filamentos multicoloridos explodiam em cima, diante e atrás de mim. Era uma das situações de confusão e turbulência típicas dos ensaios.

Às vezes, muito raramente, esse indecifrável emaranhado de ações se acendia: na gíria do Odin, nós o chamávamos, com deferência, de "nó".

O "nó" parecia brotar de forma casual das ações simultâneas que se negavam reciprocamente dando vida a uma *potente imagem irracional*. Era a consequência de uma montagem que explodia num momento único e privilegiado: os contrários se fundiam e colocavam em evidência, cada um deles, a própria identidade. Então, tanto para mim quanto para o espectador, o "nó" se tornava um *koan* físico, intelectual, histórico e atemporal, impiedoso e compassível.

Trabalhando uma cena, eu me propunha uma síntese de informações contraditórias que ficavam contidas numa forma sensorialmente convincente. Os elementos antitéticos vinham tanto do nível orgânico/dinâmico quanto do nível narrativo: ações físicas e vocais, modos de usar objetos, figurinos, palavras, significados, motivos iconográficos, sons, melodias, luzes. Eu insistia numa mesma cena por muito tempo para despir e estruturar as inúmeras facetas complementares da realidade interior e da realidade material.

Um "nó" era um emaranhado de informações contrastantes que, ao invés de criarem confusão, desembocavam numa eficácia paradoxal.

Em *Ferai*, o jovem rei filantropo e libertário (Torgeir Wethal) nunca se separava de seu cetro: uma flauta doce que servia como cabo de uma faca e como correia de um chicote.

Em *O Evangelho de Oxyrhincus*, O Grande Inquisidor (Tage Larsen) tentava raspar a sombra de Antígona com um buquê de flores cujas hastes se juntavam em um punhal.

Em *Cinzas de Brecht*, Arturo Ui (Francis Pardeilhan) violentava a filha muda de Mãe Coragem (Iben Nagel Rasmussen) colocando uma bacia cheia d'água entre suas coxas e afundando seu rosto nela por muito tempo, até sair roxo e ofegando sem fôlego.

O "nó" colocava uma porção da realidade sob uma lente de aumento e a subvertia. Era uma ambiguidade que perturbava.

Quando penso nesses "nós", tenho a tendência a usar expressões do tipo: técnica que não tem técnica, habilidade sem habilidade, destilado de experiências, verdade essencial. Tenho a nítida sensação de que o diretor e o ator não eram os artífices conscientes, mas as primeiras testemunhas involuntárias de uma realidade mais consistente e profunda do que a situação histórica ou imaginária que sua ficção teatral tentava evocar. Uma probabilidade havia sido realizada, o acaso tinha guiado nossos passos. A cena era o dom da Graça: a Mãe sorriu para nós.

E mesmo assim, quando reflito sobre as raras cenas que viraram "nós", eu me dou conta de que respeitei algumas condições técnicas que eram sempre iguais.

Mais uma vez: as ações dos atores tinham que ser *reais* (o que não quer dizer realísticas). Eu partia do oposto, desenvolvia uma ação e uma imaginação contrárias àquelas que eram explícitas na situação em que estávamos trabalhando. Eu me obrigava a ser *denso*: a uma multiplicidade de sugestões que dilatavam e faziam implodir a univocidade e a fixação das formas de cada ação. Eu pensava de maneira paradoxal, muitas vezes dando uma realidade física a algumas expressões idiomáticas: morrer de rir, ter o pé em dois sapatos etc.

Ações reais, oposições, densidade, pensamento paradoxal: eram essas as premissas para colaborar com o acaso e para fugir de minhas inclinações mentais.

Em 1988, durante os ensaios de *Talabot*, Iben Nagel Rasmussen apresentou, entre seus materiais, uma boneca-bebê que ela mesma confeccionou. Tinha uma hora que ela puxava um fio e a areia que estava dentro do corpo da boneca-bebê escorria do invólucro de pano.

Perguntei a Iben se ela podia alimentar a boneca com areia. Ela encontrou a solução com uma falsa mama. Nós então somamos um episódio de parto. Envolvemos em um "nó" uma sequência de ações que entrou na última cena do espetáculo: o Trickster, andrógino, dava à luz a uma criança e dava de mamar a ela com a areia que fluía de seu seio. Levantava a criança brincando com ela, mas o recém-nascido se desagregava escorrendo por entre suas mãos. No final, aquilo que era uma criança se reduzia a um trapo. Achamos que nutrimos, e estamos anulando. Imaginamos proteger o futuro entre nossos braços, mas é um soco de areia.

Esse modo complementar de pensar e de proceder também era o meio para orquestrar uma cena inteira. Em *Vem! E o Dia Será Nosso*, as novas leis eram fixadas nas cercas que delimitavam as amplas propriedades no continente americano. Os pioneiros vitoriosos (Else Marie Laukvik, Torgeir Wethal e Tage Larsen) se ajoelhavam humildemente diante do xamã da tribo que tinha sido vencida (Iben Nagel Rasmussen) e apoiavam delicadamente a *Bíblia* – sua bússola e também seu talismã – sobre uma tábua de madeira que estava no chão. Torgeir levantava o machado com o qual tinham aberto caminho através do continente americano e, usando-o como um martelo, pregava o Livro. A *Bíblia* era crucificada. A cada batida de martelo, que cravava os pregos na carne das páginas sagradas, ecoava o canto lancinante do xamã.

Na cena final de *Kaosmos*, os atores se despiam dos figurinos tradicionais e os enterravam em um sepulcro: a Porta da Lei escancarada no chão. Vestiam roupas modernas, cantando com uma voz dilacerante a iminente chegada do Dilúvio. A tumba se transformava num campo de trigo, e uma mênade, numa dança, o pisoteava.

Dirigindo a atriz, eu pensava nas mulheres Uro do lago Titicaca que dão à luz de pé, balançando-se no ritmo de suas dores de parto. Dançam o fluxo perpétuo da vida que carregam e que se desprende delas.

Simultaneidade: Narrar Segundo as Leis do Espaço

Eu falo em "narrar", e a primeira coisa que me vem em mente é a narrativa através das palavras. Não é possível pronunciar duas ou três palavras ao mesmo tempo, uma sobre a outra ou uma dentro da outra. Nas escritas fonéticas, como aquelas às quais estamos acostumados, também não é possível escrever duas ou três palavras uma em cima da outra.

Já nos ideogramas, a lógica da escrita dispensa a lógica da língua falada. Enquanto a última apresenta as palavras de forma linear, com um som depois do outro, os ideogramas procedem de maneira sintética, aproximando e entrelaçando as imagens simultaneamente. Não representam os sons da fala, mas as coisas das quais se falam, suas relações.

Homem, em japonês, é escrito com dois ideogramas diferentes: *ta*, campo de arroz, e *chikara*, força. Juntos, lê-se *otoko*: o homem é a força do campo. Quem conhece bem o ideograma entende o conceito, mas vê duas imagens simbólicas ao mesmo tempo, e é como se da composição delas nascesse algo diferente da simples soma de arroz e força.

Para Ezra Pound e Serguei Eisenstein, os ideogramas se mostravam como uma concentração da arte da montagem, da construção do significado através da conjunção e do embate de conceitos distantes. Retirados da vida cotidiana, e não das práticas estéticas com suas aparentes "complicações", eram o exemplo de como a aproximação e o entrelaçamento de elementos distintos podem interagir criando uma nova realidade do pensamento e da percepção.

No teatro, até a mais simples ação pode ser elaborada como um ideograma, em que se amalgamam elementos sensoriais e intelectuais, sinais fisiológicos e signos simbólicos. A ação pode ser pensada e elaborada como uma *montagem simultânea* de vários componentes que, interagindo, criam sensações e significados imprevistos e diferentes *para cada espectador*.

O ator pode alcançar o efeito sintético de um ideograma trabalhando a partitura física separadamente do aspecto sonoro e semântico da partitura vocal. Numa fase seguinte, ele põe a partitura que resulta dessa montagem em relação com as partituras dos outros atores, numa simultaneidade que gera nexos inesperados, concordantes ou discordantes.

Essa foi a extraordinária descoberta de Meierhold no longínquo ano de1905: "uma plástica que não corresponde às palavras". Posturas, movimentos e gestos não seguem o texto, mas *dizem* o que as palavras escondem. Nesse processo, é decisiva a sincronização dos impulsos da voz com aqueles das ações físicas. Essa é a premissa para obter aquele ritmo-em-vida que o espectador percebe como *fluxo orgânico*: multiplicidade e variedade de ritmos.

A simultaneidade não diz respeito somente ao ator, mas também ao drama e às suas peripécias. A grande diferença entre a narrativa-através-das-palavras e a narrativa-através-das-ações pode ser reconduzida à diferença entre a lógica do tempo e a lógica do espaço.

A narrativa-através-das-palavras, escritas ou orais que sejam, deve necessariamente organizar os acontecimentos um depois do outro seguindo o vetor do tempo. A narrativa que ganha forma no teatro pode, ao contrário, mostrar dois ou mais acontecimentos diferentes *ao mesmo tempo* e *no mesmo espaço*.

Até na narrativa feita de palavras duas ações diferentes podem ser descritas como se estivessem acontecendo ao mesmo tempo, pulando de uma pra outra, com aquele tipo de montagem que, na linguagem do cinema, foi chamado de "Griffith". Mas uma coisa é *narrar* a simultaneidade e outra coisa é *realizá-la* materialmente como diretor, fazendo com que ela *viva* para o espectador. Uma coisa é *dizer* que *enquanto* a mão direita acaricia, a esquerda está procurando a faca escondida embaixo da cadeira onde está sentada a mulher amada. Outra coisa é *vê-lo*. Uma coisa é *explicar* que *ao mesmo tempo* em que Édipo desafia a Esfinge, os deuses tramam a sua cegueira. Outra coisa é *ver no mesmo instante* a perspicácia de Édipo e o seu caminhar, às cegas, pelas trevas.

Quando eu realizava materialmente a simultaneidade entre os diferentes acontecimentos, eu compunha *uma narrativa que se articulava segundo as regras do espaço, e não segundo aquelas do tempo*. Então eu podia colocar os acontecimentos e as situações independentes em relação, sem qualquer outro vínculo que o de estarem contidos no mesmo espaço. A *simultaneidade* é que conectava os vários acontecimentos.

Diversas linhas de ação procediam paralelamente. Às vezes uma delas estava explicitamente em primeiro plano, e as outras ficavam no fundo. Outras vezes, era o espectador que escolhia qual linha privilegiar e quais linhas deixar nos bastidores de sua atenção.

A alternância entre uma hierarquia preestabelecida e uma hierarquia livre, entre ação principal e ação secundária, era um dos ritmos sobre os quais eu me concentrava em todas as cenas. Era uma dança em que, algumas vezes, o autor da montagem – o diretor – se preocupava em guiar a atenção do espectador; outras vezes, o espectador ficava livre para decidir que montagem fazer com os ritmos que a sua atenção escolhia.

"César venceu os gauleses. Nem sequer tinha um cozinheiro ao seu serviço?" Esse verso da poesia de Brecht "Perguntas de um Operário Leitor" havia inspirado uma atriz (Silvia Ricciardelli[1]) a compor sua personagem – uma cozinheira – no espetáculo *Cinzas de Brecht* (1980). O contexto narrativo eram os fatos biográficos do escritor alemão, mas também as personagens e as tramas de suas obras. Durante os ensaios, encontrei um lugar para a atriz entre os espectadores, e ali ela realizava suas tarefas de cozinheira, assistindo à parte aos episódios da História e da vida de Brecht. Raramente ela se misturava com os outros atores. Acho que Meierhold teria chamado essa solução de *grotesco*, Brecht de *verfremdung*, e Grotowski de *dialética de derrisão e apoteose*.

A proposta da atriz levou ao desenvolvimento de uma particular linha de ações que era contígua (no mesmo espaço, mas sem estar em relação) às travessias de Brecht.

Durante todo o espetáculo, ela cozinhava. Descascava batatas, limpava verduras, ralava cenouras, esmagava dentes de alho, triturava aipo e salsinha, fritava cebolas e toucinho e jogava tudo num panelão que fervia na chama sibilante de um fogão a gás. Rapidamente o perfume de uma sopa de legumes fazia cócegas nas narinas dos espectadores.

A cozinheira não tinha uma relação direta com o mundo de Brecht, constituía um contexto separado e autossuficiente, absorvida na preparação e na degustação da comida. Suas ações compunham uma sinfonia de imagens e de sons, uma música contínua, segundo um ritmo que não tinha ligação nenhuma com a lógica narrativa das cenas do espetáculo.

Poderíamos dizer que suas ações estavam nos bastidores das ações principais. A contiguidade é que estava agindo no sistema nervoso dos espectadores e gerando, de modo subliminar ou consciente, nexos e interpretações. O espectador pensava que a cozinheira estivesse seguindo o que acontecia ao seu redor, que despedaçava um frango com vigorosos

---

[1] Italiana, trabalhou no Odin Teatret entre 1974-1984.

golpes de faca para ilustrar a crueldade dos nazistas ou para se desafogar devido às suas injustiças. Ou então imaginava rejeição, indiferença ou resignação, vendo-a concentrada para entalhar dois pedaços de madeira em forma de cruz.

Às vezes, inesperadamente, explodia um curto circuito associativo. Um judeu (Toni Cots[1]) tentava fugir da aflição mortal dos nazistas. Corria desesperado ao redor da sala há poucos centímetros dos espectadores, não encontrava nenhuma saída, e acelerava freneticamente a corrida. Com passos firmes, Arturo Ui (Francis Pardeilhan) avançava e, levantando o braço como se fosse abençoá-lo, pregava-o no lugar. Naquele instante a cozinheira colocava as cebolas trituradas numa frigideira com óleo fervendo. As cebolas fritavam como carne que queima e uma fumaça fragrante subia do refogado.

Em *O Evangelho de Oxyrhincus* (1986), um alfaiate hassídico (Else Marie Laukvik) buscava seu messias entre os construtores da Nova Sociedade que cumpriam os preceitos de Stálin, o messias deles. O alfaiate não levava em consideração o que acontecia ao seu redor e, reciprocamente, os construtores da Nova Sociedade não prestavam atenção nele.

Aqui também a contiguidade apresentava situações e ações no mesmo espaço. Do ponto de vista narrativo, elas fluíam independentemente umas das outras, como se uma estivesse no segundo plano da outra. Mas elas se conectavam no nível da dramaturgia dinâmica, através do ritmo, da qualidade da energia e das associações que podiam despertar. O espectador tinha consciência de que não havia relações de causa e efeito entre as ações do alfaiate judeu e as ações dos construtores da Nova Sociedade. E mesmo assim, a contiguidade aproximava as várias partituras com insólitos efeitos visuais, auditivos e olfativos. Um dos construtores da Nova Sociedade, usando Joana D'Arc (Julia Varley) como nome de guerra, testemunhava sua fé reproduzindo o momento em que ela sobe na fogueira e é martirizada entre as chamas. No ápice dramático do monólogo, o alfaiate judeu soprava um antigo ferro de passar de carvão, liberando uma porção de fagulhas: passava roupa no meio de uma nuvem de vapor e do cheiro de pano queimado.

Em quase todos os espetáculos que dirigi depois de *O Evangelho de Oxyrhincus*, aparecia uma personagem que não pertencia ao contexto narrativo que estava em evidência. Não se tratava de uma aparição anedótica, era uma presença real e ambígua que o tempo todo atravessava as órbitas das outras personagens. O espectador percebia essa

---

[1] Catalão, trabalhou no Odin Teatret entre 1974-1984.

presença como uma personagem graças à força de persuasão de sua dramaturgia orgânica. O efeito estranhante e fascinante dessa figura não era uma consequência das linhas narrativas explícitas: era a contiguidade que estava estabelecendo cruzamentos e conexões imprevistas. Na mente do diretor, essa "personagem" pertencia a uma história secreta que, de maneira elíptica e fragmentária, aflorava nos interstícios da história evidente. Mas na mente dos espectadores, ela assumia outros significados.

Penso no Trickster (Iben Nagel Rasmussen) de *Talabot*, metade ser humano e metade animal, que acompanhava as outras personagens imitando suas paixões e sofrimentos; ou na Doña Musica (Julia Varley) em *Kaosmos*, a Morte invisível que dançava ao redor das personagens que pertenciam a uma novela de Kafka. Em *Sal*, uma personagem indefinível (Jan Ferslev), que ficava sentada fora do círculo que delimitava perfeitamente o espaço cênico, agia independentemente da atriz (Roberta Carreri). Parecia o "ponto" dela, que estava ali para sugerir as deixas, ou a sua sombra. Mas mesmo assim, a música e os movimentos dela não correspondiam aos da protagonista que estava no centro do espaço.

Aproveitei ao máximo as possibilidades da simultaneidade e da contiguidade em *Dentro do Esqueleto da Baleia*. O espetáculo vinha de *Kaosmos*, que tinha sido criado quatro anos antes. Mas a nova versão havia sido despida da dramaturgia narrativa desse espetáculo: figurinos, cores, objetos, acessórios, referências narrativas. Ficaram os cantos e as partituras orgânicas, que são os desenhos de todas as ações dos atores, mas sem os objetos que eram usados e justificados por aquelas ações.

Em cima dessa dramaturgia dinâmica eu coloquei os textos do *Evangelho de Oxyrhincus*. Naquele espetáculo os textos eram falados em copto, no grego coiné e em ídiche. Mas aqui os textos eram compreensíveis e interpretavam, de forma blasfematória, as palavras dos Livros Sagrados.

Dos nove atores de *Kaosmos*, só sete participaram de *Dentro do Esqueleto da Baleia*. Às vezes, respeitando a partitura do espetáculo original, eles se dirigiam a um parceiro imaginário, um dos companheiros que tinha ido embora. A proximidade com os outros atores dava a impressão de que eles se dirigiam a um deles. Mas suas ações não correspondiam no nível narrativo, somente no nível orgânico.

Um oitavo ator, que não havia participado de *Kaosmos* (Tage Larsen), atravessava *Dentro do Esqueleto da Baleia* há poucos centímetros dos outros atores. Fisicamente, ele se encontrava no meio deles, mas era como se fosse um estranho, sem nunca interagir com suas ações, como se elas não tivessem nada a ver com ele ou como se as visse de longe. Ele reagia se relacionando com um "parceiro", uma grossa tábua de madeira que utilizava de dezenas de maneiras diferentes: como uma estante para partitura, um porta-bíblia, um banquinho, um pente, o arco de um violino, uma pá, uma escada, uma lixa de unhas, um garfo, um binóculo, um leque, uma guilhotina. A contiguidade apresentava efeitos grotescos, desconcertantes e cruéis. O espectador achava que as ações do ator que se movia solitário fossem um comentário intencional sobre o que estava acontecendo ao seu redor. Às vezes ele se perguntava se a ressonância não era puramente casual, outras vezes notava um efeito desejado de contraponto. A subversão, ou o estupor, era produzida na cena final, quando o sentido secreto de sua presença emergia.

Dentro do Esqueleto da Baleia é, sem dúvida, um exemplo de tudo aquilo que *não* deve ser feito no teatro. Então, é importante reforçar que não foi o resultado de um projeto preliminar feito por mim e pelos atores do Odin. As circunstâncias é que nos fizeram constatar que, contra qualquer expectativa nossa e contra as indicações do bom senso, as partituras de espetáculos anteriores mantiveram uma misteriosa eficácia e uma capacidade de gerar significados, mesmo na ausência de tudo aquilo que normalmente cria uma ponte entre os atores e os espectadores. Quando percebemos essa oportunidade, decidimos explorá-la.

Um espetáculo que se baseia na simultaneidade de situações que não têm nada a ver entre si pode facilmente cair na insensatez e no tédio, que são a consequência da arbitrariedade. Ele tem que provar que é capaz de *viver no espectador*, ainda que não se faça entender.

O sucesso depende das raízes que os materiais cênicos desenvolveram no corpo-mente de cada ator. Independentemente da refinada trama de histórias e fontes evidentes e secretas, se essas raízes não produzirem ações cujo efeito orgânico ressoe no universo emocional e associativo do espectador, o espetáculo literalmente se despedaça. Perde-se como um fantasma nas luzes da aurora.

Exu: Nadar em uma Presença Contínua

Uma ação é a menor das mudanças que incide de forma consciente ou subliminar na atenção do espectador, em sua compreensão, emotividade e cinestesia. Em um espetáculo teatral é *ação* – diz respeito, então, à dramaturgia – tanto o que os atores fazem ou dizem, como os sons, as músicas, as luzes, as mudanças de espaço, os modos de usar o figurino. São *ações* os objetos que se transformam. Não é importante descobrir quantas e quais sejam as ações de um espetáculo. O que importa é observar que as ações só começam a trabalhar quando se entrelaçam, quando se tornam trama: quando se transformam em tecido – "texto do espetáculo".

A trama se articula segundo duas modalidades. A primeira acontece com o desenrolar das ações no tempo, através de uma *concatenação* de causas e efeitos ou através de uma alternância de ações que representam dois acontecimentos paralelos. A segunda se dá através da *simultaneidade*, a presença contígua, de proximidade no mesmo espaço, de várias ações.

Concatenação e *simultaneidade* constituem as duas dimensões da trama. São os dois polos que, através de sua tensão e sua dialética, dão início ao espetáculo: as ações que trabalham, a dramaturgia.

No candomblé do Brasil, falando de um dos Orixás, se diz: hoje Exu lança a pedra com a qual ontem matou o jaguar. O espetáculo também pode oferecer a experiência do espaço-tempo em que o passado pode retornar e o depois pode vir na frente do antes.

Um reflexo condicionado leva a identificar as causas do que acontece naquilo que o antecede: como ocorreu *depois* disso, pensamos que tenha ocorrido *por causa* disso. No trabalho, quando eu privilegiava os nexos de simultaneidade, procurava contradizer a tendência e a necessidade do espectador de projetar relações de causa e efeito na evidente concatenação das ações no tempo.

Eu sentia a necessidade de tratar os materiais narrativos como se fossem fragmentos de mitos, lascas de arquétipos. Do ponto de vista técnico, o que dá força ao mito para que ele atravesse épocas diferentes, e para que se dirija a cada um de nós, é seu uso no tempo. O mito é narrado como uma história que se desenvolve, mas na verdade ela se desenrola sempre *na presença* de todos os seus vários episódios. Os episódios seguem-se uns aos outros, mas ao mesmo tempo isso não acontece, eles estão sempre todos ali, simultaneamente presentes na mente do espectador ou do leitor. É uma história que prossegue em círculos, e no momento em que volta para si mesma, faz nossa mente saltar.

Na narrativa-através-das-ações ou por-trás-das-ações, eu misturava o presente e o passado na caixa do espaço cênico que englobava atores e espectadores. A dimensão temporal não era regulada pela razão que governa a língua, pelo tempo dos verbos que distinguem exatamente o presente do passado e do futuro. Não eram mais os tempos do verbo que impunham a própria ordem, e sim uma concatenação de ações que eram presença contínua de passado e presente, onde tudo nadava.

O tempo, então, reencontrava a sua liberdade e podia escorregar para frente ou para trás.

Quando nos lembramos de algo, nosso pensamento prossegue por saltos, liga o passado com as fantasias do futuro, mistura planos e dimensões que não respeitam uma sucessão cronológica ou lógica.

Um espetáculo pode traduzir, na dimensão espacial, a natureza específica do pensamento: sua capacidade de pular pra frente e pra trás no tempo, de estabelecer nexos entre fatos distantes e de seguir simultaneamente duas ou mais lógicas contíguas. A narrativa-por-trás-das-ações enxerta a dimensão analítica na dimensão do tempo histórico: distingue os elementos potencialmente narrativos, avalia-os, considera-os à luz das possíveis alternativas, organiza-os por concordâncias ou divergências e os embaralha para fugir das categorias conhecidas.

Diferentes imagens, uma depois da outra, já compõem uma narrativa. Muitos testes psicológicos são baseados neste simples princípio. Existem quadros ou afrescos onde diversos episódios de um acontecimento ou de uma biografia são transferidos para diferentes partes de uma mesma paisagem. Neste caso, as várias cenas não formam um encadeamento. Quem olha, pode percorrer o quadro ligando o conjunto dos episódios de maneira sempre distinta. Do conteúdo de uma única moldura, podem nascer narrativas muito diferentes.

Em *Judith* (1988) a história era a moldura que *comprimia* as diferentes cenas, evitando que se dispersassem em imagens desconexas. Na primeira cena, a atriz (Roberta Carreri) narra o episódio bíblico do assassinato de Holofernes, por parte de Judite. Em seguida, o espetáculo se tornava uma orquestração de variações em cima de fatos já conhecidos.

As ações da atriz não expunham a história, mas a interrogavam numa sucessão de perspectivas, humores, motivos e recordações que se negavam reciprocamente. Em seu percurso labiríntico, o espetáculo avançava e retrocedia no tempo, desenvolvia um detalhe num episódio separado, imaginava fatos que poderiam acontecer, propondo uma vez mais, e em continuação, o mesmo ápice: a volúpia de Judite ao decepar a cabeça de Holofernes.

Às vezes, um espetáculo crescia a partir de uma dramaturgia narrativa que se assemelhava a um cacho de uvas, ou como uma faixa de quipu, as cordas amarradas dos Incas. Em *O Castelo de Holstebro* (1991), Julia Varley entrelaçava cenas e personagens de seus diferentes espetáculos. Entre eles, aparecia Mister Peanut, uma figura cuja cabeça é uma caveira.

A narrativa da atriz se desenvolvia em chave irônica e poética. A atriz se desdobrava, mostrava a si mesma e mostrava a personagem, um encontro entre uma jovem e um ancião. As duas personagens, interpretadas pela mesma atriz, confrontavam juventude e morte sobrepondo vulnerabilidade e cinismo. No final, o desdobramento inicial sofria mais uma transformação. Agachada no chão, a atriz ninava o ancião em seu ventre. Peanut tinha se tornado pequeno, como se fosse seu bebê, um vovô-menino que devia ser amamentado. Ou a morte que tinha acabado de nascer.

A Origem do Caminho do Odin

Dois caminhos se bifurcavam num bosque de outono,
E lamentando não poder percorrer os dois
Sendo um único viajante, fiquei um tempo ali parado
Olhando para um deles até onde conseguia enxergar
Lá onde fazia uma curva, no meio dos arbustos;
Decidi percorrer o outro, que também não era mal,
Talvez fosse o mais atraente,
Porque tinha grama e era menos gasto
Ainda que as marcas fossem quase iguais em ambos
E naquela manhã eles estavam cobertos por folhas
Que nenhum passo havia ainda escurecido
Ah, deixei o primeiro para outro dia!
Mas sabendo que um caminho leva a outro
Duvidei que pudesse um dia voltar.
Vou poder falar disso com um suspiro
Em algum lugar, daqui a alguns anos:
dois caminhos se bifurcavam num bosque, e eu –
Percorri o menos batido,
E isso fez toda a diferença.

Robert Frost, *O Caminho Não Percorrido*

A verdadeira origem profissional, aquela que nos faz escolher nosso caminho, muitas vezes não coincide com os primeiros passos no teatro. Para mim e para o Odin Teatret, fundado na Noruega por atores amadores, a expatriação para a Dinamarca representou a subversão da nossa maneira de imaginar e de fazer teatro. A emigração se tornou o empurrão inicial para usarmos nossas fraquezas técnicas e nossos recursos humanos de forma audaciosa num país que não conhecíamos. Havíamos perdido a língua e a vantagem natural de compartilhá-la como nossos espectadores. Tínhamos nos tornado balbuciantes, obrigados a inventar uma língua cênica própria, com ações vocais e físicas.

O instinto de sobrevivência, sustentado por um conhecimento da história do teatro, tornou-me audaz. Normalmente um estrangeiro não se inibe com as normas e os costumes do país que o acolhe. A atitude ousada de quem "acabou de chegar" e a urgência em resolver os problemas que estavam nos oprimindo, condicionaram nosso estilo e nosso modo de pensar: nossa identidade profissional.

Em Oslo, quando éramos um grupinho anônimo de amadores sem sede, dinheiro, espetáculo e espectadores, um amigo me perguntou: resumindo, vocês fazem teatro para si mesmos? Foi fácil responder: se faço teatro, é óbvio que eu quero apresentar os resultados com a esperança de que muitos espectadores vão apreciá-los. Por outro lado, deixei claro, ninguém nunca me pediu para ser artista ou expressou o desejo de ver um espetáculo meu. Com sua pergunta, é possível que o meu amigo procurasse descobrir algo mais: qual era o sentido, para mim, da decisão de fazer teatro. Quais eram as origens e o objetivo da minha determinação.

Eu não tinha escolhido o teatro por vocação artística. Como um italiano que emigrou para a Noruega, eu buscava uma solução que justificasse minha diversidade. Não me interessava impô-la como uma identidade que tivesse um valor específico. Eu queria me aproveitar dela como se ela fosse um cavalo de Troia que os habitantes acolhiam derrubando seus muros de defesa. Minhas ações, palavras e modos de fazer – eu achava – seriam interpretados de outra forma se eu fosse um artista de teatro, ao invés de ser um simples operário estrangeiro. Críticas e opiniões teriam navegado no campo da arte, da estética ou da política, e não teriam sido manchadas por preconceitos raciais ou étnicos.

O teatro-cavalo-de-Troia (a bonita imagem de Julian Beck) não queria ser a expressão da minha personalidade, mas a fuga da personalidade com a qual os outros me rotulavam. Não foi por acaso que quando eu ainda estava balbuciando a língua teatral, já falava de um teatro que refletisse os conflitos da sociedade. Eu estava influenciado por Brecht e pelo que havia lido sobre seus espetáculos no Berliner Ensemble. O teatro se tornava o lugar de uma tomada de posição num período de uma "guerra fria" em que a luta de classes pertencia à minha realidade cotidiana. Eu estava terminando meus estudos universitários, mais alguns meses e eu não precisaria mais ganhar o pão como soldador. Minha instrução havia me preparado para uma vida de professor de Ensino Médio. Mas ao invés de encarar as gratificações e os desafios desse futuro preanunciado, minha impulsividade jogou pro alto esse pequeno mundo que eu tinha construído. O explosivo que estava ali à minha disposição, e que eu tinha aprendido a dominar, era o teatro.

Meu amigo de Oslo gostava de mim. Ele se lamentava de me ver perseguindo a quimera de um teatro ao lado de jovens que tinham sido recusados pela escola de teatro. Ele me via sem ter nenhuma experiência de teatro e com a cabeça cheia das ideias excêntricas de um jovem polonês que naquela época era completamente desconhecido – Jerzy Grotowski. Nada de estranho que não pudesse ser levado em consideração pelo ambiente profissional e pelas autoridades culturais. Naquela época, o edifício teatral e o texto a ser representado constituíam o perfil duplo da arte cênica.

Depois de um ano em Oslo, terminamos a preparação do espetáculo Ornitofilene, *feito a partir do texto de Jens Bjørneboe. Durante alguns meses, apresentamos esse espetáculo na Suécia, na Finlândia e na Dinamarca. E aí chegou a inesperada proposta da prefeitura de Holstebro. A oferta consistia em deixar a Noruega e a língua que era o vínculo afetivo e comunicativo com os amigos que tanto significavam para mim. Tínhamos que renunciar ao mundo conhecido da capital norueguesa e aos nossos primeiros espectadores, e nos transferir para uma cidadezinha de 18.000 habitantes, numa região periférica da Dinamarca, conhecida por uma devoção religiosa exagerada e desprovida de tradições teatrais. Em troca, tínhamos recebido uma fazenda deserta fora da cidade e uma irrisória subvenção.*

Eu já estava há muitos anos na Noruega e tinha visto que o modo de pensar característico da minha educação italiana já havia se desfiado. Tinha me adaptado à minha condição de operário e alcançado uma autonomia pessoal. Estava profundamente vinculado a algumas pessoas que influenciaram meu desenvolvimento político e espiritual, e me sentia à vontade dentro de um círculo de amigas e amigos, me sentia aceito, amado. Eu deixava esse ambiente que havia conquistado, pessoa por pessoa, para me transferir para uma cidadezinha da Jutlândia e criar um "teatro-laboratório" que ninguém sabia o que era. Eu estava acompanhado de quatro noruegueses de uns vinte anos que deixavam pra trás a família, os amigos e a língua natal. Que motivos estavam nas raízes da minha decisão? E quais eram as razões que fizeram com que esses jovens atores me seguissem? Cada um de nós poderia dar muitas respostas contraditórias. Serpenteia em mim a dúvida de que qualquer reflexão sobre a própria origem não possa ser separada da fome de vertigem e de aventura, do risco e do desafio à vida. Uma fome que, de brincadeira e solenemente, faz com que você queime a sua casa, e goze com as centelhas das chamas, com descrença e trepidação.

Coragem, talvez, seja não sucumbir totalmente aos medos que nos freiam.

Minha primeira emigração da Itália para a Noruega foi uma diáspora voluntária do mundo que eu conhecia e reconhecia, das certezas e dos álibis da minha cultura, da minha família, dos professores e dos oficiais do colégio militar em que estudei. A separação da minha cultura foi o primeiro passo para a conquista da minha diversidade durante anos de trabalho manual e contínuos deslocamentos pela Europa e pela Ásia.

Quando essa maneira de viver se tornou um hábito, decidi jogar a âncora. Eu me acorrentei ao artesanato teatral, e deixei que minhas raízes crescessem ali. Aprofundei minhas idiossincrasias e escavei dentro de mim para alcançar uma pátria que fosse só minha. A emigração e o fato de me acorrentar ao artesanato teatral fizeram aflorar superstições vitais. Todos os meus esforços para criar a realidade da ficção foram feitos para estar em outro lugar. O teatro é a arte da ubiquidade: me deu forças para tomar posição em meio às circunstâncias da minha história pessoal, e também me deu asilo, mesmo sendo duvidoso, diante da arrogância da História. Fiz uso do ofício com paciência e sem cinismo, seguindo uma disciplina que transformou uma sensação de ausência na busca de presença.

É por isso que eu tanto amo a palavra transição. Estar em transição – explico para mim mesmo – quer dizer perseverar em fugir. Do quê? Do emaranhado das minhas origens e de suas sucessivas modificações e pequenas estabilizações; do que sou rumo ao que sonho ser; do que sei rumo ao que ignoro. Eu me afastei do que conhecia rumo a um horizonte que hoje se colore cada vez mais de rastros de retorno. Sou como o estrangeiro que desce do trem, não reconhece nada e diz: essa é a minha casa.

Amo o teatro porque, por natureza, ele é estrangeiro, quer queira ou não queira, quer saibam disso ou se recusem a sabê-lo. Foi a história quem me contou. Quem praticava teatro por profissão, tanto na Europa como na Ásia, sempre viveu numa condição estrangeira, como se estivesse de passagem. As companhias dos atores eram formadas por pessoas provenientes de vários lugares e de diferentes classes sociais. O teatro era estrangeiro no mundo em que vivia, inclusive entre os espectadores que pagavam para que ele não morresse, principalmente porque contradizia os confins e as hierarquias que colocavam a sociedade circunstante em ordem. Por isso, às vezes, ele foi uma microssociedade separada, discriminada e desprezada. E por isso foi, às vezes, uma ilha de liberdade.

Quando, no século XX, o teatro parecia destinado a morrer porque se mostrava inadequado aos tempos e às exigências da modernidade, de sua nova economia e de seus novos espetáculos, as pessoas do teatro puseram em prática – mais pela força dos fatos do que pelos projetos – uma dupla estratégia. De um lado, induziram a sociedade circunstante a reconhecer a profissão cênica como um bem cultural a ser protegido, desenganchando-a das amarras do comércio. Nossa profissão é arte – afirmaram – e conseguiram que fosse subsidiada, salvaguardando-a por detrás de um valor de herança nacional. E, do outro, enquanto se dava essa mudança de mentalidade, algumas pessoas fundaram arquipélagos de pequenas ilhas teatrais autônomas. Cada uma dessas ilhas vive como estrangeira dentro do próprio ambiente cultural. É uma minoria insignificante, mas capaz de abrir caminhos para novos territórios, saindo dos habituais recintos do teatro comercial ou das representações artísticas tradicionais.

Experimentei pessoalmente a natureza estrangeira do teatro durante as turnês do Odin Teatret para o exterior, inclusive de outra perspectiva. Éramos estrangeiros não porque vínhamos de várias partes do mundo e falávamos línguas diferentes, mas porque os papéis se invertiam. Nós, estrangeiros, na pequena sala em que apresentávamos o espetáculo, nos tornávamos os donos da casa e acolhíamos os espectadores, os quais, durante uma hora ou pouco mais que isso, tornavam-se os estrangeiros em visita. Eles se viam diante de algo que era a expressão da biografia de "outras pessoas", uma manifestação de alteridade. Entravam, sentavam-se e observavam, às vezes como simples turistas, curiosos, compreensivos, ou animados por um arrogante complexo de superioridade.

Isso também acontece quando a maioria dos espectadores considera o teatro que os recebe um "teatro concidadão". O sentido da distância é muito mais explícito e visível quando o teatro chega de países que estão longe. Mas o que entra em jogo é sempre a mesma relação entre "estrangeiros", dissimulada aqui, velada ali.

É inegável que integrei minhas experiências no trabalho artístico. Após subvertê-las em ficção teatral, hoje posso afirmar que a intensidade desse processo de transformação me transformou. As experiências teatrais não possuem a mesma qualidade das experiências religiosas, no entanto pertencem ao mesmo gênero. Como o êxtase que os matemáticos e os físicos descrevem em alguns momentos de suas pesquisas. Ou como a "harmonia cósmica" que invadia Poincaré quando ele encontrava a solução de uma fórmula matemática que lhe fascinava esteticamente.

Experimentei as várias maneiras de me servir das ilusões, evitando que fossem elas a se servir de mim. Fazer teatro significa viver de encantos, criar arquipélagos de ilhas mágicas, trágicas ou grotescas, espelhos do mundo que conhecemos ou mundos diferentes do real até o delírio fantástico. Mas depois de cada encanto, depois de cada labirinto onde nada parece certo, quebrei a varinha de condão. A cada noite, após a última cena, voltei para a História. Fiz o espetáculo crescer como uma árvore sagrada, e depois eu mesmo a abati. Às vezes, sementes obscuras caiam das folhagens e afundavam no mais profundo de um espectador, e brotavam, tornando-o mudo e imóvel.

Isso também era o teatro para mim: uma clareira povoada pela presença de espectadores vivos e imaginários. Eu me encontrava exatamente no meio de uma selva, na agitação da minha época e da minha sociedade, circundado de pessoas motivadas a ver meu trabalho, a compartilhar suas perguntas, a estudar comigo. Eu dialogava com gente viva que não conhecia, e também com alguns mortos que eu amava. Eu protegia minha fragilidade atrás do prestígio de uma cerimônia antiquada que era chamada de teatro e considerada como arte.

Assim o passado vive no presente, e agora, já adulto e sábio, ainda posso ser a criança que criava fantasias aos pés de uma tumba. Ainda me nutro daquelas zonas de silêncio que o abandono da minha cultura abriu em mim. Ajo, falo e escrevo sem parar, ancorado no imediatismo do artesanato teatral. Espero. A espera é o presente do futuro. Nessa paisagem que ainda virá, o teatro é o caminho que me torna digno de voltar à infância e de avançar no tempo com a ilusão de desaparecer na lenda.

Não Texto, mas Contexto Narrativo

Com o passar dos anos, a confusa heterogeneidade que derivava, durante os ensaios, da variedade dos materiais do ator, da presença concomitante de várias fontes narrativas e do desenvolvimento de cenas simultâneas, tinha se tornado um instrumento eficaz para segar o ramo das certezas sobre as quais eu estava sentado. Satisfazia minha necessidade de fugir de minhas inclinações e costumes, e de descobrir uma pista que estivesse ali à minha espera, na selva em que eu tinha me enfiado. Mas eu também queria reencontrar a experiência que tinha vivido como trauma na época de *A Casa do Pai*, meu quarto espetáculo.

Os três primeiros espetáculos do Odin – *Ornitofilene* (1965), *Kaspariana* (1967) e *Ferai* (1969) – inspiravam-se, respectivamente, nos textos do norueguês Jens Bjørneboe e dos dinamarqueses Ole Sarvig e Peter Seeberg. Os textos eram as fontes dos espetáculos. Mas fui obrigado a interferir radicalmente na obra escrita, devido a contingências objetivas. O texto de Jens Bjørneboe tinha quinze personagens e umas vinte cenas que aconteciam em lugares diferentes. Eu só tinha quatro atores que durante uma hora de espetáculo atuavam o tempo todo entre os espectadores. *Ferai* tinha cinco personagens e várias mudanças de cena; eu tinha oito atores e as diferentes situações dramáticas aconteciam num espaço vazio. *Kaspariana* era um longo texto poético sem personagens e subdivisões. Extraí algumas personagens do texto, e inventei as outras. Essas construções me ensinaram a intervir num texto por razões pragmáticas, e não por uma originalidade criativa. É por isso que durante os ensaios eu acrescentava cenas sem diálogos ou fragmentos provenientes de outras obras do mesmo autor.

As características dos textos, que não correspondiam às condições materiais que eu tinha à disposição, me ensinaram a guiar os atores sem partir de personagens enraizadas numa estrutura narrativa escrita. Além disso, quando havia longos monólogos, eu sentia a necessidade de traduzi-los em soluções teatrais, ou seja, eles deviam ser visíveis. Em *Ornitofilene*, o protagonista contava que tinha sido torturado pelos alemães durante a Segunda Guerra Mundial. Preparei uma cena de violência, entremeada pela carta autêntica de um jovem guerrilheiro norueguês fuzilado pelos nazistas. Em *Ferai*, um mensageiro levava muito tempo para descrever o combate dos pretendentes ao trono. Cortei todo o monólogo e o substitui por um combate acrobático.

Eu batia cabeça para descobrir soluções cênicas para situações que só funcionavam no papel. Qual era o equivalente de uma multidão numa praça, ao redor de Kaspar Hauser, quando só se tem seis atores? Como informar o espectador na hora, com uma imagem sintética e significativa, sobre as condições de vida dessa multidão? Pensei numa superfície coberta de pão pisoteado e esmigalhado na maior indiferença: uma sociedade opulenta que cresceu com o que é supérfluo.

Em *Ornitofilene*, o carrasco se autoflagelava e a vítima torturada voava, arrebentando-se no chão com gritinhos de prazer. Em *Ferai*, o rei jovem e democrático pregava seus ideais de igualdade ajoelhado nas costas do adversário vencido. Eu interrompia o desenvolvimento retilíneo de repente, entrelaçando duas ou mais ações simultâneas que se contrastavam. Mas a estrutura anedótica e a visão existencial do texto – e assim, do autor – eram importantes para mim. O texto era como um vento que soprava em uma direção. O espetáculo navegava contra o vento. Mas mesmo indo na direção contrária, era com a força do vento que o espetáculo se orientava e encontrava sua rota.

A Casa do Pai (1972) me revelou um outro caminho. Mais uma vez, algumas obrigações me colocaram entre a espada e a parede. Ficamos esperando um texto do Peter Seeberg durante vários meses, mas quando ele o entregou, parecia ter a mesma temática de *Ferai*. Não podíamos esperar uma nova proposta. Com o consentimento dos atores, resolvi teatralizar a biografia do jovem Dostoiévski que eu tinha acabado de ler num livro de Alain Besançon. Eu me sentia nu: era a primeira vez que me jogava num espetáculo sem o fio certo dos acontecimentos descritos em um texto. Agora, eu é que tinha que arquitetar uma trama e escolher, entre outros mil, os episódios mais importantes, condensá-los, alinhavar diálogos, conceber um final inteligente e dramático. Comecei por uma improvisação: a casa do pai de Dostoiévski. Os camponeses entram na casa do patrão da fazenda durante a noite e o matam em sua cama. Depois esmagam seus testículos. Era a vingança deles contra o patriarca que abusava de suas jovens filhas.

Depois dessa improvisação, que em pouco tempo deu título ao espetáculo, vieram muitas outras, inspiradas em fatos históricos e literários da época do autor russo, mas também em episódios da história que meus atores e eu vivíamos naquele momento. Eu reagia com relutância e temor às impressões que o trabalho dos atores me provocava. Seus materiais estavam cheios de erotismo, veemência e vulnerabilidade. Agiam sobre minha sensibilidade como se fossem ácidos, e tinham dissolvido a constelação temática (a biografia e os romances de Dostoiévski) num *contexto de vida* que me deixava incerto e confuso. Sem personagens e sem uma prévia sucessão de cenas e diálogos que garantissem o desenrolar da narrativa, as ações dos atores se espalhavam como fagulhas em todas as direções, arrastando-me para uma noite escura. Quanto mais eu elaborava as improvisações deles, mais me distanciava do tema de partida. Eu tinha sido engolido por um corpo gigante e desaparecia nele.

Talvez tenha sido a experiência mais atormentada e a revelação mais extraordinária da minha vida profissional: *meu trabalho de diretor não era guiado pelos significados, mas pelas ações reais dos atores e pela sincronia de suas relações: a dramaturgia orgânica*. Era ela o Leviatã que me transtornava e me sacudia. Minha razão foi colocada à prova durante quase dois anos, já que o espetáculo demorou a ficar pronto.

Esse processo assim tão impensável abriu meus sentidos: descobri nuances, dobras e tons que eu nunca tinha reparado nos materiais dos atores. Mas só me dei conta desse novo conhecimento nos espetáculos seguintes.

No final dos ensaios de *A Casa do Pai*, eu estava em dúvida se iria apresentá-lo aos espectadores. O espetáculo me tocava, deixando um rastro de ressonâncias incompreensíveis dentro de mim. Mas não tinha nada a ver com a vida e as obras de Dostoiévski, no máximo eu podia admitir que tivesse sido inspirado nele. Eu não conseguia me explicar o que o espetáculo *dizia*. Ele não tinha um fio narrativo evidente e era desprovido das referências mais elementares que normalmente ajudam os espectadores a seguir a história. Além do mais, os atores falavam um russo inventado.

Estávamos em 1972, um período de fortes tensões políticas na Europa e de espetáculos que se empenhavam socialmente. Devorado pela perplexidade, convidei todos os alunos das escolas de Holstebro para ir ao Odin Teatret. Não precisavam pagar o ingresso, mas em troca tinham que escrever uma redação cujo tema fosse suas próprias reações.

Adolescentes do Ensino Médio e crianças do Ensino Fundamental, que nem sabiam o que era teatro, viram o espetáculo. Escreveram e nos entregaram seus comentários. Uma criança que nunca tinha ido ao teatro contou sobre sua surpresa de chegar ao colégio, ser levado num ônibus e acabar numa sala escura entre adultos que corriam como loucos ao seu redor, deitando-se aos seus pés e cantando com toda a força dos pulmões. Ele tinha gostado de não ir ao colégio, mas o teatro dava medo. Uma menina escreveu que na escuridão de *A Casa do Pai* era como se ela tivesse escorregado para o útero materno. Outra criança era incapaz de descrever suas emoções, e pedia desculpas por ter nos considerado como parasitas. Muitos escreveram, irritados ou com estupor, que não tinham entendido nada, mas que ficaram tomados pelo espetáculo. Não acharam o espetáculo chato e não sabiam explicar por quê.

Esses comentários me fizeram tomar conhecimento das indefiníveis maneiras com as quais um espetáculo vive dentro do espectador. Eles me apontaram uma dimensão invisível e pouco conhecida da experiência teatral: um espetáculo é uma realidade concreta e imaterial que escapa de seus autores e irradia uma lógica emotiva diferente para cada espectador. É a *temperatura* da dramaturgia orgânica dos atores que fascina, mesmo quando ela é inexplicável e ameaçadora.

Mantive a tradição de convidar os alunos de Holstebro para o final dos ensaios de um espetáculo. As crianças não podem ser seduzidas por metáforas, interpretações originais, imagens simbólicas, citações desconhecidas, abstrações e textos de autores famosos. Elas anotam, literalmente, aquilo que se apresenta diante delas, não o que isso representaria. Para elas, dois vagabundos que esperam um certo senhor Godot não representam a condição existencial, mas dois adultos que batem papo durante duas longas horas. Ainda hoje, os alunos das escolas são meus primeiros espectadores. Suas reações são preciosas para mim: elas me mostram se meu trabalho nos vários níveis da dramaturgia deram força ou acalmaram o Leviatã.

Depois de *A Casa do Pai*, eu tinha consciência de que um espetáculo não apresentava uma única narrativa que eu tinha interpretado, negado, atualizado ou relacionado com experiências pessoais ou históricas. Nem os espectadores filtravam, através das ações do espetáculo, uma história idêntica. Foi assim que um axioma começou a se cristalizar em minha mente: a dramaturgia narrativa deve ser pensada no plural – mais temas, mais ideias, mais histórias.

As improvisações dos atores ganharam cada vez mais importância. Os materiais orgânicos que surgiam delas não eram programados como se fossem ilustrações, comentários ou interpretações de um texto ou de um tema do espetáculo. As partituras que resultavam desses materiais constituíam uma saraivada de estímulos sensoriais autônomos que me jogavam numa turbulência, indecifrável ou incoerente segundo os critérios narrativos normais, mas com uma espantosa potencialidade de significados.

Eu me acostumei a *não* me concentrar, durante as improvisações dos atores, no fio de uma história compreensível, mas a distinguir ações e reações, *sats*, impulsos, direções no espaço, posturas introvertidas e extrovertidas, tensões tênues ou fortes. As improvisações apresentavam-se aos meus sentidos como um fluxo denso de ações *únicas* cujo ritmo, dinamismo, tonicidade e caráter ilustrativo se contradiziam continuamente, me colocando diante das seguintes perguntas: do que se trata? O que *dizem*?

Para mim, ficava cada vez mais evidente que eu podia desenvolver esse fluxo nas duas dimensões contrastantes da simultaneidade e da concatenação. Mas não era fácil que a saraivada de ações se deixasse reconduzir para um dos temas de partida, nem me ajudava a identificar um núcleo narrativo imediato. Muitas vezes despertava associações inconcebíveis e inadmissíveis que me arrastavam para outro lugar, para fora do território delimitado pelas fontes iniciais.

Durante os ensaios de *A Casa do Pai*, eu descobri que usava os acontecimentos biográficos de Dostoiévski, e de vários episódios de seus romances, para justificar as escolhas que eu fazia no nível orgânico do espetáculo. Cortando, modelando e integrando os materiais dos atores, eu me orientava, principalmente, por seu *bios* cênico, pela propriedade orgânica que tinham de convencer e aguilhoar meus sentidos. Eu justificava minhas escolhas em relação a uma ou a mais de uma fonte de partida, ou a outras que surgiam durante os ensaios. Eu dramatizava as ações dos atores em micronarrativas, amalgamando-as numa moldura narrativa mais ampla e que tivesse um sentido para mim.

Eu já sabia que o tema do próximo espetáculo tinha que ser uma porta através da qual fugir para um mundo de perguntas. De fato, *Vem! E o Dia Será Nosso* (1976) não partiu do texto de um autor. A fonte inicial foi a fome de ouro dos conquistadores espanhóis do Novo Mundo. Eu me sentia atraído pela energia selvagem que os tinha levado a desafiar um oceano com embarcações que só tinham uns vinte metros, a marchar de ponta a ponta por um continente desconhecido e ameaçador, superando montanhas, florestas e desertos com uma paixão intacta por sua divindade: um metal amarelado. Tinham amado e violentado mulheres indígenas, massacrado populações inteiras, gerado novas raças sem se deixar amedrontar pela morte violenta daqueles que vieram antes deles.

Durante os ensaios que duraram, com algumas interrupções, mais de dois anos, foi inserido outro tema: a massa infeliz e perseguida de europeus que zarparam para as Américas, sua fuga de um destino de miséria, o desejo de emancipação e de uma vida digna. A nova *fonte* era um fato histórico complicado que eu resumia numa única frase: o encontro entre os pioneiros europeus e as populações indígenas do Novo Mundo. Mas essa vasta moldura oferecia mil contextos detalhados: a prontidão dos puritanos e os *potlach*[1] dos indígenas, as fogueiras do fanatismo protestante e as visões do guerreiro-xamã Crazy Horse, os massacres perpetuados pelo General Custer ao som de música irlandesa e o estupro de uma miríade de culturas como ato de nascimento de uma nação que acolhia os miseráveis de todos os lugares do mundo. À primeira vista eu só tinha a dificuldade da escolha para me inspirar nos mil episódios históricos desse encontro impiedoso entre forças desiguais. Mas me fascinavam cada vez mais os aspectos paradoxais das improvisações dos atores, sua impetuosidade vital, a sensualidade e a libertinagem sem freios.

O processo de criação, como uma viagem no próprio microcosmo e um encontro com o próprio "outro", tornava-se o equivalente da viagem do emigrante numa geografia desconhecida. Mas era surpreendente como uma identidade se compunha e se desintegrava diante de meus olhos. Os equilibrados pioneiros se apropriavam das roupas dos índios e as vestiam freneticamente como se fossem troféus, como uma pele nova que ocultava a miséria e a mesquinharia de sua história de excluídos. Meu desconcerto diante desse comportamento só era superado pelo desconcerto que os índios me causavam quando, vestidos com roupas europeias, se esforçavam para macaquear a fúria dos vencedores.

Eu não conseguia resistir a me identificar com os emigrantes que haviam deixado a família, a pátria e a língua. Tinham atravessado o mar, amontoados como animais, rumo a um sonho de liberdade: um pedaço de terra a ser cultivado. Diante deles erguia-se a imagem indelével da população autóctone que tinha sido completamente roubada. O que eu nunca teria imaginado ou planejado era a ideia de construir a *presença* dos colonos – que, com honestidade, almejavam buscar o pão com o suor do próprio rosto – a partir da vitalidade desenfreada das improvisações dos meus atores.

Pego de surpresa, eu aprendia algumas coisas sobre minha identidade de emigrado e de "ocidental".

---

[1] Cerimônias de algumas tribos norte-americanas em que acontecem a destruição sagrada de objetos de valor e a oferta de dons aos convidados, que então são obrigados a restituir dons equivalentes (N. da T.).

Durante os ensaios, nem eu nem os atores pensávamos em termos de personagem. O trabalho feito para *A Casa do Pai*, assim como para *Kaspariana* e *Ferai*, havia determinado um modo particular de nos relacionarmos a esse aspecto do processo criativo. A chamada "construção da personagem" consistia em compor um caleidoscópio de ações estruturadas de modo que orientassem ou desorientassem o espectador. Os espetáculos cresciam através das improvisações. As motivações muito pessoais do ator (que quase sempre trabalhava sem textos escritos) constituíam as raízes sólidas que geravam uma seara de ações que o diretor modelava em "personagem" aos olhos do espectador.

No programa da peça, as personagens de *Vem! E o Dia Será Nosso* não tinham um nome, mas eram indicadas por um objeto: com o banjo: Roberta Carreri; com o vestido branco: Else Marie Laukvik; com o tambor: Iben Nagel Rasmussen; com o violão: Tom Fjordefalk[1]; com o violino: Tage Larsen; com o livro: Torgeir Wethal. Isso não queria dizer que o ator não tivesse um próprio fio interior que justificasse e juntasse coerentemente suas ações e suas cenas. Mas esse fio – ou subpartitura – era muito pessoal, não era compartilhado com o diretor e, sobretudo, era um ponto de chegada. Não derivava da interpretação de uma personagem que já existia antes.

A essa altura eu já estava convencido de que a dramaturgia narrativa de um espetáculo consistia numa multiplicidade de histórias. Eu acreditava num espetáculo constituído de mais espetáculos, cada um com sua própria história narrada de forma diferente. Às vezes, essas histórias eram reveladas ao espectador. Outras vezes, eu escondia uma ou mais histórias, e deixava que elas aflorassem de forma descontínua, por fragmentos ou alusões. Normalmente era na cena final que eu revelava o sentido da história "invisível", disseminada em doses ínfimas ao longo do espetáculo. Trabalhar com mais histórias permitia que eu aplicasse diferentes sistemas de causalidade e lógicas narrativas opostas. Os elementos essenciais das diferentes histórias tinham uma múltipla função, e eu os usava de modo diverso em cada uma das histórias do espetáculo. Os pontos de encontro dos elementos essenciais das várias histórias eram o fundamento da minha dramaturgia narrativa.

Era óbvio que a contiguidade das várias partituras dos atores, junto aos episódios narrativos no mesmo espaço cênico, potenciava a trama simultânea das diferentes histórias. *O Evangelho de Oxyrhincus* permitiu que eu explorasse suas possibilidades em 1985.

---

[1] Sueco, trabalhou no Odin Teatret entre 1974 e 1979.

Depois que o espetáculo já estava pronto, eu afirmava que *O Evangelho de Oxyrhincus* era a história de Stálin. Escrevi isso até no programa. Mas eu tinha partido de um conto de Borges, *O Morto*, ambientado numa quadrilha de gaúchos criminosos do Uruguai. Trabalhei algumas semanas para selecionar os atores que participariam do espetáculo. Mais à frente, não comecei os ensaios com as improvisações de sempre. Ao invés disso, dei aos atores a tarefa de criar o "mármore": uma sucessão de ações reais construídas friamente e que não tivessem nenhuma motivação pessoal. Depois que essas partituras foram fixadas, comecei a elaborá-las. Criei relações entre os atores e alinhavei cenas que poderiam ter um sentido, ou que simplesmente tivessem raízes no ritmo e na eficácia orgânica.

Eu não tinha um tema ou uma constelação de textos em torno dos quais fazer crescer o espetáculo. Uma frase rondava pela minha cabeça: leões enlouquecidos no deserto. Aos poucos fui acrescentando ditados chassídicos e textos de evangelhos gnósticos trazidos à luz na cidade helenística de Oxirrinco (*Oxyrhincus*), a atual Behnesa do Egito. Eu mesmo me diverti escrevendo parábolas e diálogos sacrílegos. Fiz com que os atores traduzissem os textos escritos em copto. Essa língua morta, que havia sido aquela dos antigos cristãos, equivalia, para mim, à língua atual da política, das miragens coletivas, daquela fé que cega.

A revolta enterrada viva: essa frase apareceu de repente durante os ensaios e começou a me perseguir. Eu via os homens e as mulheres da Revolta, santos e niilistas, escalando o Calvário e se reunindo aos pés da Cruz: Buda e Francisco de Assis, Maomé e Teresa D'Ávila, Jacob Frank e Zaratustra, o Capitão Ahab e Mirabai. Quando estabeleci uma ligação entre a Revolta enterrada viva e Antígona? E quando comecei a desenvolver a história dos cangaceiros – os brasileiros fora da lei que viviam ao redor de um falso messias enquanto o costureiro hassídico cantava e dançava a espera do próprio Messias? Foi quando eu pensava nos leões enlouquecidos no deserto? Ou quando imaginei que eles acreditavam ser os anjos exterminadores das mitologias religiosas, que desceram na terra para realizar a era da justiça? Ou simplesmente era a continuação aprofundada de *O Morto* de Borges? E quando foi que eu decidi permear cada cena com a presença imaterial de Sosso Djugaschvili, conhecido como Josef Stálin, cujo sorriso paterno tranquilizador transpirava sangue?

Para mim é difícil responder. A biografia do ditador russo se tornou a caixa que escondia e justificava para mim os vários cofrinhos, escaninhos e gavetinhas com histórias, associações e necessidades emotivas que afloraram e foram elaboradas no decorrer dos ensaios.

Durante os ensaios, naveguei por muito tempo sem leme e sem rota, sem certezas e às vezes desesperado. Estava exausto pelo duplo esforço de lutar contra minhas dúvidas e de me mostrar confiante aos olhos dos atores. Eu tentava usar o material deles para contar várias histórias ao mesmo tempo. Quis envolver os espectadores em uma liturgia. Tinham que ler em coro, junto dos atores, alguns textos do programa: paráfrases de parábolas e ditados dos evangelhos apócrifos. Eu imaginava o ritmo cardíaco do espetáculo com uma sístole e uma diástole: o espectador caía na ilusão cênica numa penumbra iluminada por velas; de repente, as luzes da sala acendiam, o tempo-espaço cênico se despedaçava e, juntos, espectadores e atores liam o texto em voz alta como se ele fosse uma litania. Eu sonhava com uma missa de ódio, um remédio para exorcizar minha dor pelo golpe de estado do general Jaruzelski na Polônia e pelo exílio do Grotowski. Mantive essa estrutura dialógica até apresentar o espetáculo para as escolas de Holstebro. Cancelei-a de um dia pro outro. Voltei a elaborar uma nova estrutura, em busca de um espetáculo que não fosse uma construção mental, mas que respirasse.

Ao contrário de *Vem! E o Dia Será Nosso*, eu havia indicado as personagens para os atores desde o início. Pedi que desenvolvessem suas biografias e encontrassem suas palavras. Assim, tínhamos seis histórias além da minha. Os sete diferentes caminhos, ou contextos, deveriam desembocar num único espetáculo.

As personagens eram: Sabatai Tzvi, o judeu que no século XVII se fez passar pelo Messias e abjurou tornando-se muçulmano (Torgeir Wethal); Antígona e seu irmão Polinice (Roberta Carreri e Francis Pardeilhan), Joana D'Arc (Julia Varley), o Grande Inquisidor de *Os Irmãos Karamazov* (Tage Larsen) e um devoto judeu hassídico (Else Marie Laukvik). A sétima história, que era a minha, eu extraí de *O Morto*, de Borges, e nela inseri, como uma sombra, a personagem do Golem (Christoph Falke[1]).

O processo de trabalho sobre as personagens e as histórias dos atores e do diretor foi concluído com um texto literário e com um espetáculo sobre as manifestações da fé em nosso tempo. Mas essa experiência revelou uma perspectiva técnica jamais pensada antes: o contexto narrativo não tinha sido o ponto de partida do espetáculo, como havia acontecido até o momento, mas o ponto de chegada.

Como contar uma história que não se conhece, enquanto outra história está sendo contada? Essa pergunta sintetizou os desafios técnicos da minha dramaturgia narrativa nos últimos anos. *O Evangelho de*

---

[1] Alemão, ator e diretor, trabalhou no Odin Teatret entre 1983 e 1987.

Oxyrhincus foi uma etapa fundamental na exploração das várias maneiras de elaborar uma constelação de referências, interações e nexos entre as inúmeras fontes – evidentes e escondidas – de um espetáculo. Ao mesmo tempo, o trabalho mostrou que era possível compactar essa constelação num organismo unitário impregnado de múltiplos sentidos. *Essa constelação, para mim, era o contexto narrativo.* Narrar-por-trás-das-ações havia se tornado a chance de amalgamar histórias e elementos narrativos diferentes e distantes para *descobrir um contexto não programado e dar vida a ele.*

Paguei por esse conhecimento com incerteza e desconcerto. Esses estados de espírito nunca mais abandonaram meu trabalho de diretor. Na busca de um contexto narrativo, meus atores e eu parecíamos uma matilha de cães que perseguiam uma caça que podia existir ou não existir. Avançavam juntos, se dispersavam, atravessavam as estradas, se jogavam nos matagais e nas valas, que duramente colocavam à prova suas habilidades e energias, e para além delas, perdiam todos os rastros. Mas às vezes os cães que estavam dispersos se reuniam, e a matilha, reconstituída, encontrava a caça, descobria o contexto.

Não era certo que esse *contexto,* que tinha que ser descoberto, estivesse ali à espera de ser encontrado. Era pura potencialidade. Eu não sabia do que se tratava e nem para o quê poderia servir. Às vezes tudo isso não levava a lugar nenhum. Em outros momentos um rastro inesperado me atraía para um terreno desconhecido. Durante o trabalho eu me dava conta de que *um outro espetáculo* é que estava me conduzindo pela mão, sem que eu soubesse para onde ele estava me levando.

Eu costumava estar presente em todos os espetáculos do Odin Teatret. Eu os via e revia, uma noite após a outra. *O Evangelho de Oxyrhincus* foi uma exceção. Eu não suportava assisti-lo mais de duas ou três vezes seguidas. Era obrigado a fazer uma pausa, a ficar longe por alguns dias. Esse espetáculo me fazia regurgitar ódio, eu me sentia queimado por lembranças pessoais, e também pela dor que eu experimentava por algumas pessoas queridas que tinham sido massacradas pelo Moloc da política. Deixei que o grupo viajasse por longos períodos sem mim.

Diante do espetáculo, o diretor é um dos espectadores. Até pra mim o espetáculo contava histórias diferentes a cada vez que eu o via. Só depois que eu já tinha terminado tudo, e que havia revisto o espetáculo várias vezes, é que eu descobria a verdade ou as verdades que ele *me dizia.* Eu não tinha obrigado o espetáculo a dizer uma única coisa. Havia tecido uma teia de aranha de muitos sentidos possíveis. Eu o tinha libertado, e o espetáculo – um ritual vazio – erguia-se sobre o meu caminho sem que sua voz fosse o eco da minha voz de diretor.

Centro do Livro

Contam as relações. São fios sutis, ilusórios, forjados pelos anos ou pela intensidade de um encontro. Juntos, constroem um país. Nenhum mapa geográfico pode representá-lo e descrevê-lo. Na solidão, habitamos uma geografia feita de vínculos e nós: afetos, livros, lembranças, paixões, colaborações que duram uma vida inteira. Aqui, somente a ação nos pertence, não o seu fruto. Ela é o caminho rumo às origens: o nosso centro, aquele para o qual nos voltamos. O teatro – que sabe que é uma ficção, ao invés de fingir que sabe – também pode servir para seguirmos esse caminho.

Qual é o centro? Eu queria correr como o vento. E volto atrás no tempo, a uma cena sobre a qual eu li, e que agora, sem pressa, posso imaginar em todos os seus detalhes. Ela explica tudo, ainda que eu não saiba por quê.

Ao centro está o Imperador.

Estamos na Cidade Proibida, numa manhã de março de 1601. Li Madou acordou antes de o sol nascer. Ele deve se preparar para o encontro com aquele que está no centro do Império Celestial, do outro lado de todos os mares que um europeu deve singrar para alcançá-lo. Uma preparação longa e meticulosa precede a audiência imperial. Dela dependerá o êxito de sua missão. Ele deve aprender a fazer reverência e a pronunciar as fórmulas do rito. Nessa manhã sua longa viagem encontrará seu sentido.

Li Madou é a pronúncia chinesa de Matteo Ricci, o jesuíta e grande matemático que chegou da Itália. O missionário, que sonhava em converter o Imperador chinês e todos os seus súditos, viveu durante muitos anos em pequenas cidades de província, aprendeu seus dialetos, estudou o confucionismo para discutir com mandarins e pessoas simples, sempre esperando atravessar as portas de Pequim, cidade proibida aos estrangeiros. A imensa praça que fica na frente do palácio do Imperador é cheia de militares, eunucos, dignitários. Dez mil pessoas, talvez o dobro, talvez três vezes mais. Li Madou se dá conta de que não poderá permanecer com o Imperador por muito tempo, mas pelo menos ele o verá, poderá fazer uma ideia dele, poderá se orientar a partir dele, assim como fazem os marinheiros que olham para a estrela polar no céu. Ele sabe que os edifícios da Cidade Proibida reproduzem os desenhos das constelações que giram ao redor dessa estrela. O trono, no alto da escadaria, está pronto para acolher o astro, prestes a se manifestar.

As ações e as fórmulas do ritual de corte começam a ser realizadas por quem está presente. Chega a vez de Li Madou. Ele avança em direção ao trono, se ajoelha e se inclina até tocar o chão com a testa. Levanta os olhos: o trono ainda está vazio. Teve azar. O Imperador aparecerá diante das reverências dos outros. Mas nenhuma das dez, vinte, trinta mil pessoas que são conduzidas em grupo até o trono tem mais sorte do que ele. Em perfeita ordem, todos são logo levados para a saída. A praça volta a ser uma vasta solidão. Um ritual preciso como uma fórmula matemática: um trono vazio – o centro.

Durante quase vinte anos – escreve Matteo Ricci aos seus pais – esperei por este momento. Por este trono vazio eu queimei a minha casa, comi e bebi com estrangeiros, conheci a sabedoria e a desconfiança deles.

Trabalhar *para* o Texto – Trabalhar *com* o Texto

O contexto narrativo de um espetáculo pode ser dado por um texto escrito anteriormente, e numerosas são as maneiras de desenvolvê-lo no teatro. Todas elas, porém, podem se concentrar em duas tendências: trabalhar *para* o texto, e trabalhar *com* o texto.

Trabalhar para o texto significa assumir a obra literária como o principal valor do espetáculo. Atores, direção, organização do espaço, música e desenho de luzes esforçam-se para fazer brilhar a qualidade e a riqueza da obra, o que possivelmente está subentendido, suas ligações com o contexto de origem e com aquele atual, sua capacidade de se irradiar em diferentes direções e dimensões. Não acredito de forma alguma que isso caracterize o *velho* teatro. Pode ser a máxima expressão do *novo*. O teatro que trabalha *para* o texto transporta a obra literária da escrita para uma experiência dos sentidos e da mente. As palavras escritas fazem-se carne e pensamento-em-ação. Amo o teatro que segue este caminho até o final. Mas raramente eu o pratiquei.

Trabalhar *com* o texto quer dizer escolher um ou mais textos, *não* para se colocar ao serviço deles, mas para extrair uma substância que alimente um novo organismo: o espetáculo. O texto literário é usado como um dos componentes na vida real da ficção cênica.

O texto literário, originalmente, era um organismo autônomo e já consumado. Agora, é um *material pronto para se transformar*, inserido num processo de escolhas e visões que estão bem distantes dele. Começa a ser corroído pelas experiências e pelas ideias dos atores e do diretor, colocado à prova, descomposto e reconstruído, tornando-se irreconhecível.

É possível fazer uma objeção: isso não é *com*, é *contra*. Não acredito nisso, é só um modo complementar de pensar.

Quando falo de *texto*, falo como um artesão. Utilizo o termo considerando seu valor etimológico: texto = tecido, tessitura. Com isso, falo de uma manufatura literária caracterizada por um alto grau de elaboração, consumada em si. Pode ser em poesia ou em prosa; pode ter sido composta pensando no teatro ou sem pensar nele minimamente: uma comédia, uma tragédia, ou um conto, um romance, uma coletânea de versos ou até mesmo um ensaio.

Um texto pode ser desmembrado e reorganizado numa forma que esteja muito longe daquela de origem. Corresponde ao processo de decomposição, descontextualização e recomposição dos materiais da dramaturgia de um ator, ou à montagem de um diretor cinematográfico quando entrelaça e provoca a interação de duas sequências de imagens diferentes. É pura técnica de direção teatral, que implica num modo de identificar e entrelaçar – através de ações – as trilhas do pensamento.

Minha relação *com* o texto era parecida com a que eu tinha com um ator. Eu o tratava como se ele fosse um organismo vivo, confrontando-o com seus destinos secretos e possíveis.

De um ponto de vista dramatúrgico, contar uma história, seja ela preexistente ou inventada no decorrer dos ensaios, significa dar-lhe vida. Essa vida não deve ser confundida com a vitalidade. É aquilo que se torna *sentido* pessoal para o espectador. 'Dar vida' ou 'revitalizar o sentido' são metáforas que dizem respeito ao processo de arrancar uma história de seu contexto originário e projetá-la em outro que suscite pensamentos e referências impensadas e impensáveis, começando pelos atores e pelo diretor.

As obras de arte literárias são caracterizadas pelo fato de que a *vida* invade cada um de seus níveis de organização, cada pedaço e cada célula delas. Não é só o organismo inteiro de um texto teatral ou de uma poesia que conserva o rastro sábio da mão que teceu suas tramas e lhes deu densidade, mas os pequenos nós de palavras, imagens e sons também conservam esse rastro. Disso resulta que um diálogo, um conto ou uma poesia podem ser subdivididos em pequenas "ações verbais", grupos de palavras, imagens e sonoridades que não se reduzem, por essa razão, a fragmentos degradados.

Pela milésima vez: são os detalhes e as nuances das ações físicas e vocais do ator que tornam o comportamento de uma personagem convincente e interessante para o espectador. Da mesma maneira, a língua de uma poesia se torna sugestiva para quem a lê ou a ouve porque ela é constituída de "ações verbais", ou seja, de dinamismos significativos, sonoros e rítmicos que são mais ricos e surpreendentes do que aqueles da língua cotidiana. Com "densidade", eu entendia uma forma que continha uma variedade de informações.

Trabalhar *com* o texto comportava para mim a capacidade de decompô-lo em suas ações verbais e reordená-lo, para identificar novas associações sonoras e mentais que pudessem ser sobrepostas às ações físicas. Eu tratava qualquer texto, mesmo o mais prosaico, como se fosse poesia.

Repito: existe uma *vida* que invade o texto-tecido. Ela determina a complexa simplicidade que integra seus vários componentes de maneira não óbvia. Com relação às formas cotidianas do discurso, especialmente a poesia procede por *deformações*: aproximações incomuns de palavras; tensões sonoras, rítmicas e semânticas; saltos entre os vários planos da realidade; interferências entre lógicas que no pensamento "normal" são incompatíveis entre si; aglomerados surreais; oximoros e sinestesias. Trata-se de uma série de procedimentos que na terminologia da técnica literária são considerados com as etiquetas da metáfora, da sinédoque, da alegoria, do símbolo e da métrica. Mas essa técnica literária nos indica um modo de entrelaçar as "trilhas do pensamento". É daí que deriva minha predileção em usar poesias como substância dos diálogos e monólogos de meus espetáculos.

Por isso, no Atelier de Dullin, eram indicadas aos atores, como modelos, a pintura japonesa e a poesia de Poe, de Baudelaire e de Mallarmé. Não eram modelos para a imitação, mas para o exercício do pensamento. Artaud, que durante anos foi ator do teatro de Dullin, falava da arte do ator como algo que consistia, literalmente, em uma "poesia no espaço".

Para *Kaspariana* (1967), Ole Sarvig não nos deu um texto dramático, e sim uma longa poesia de umas dez páginas inspirada na figura de Kaspar Hauser. Em *Cinzas de Brecht*, que é de 1980, eu também evitei as obras teatrais brechtianas e me concentrei em suas poesias. Nesses dois casos, assim como em vários outros parecidos, eu continuava a desdobrar meu artesanato normal de diretor: a montagem das ações.

Algo semelhante aconteceu com *Mythos* (1998). Dois anos antes eu havia lido o livro de Thomas Bredsdorff, *Med Andre Ord* (Em Outras Palavras), dedicado à "linguagem poética" de Henrik Nordbrandt, um famoso poeta contemporâneo da Dinamarca. Decidi que as personagens do próximo espetáculo se expressariam com as palavras de suas poesias.

Henrik Nordbrandt vive pouco na Dinamarca. Armou suas barracas na Grécia, na Turquia, na Espanha. Com certeza não é uma pessoa "fácil". Quando propus que escrevesse algo para nós, respondeu que para ele era difícil colaborar. Para o Odin também pode ser difícil colaborar com os autores. Chegamos à conclusão de que éramos feitos um para o outro. Concordamos que poderíamos usar suas poesias já publicadas fazendo delas o que quiséssemos. Com uma única condição: que antes ele visse um espetáculo nosso. Ele viu *Kaosmos* em Holstebro e assinou o contrato. Estávamos no final de 1996, e partir daí nós o vimos uma única vez, três anos depois. Até mesmo a colaboração, assim como a arte cênica e a linguagem da poesia, pode ser paradoxal.

Tínhamos à nossa disposição 22 coleções de poesias de Nordbrandt. Se eu tivesse me baseado no meu gosto de leitor, jamais ousaria tocar numa poesia dele. Foi meu trabalho de diretor a determinar a metamorfose delas. Foi a necessidade de integrá-las no novo organismo que começava a ganhar forma através das ações dos atores.

Poesias de amor e de vagabundagem, reflexões existenciais debochadas e desesperadas, visões pessoais atrozes e luminosas se transformaram em palavras de Édipo e Cassandra, de Odisseu e Medeia, de Dédalo e Orfeu, ou de um soldado brasileiro que marchou contra seus presidentes entre os rebeldes da coluna Prestes no início do século XX.

Em muitos casos, as composições do poeta permaneceram substancialmente em sua forma originária. Às vezes eu as adaptava, mudando o tempo de um verbo ou passando da primeira para a segunda pessoa, um nome próprio podia ser acrescentado ou se perdia.

Os casos mais interessantes foram quando a transmutação era profunda e a vida que invadia cada uma das células das poesias de Nordbrandt mostrava a própria força em toda a sua plenitude.

Diferentes fragmentos de poesias podiam se tornar as falas entre duas ou mais personagens. Ou então uma mesma poesia era destilada em um diálogo, como aconteceu com *Hvis du kunne se dig selv* (Se Você Pudesse se Ver):

> *Se você pudesse se ver nos meus sonhos*
> *fugiria gritando,*
> *arranharia a própria face até sangrar*
> *derramaria gasolina em si mesma*
> *e pediria fogo.*
> *Através das noites da minha infância,*
> *dos outonos, das chuvas,*
> *você se arrasta agora como um fantasma do futuro*
> *oprimida por uma pena maior*
> *do que aquela que acreditava suportar:*
> *as correntes que arrasta*
> *pesam o dobro de você,*
> *são duas vezes mais longas que seu tempo,*

e os fantasmas daqueles de quem eu tirei a vida,
furiosos, noite após noite metem-lhe medo:
os terríveis espectros de meus parentes,
dos companheiros de jogo,
do meu primeiro amor.
De todas as portas
surgem ossos e cabelos.
Das árvores que o tempo ainda não abateu
pendem mortos queimados pelo sol.
Unhas crescem da terra.
Essa coisa sobre a qual você caminha é cartilagem.
Grito seu nome
chamo você do meio dos mortos
mas você não ouve, não sabe
que caminho ao seu lado
e que só você pode me acordar
– até com o mais leve dos toques
o esfregar-se de seus cílios.

Em *Mythos*, essa poesia se torna um diálogo entre diferentes personagens:

DÉDALO *Medeia, se você pudesse se ver em meus sonhos, fugiria gritando. Arranharia a própria face até sangrar, derramaria gasolina em si mesma e pediria fogo.*
CASSANDRA *De todas as portas surgem ossos e cabelos.*
MEDEIA *Orfeu, eu chamo os meus mortos, mas eles não me ouvem.*
ORFEU *Caminham ao seu lado os fantasmas daqueles de quem você tirou a vida noite após noite.*

Às vezes era como se a poesia fosse submetida a um processo de evaporação. Ficavam somente algumas gotas em suspensão, agregadas como se estivessem numa solitária constelação de estrelas. Dos primeiros seis versos de *Ud til havet* (Rumo ao Mar):

Finalmente chegamos ao mar!
Estende-se diante de nós
com dez quilômetros de profundidade e cheio de segredos.
Mas da praia rasa onde estamos
vê-se somente a superfície.
Nela cintila a luz do sol de julho, mas isso não é tudo.

restou somente uma espécie de *haikai*, que era o *leitmotiv* do coro do espetáculo:

O mar diante de nós
profundo, secreto.
A superfície cintila.
Não é tudo.

Em outros momentos, eram acrescentados fragmentos provenientes de diversas composições, perdendo sua lógica originária e criando outra lógica. Assim como as partituras de ações de atores diferentes, elaboradas independentemente uma da outra, se destacavam das intenções originárias e, entrelaçadas, produziam novos sentidos. Por exemplo, versos da poesia *Gobi*:

A sete passos da primavera as perguntas tornam-se respostas.
No escuro seu rosto se cobre de pó de violetas.
A nove noites das montanhas. A treze bocas da loucura.
Deus nos masturba com sua nojenta matemática.
O deserto de Gobi conta suas células com areia
nós com lágrimas, quando olhamos para o céu da primavera.

de *Barberblade* (Lâminas de Barbear):

A primavera chegou e cortou minha vida
como uma caixinha de lâminas de barbear
que não tenho a coragem de guardar, nem de jogar fora
finas, pequenas lâminas
que possuem o reflexo dos lagos da Ásia.
A ideia de que se enferrujem
sem terem sido usadas, atormenta tanto
quanto o pensamento de usá-las.
E quando às vezes eu tento esquecê-las
nos escritórios ou nos bares
elas voltam para mim de lugares de nomes exóticos
onde nunca pus os pés.
Mas onde posso pousá-lo, o pé, com tantas lâminas ao redor
sem me cortar e sem quebrá-las?
São tão bonitas, tão pequenas. É porque estamos na primavera e o céu
é azul.
E eu estou aqui que chamo e chamo

*rígido como um sincelo, com os olhos fechados
até cair.*

e de *Om foråret bygger de et hospital* (Na Primavera Constroem um Hospital):

*Na primavera constroem um hospital ao meu redor
para que possa haver um quarto escuro onde gritar.
Não sei quem são. Não sei o que grito.
Só conheço as respostas, respostas, respostas...*

fundiram-se em uma visão de Cassandra:

A sete passos da primavera as perguntas tornam-se respostas e o rosto da noite se cobre de pó de violeta. A nove noites das montanhas e a treze bocas da loucura você acorda no labirinto e o céu é azul. Você não sabe o que grita, rígida como um sincelo, com os olhos fechados, até cair.

Tenho muita consciência dos riscos que se corre com essa exemplificação. Escolhendo somente três casos em cem, pode parecer que tudo isso seja uma bricolagem mecânica. Mas o que era essencial, muito pelo contrário, era uma espécie de *estado de necessidade*, que emergia durante o trabalho e que derivava do exato contexto constituído pelas ações do ator; por suas relações com as outras personagens naquela cena; pela posição da cena no ritmo dramatúrgico geral; pelas ações realizadas um segundo antes e por aquelas que vinham depois. Esse *estado de necessidade* não pode ser exemplificado. O processo físico pelo qual os textos eram tratados como as ações dos atores, quando transposto para o papel corria o risco de parecer um jogo literário, que mais do que desrespeitoso seria tolo e arbitrário.

A sistematização da estrutura verbal (palavras faladas e cantadas) de um espetáculo podia seguir num sentido totalmente contrário: não partindo da "linguagem poética", mas de uma prosa especializada ou anedótica. Uma das fontes para o texto de *Talabot* (1988) foi um artigo de uma revista científica escrito pela antropóloga dinamarquesa Kirsten Hastrup. Nele, a autora confessava que durante seu trabalho de campo na Islândia tinha sido "seduzida" por um homem do *Huldufolk*, o "povo escondido" das lendas islandesas. Para mim, o fascínio do artigo vinha do evidente contraste entre o discurso científico e a experiência de sedução, percebida como real pelos sentidos da antropóloga e com ceticismo por seu intelecto.

A condição de antropóloga também era uma *fonte* que me inspirava. Exemplificava um tipo de pessoa que havia escolhido, por vontade própria, deixar o país onde nasceu para realizar uma atividade entre estrangeiros, da mesma maneira que os exploradores, os revolucionários, doutores, missionários e muita gente de teatro.

Os atores e eu encontrávamos Kirsten Hastrup e a bombardeávamos de perguntas, sem nem saber ainda o que fazer com ela, que generosamente tinha aceitado ser a protagonista da nossa próxima aventura teatral. Eu propus que ela escrevesse cem episódios autobiográficos, cada um deles não poderia ter mais de uma página. Eles teriam constituído uma parte do tecido verbal do espetáculo, além de oferecer ideias de cenas. Outras fontes de *Talabot* foram a *Commedia dell'Arte* (que eu não digeria, mas que era uma das constrições que impus a mim mesmo) e uma poesia do dinamarquês Bernhard Severin Ingeman, musicada e cantada normalmente como salmo. E também havia as histórias de Minik, um menino *Inuit* da Groelândia que, junto com seu pai, seguiu alguns antropólogos até Nova York para que fosse estudado. O pai morreu, e os antropólogos organizaram um falso funeral na presença do menino. Na verdade, anatomizaram o cadáver e expuseram o esqueleto no museu.

Muitos dos episódios escritos por Kirsten Hastrup giravam em torno da relação com o pai, os estudos, a dificuldade de combinar o trabalho e a família depois de ter tido quatro filhos, o trabalho de campo na Islândia e seu divórcio. Cada um dos atores escolheu três episódios e os encenou com os próprios companheiros, indicando os textos que seriam ditos ou cantados. Ao mesmo tempo, os atores preparavam materiais e alguns "nós" relacionados a suas próprias personagens, entre as quais Che Guevara, Antonin Artaud e o explorador polar Knud Rasmussen, propondo textos extraídos de suas obras.

O texto final de *Talabot* – diálogos, monólogos e cantos – deriva dessas fontes heterogêneas, todas em prosa, quase sempre sem densidade poética. O cruzamento desse estilo cotidiano com a dramaturgia vocal e orgânica dos atores é que fazia ressaltar o Irreal que, segundo Kirsten Hastrup, torna-se empírico por meio da experiência pessoal durante o trabalho de campo.

O tema de *Itsi-Bitsi* (1991) era o amor e a amizade entre Iben Nagel Rasmussen, atriz do Odin Teatret, e o primeiro poeta *beat* dinamarquês, Eik Skaløe, que se suicidou com vinte anos. A relação existiu na época da contracultura dos anos de 1960, entre as viagens, a música rock, as drogas, as ilusões de uma revolução da mente e o desespero de um naufrágio pessoal. O fio narrativo – o texto era da própria Iben –

era interrompido por cenas dos diversos espetáculos da atriz, que comentava o próprio trabalho artístico e as personagens às quais tinha dado vida. No plano da concatenação, o espetáculo desenvolvia, através de contraposições, o mesmo testemunho autobiográfico: uma história de autodestruição e uma história de crescimento pessoal.

Era a dimensão teatral, a dramaturgia orgânica e o entrelaçamento com as ações físicas e vocais dos atores que extirpavam toda forma de *páthos* do texto e que o lançavam para outros contextos. Como contraponto grotesco, indiferente ou alegre, dois músicos (Jan Ferslev e Kai Bredholt[1]), vestidos elegantemente de terno cinza e gravata, vigiavam a atriz, socorriam-na e parodiavam seus sofrimentos. Eram policiais, anjos da guarda, enfermeiros ou uma dupla de *clowns*?

Os episódios biográficos e profissionais que a atriz narrava (concatenação) e a contiguidade da atriz com os músicos (simultaneidade) produzia um efeito caleidoscópico que multiplicava as interpretações. Qual era o contexto do espetáculo? Um teatro onde uma atriz contava sua autobiografia? Um hospital psiquiátrico com uma paciente que delirava? As lembranças de uma mulher anciã que misturava episódios da realidade e da ficção? Ou um cabaré onde estávamos entretidos, ao som de música, com a história de um viciado em drogas que havia se suicidado?

A narrativa-caleidoscópio se dirigia a espectadores que tinham que intervir para que *cada um extraísse a própria história*. Isso não significava que o espetáculo estivesse aberto a tudo, informe e multiforme como uma nuvem. Era composto de uma calibrada profusão de estímulos vocais e físicos – *sats* – cujas correspondências e discordâncias eram entrelaçadas para narrar explicitamente ou sugerir mais histórias. Nem sempre suas relações eram mostradas, muitas vezes ficavam camufladas. Não eram óbvias, mas também não eram aleatórias.

Eu não me propunha tudo isso antecipadamente. Entendia as coisas mais tarde, como diretor, como espectador responsável. Agora, tempos depois, eu poderia encerrar tudo isso em uma fórmula: nada era deixado ao imprevisto para que o imprevisto pudesse se manifestar.

---

[1] Jan Ferslev, músico e ator, chegou ao Odin Teatret em 1987. Kai Bredholt, que também é músico e ator, chegou em 1990. Os dois ainda trabalham no Odin Teatret (2010).

Kaosmos

Na realidade do átomo, as partículas vão pra frente e pra trás no tempo sem se importar com as leis de causa e efeito. Eu tinha a sensação de que uma decisão precipitada, uma ideia imprevista ou um impulso espontâneo que provocavam uma teia de consequências para mim e para os outros, fosse o cumprimento de uma prescrição vinda de longe. De algum lugar, um antepassado, ou uma pessoa que queria o meu bem, tinha traçado um caminho. Eu entrava ali, e essa escolha me provocava uma palpitação insuportável e um senso de poder infinito.

Eu vivia essa condição como um sinal das forças obscuras dentro de mim que seguravam minha mão, e também como um encontro com o Destino. Talvez eu devesse chamá-lo de Acaso. O qual era um campeão de golpes baixos, capaz de me derrubar em pouco tempo se eu não preparasse uma estratégia rigorosa para me esquivar de suas estocadas e as virasse contra ele mesmo.

Em um processo artístico, o Acaso não é uma gata-mãe que pega você pelo cachaço como se fosse o gatinho dela, levando-o até a papinha. O acaso é um macaco agressivo que pula de galho em galho, e você, um macaquinho inexperiente, deve se agarrar a ele e abraçá-lo bem forte para não cair, enquanto ele escala, te machucando, até o alto de uma árvore carregada de frutas. Eu queria transformar em realidade cênica as descrições de acontecimentos, histórias e biografias do passado e do presente (que eram símbolos no papel) ou dar corpo e voz a ideias, desejos, manias e emoções (que na minha cabeça eram processos elétricos e químicos impalpáveis). Eu arquitetava essa metamorfose a partir das leis da *serendipidade*: como um jogo de dados com o Acaso. Para vencê-la, eu tinha que conhecer a técnica para aproveitar, como vantagem pessoal, a impenetrabilidade das situações, dos desenvolvimentos e tramas casuais que apareciam de repente na minha frente durante os ensaios. Para me preparar, eu me submetia a esforços irracionais, profundamente enraizados na minha mitologia pessoal. Vou mencionar aqui somente um deles.

O esforço em questão consistia em ler com atenção qualquer papel impresso que eu recebesse: livros grossos e finos, coleções de poesias, programas de espetáculos, manifestos artísticos, prospectos religiosos, *folders* publicitários, programas de festivais, listas eleitorais, panfletos políticos, folhetos de hotéis, atas de congressos, convites de casamento, informações turísticas, materiais esportivos, catálogos editoriais, fascículos, apostilas, anuários. Eu lia cuidadosamente da primeira até a última palavra. Não era pouco como investimento de tempo. Chegava de tudo: livros de presente, prosa, poesia, ensaios, textos a serem comentados e manuscritos em busca de editores ou de um prefácio. Tratavam de temas que estavam distantes dos meus interesses e gostos, mas eu não evitava o esforço. E era enormemente recompensado por isso.

Em 1988, recebi um livro de Christian Ludvigsen, um amigo querido e também conselheiro literário do Odin Teatret. O título era *Piedade*, o autor era Georg Klein, um oncologista húngaro refugiado na Suécia depois da insurreição contra os soviéticos em 1956. O cientista, com a vulnerabilidade de uma língua que aprendeu quando adulto, descrevia a precária coexistência entre os vírus e o organismo humano, e as reviravoltas da ciência que navega entre entusiasmo e desencorajamento. Klein também encarava as dificuldades e as estratégias pessoais de adaptação, para enfrentar a realidade escandinava com a bagagem de sua cultura de origem.

Um capítulo de *Piedade* era dedicado à biografia e à obra literária de Attila József, um poeta que eu desconhecia. Entre as muitas poesias traduzidas por Klein, do húngaro para o sueco, estava "O Sétimo".

>Quando vieres a este mundo
>Sete vezes serás parido.
>Uma vez numa câmara ardente
>Uma vez sob uma chuva gelada
>Uma vez num mar de trigo
>Uma vez num manicômio
>Uma vez num mosteiro deserto
>Uma vez entre as porcas do quintal.
>Seis vezes lançarás um grito.
>Mas o que queres fazer?
>Serás o sétimo.

Para cada inimigo que encontras
Sete ele já encontrou.
Um quando a festa começa
Um quando o trabalho termina
Um ensina aos pobres de graça
Um se joga na água e aprende a nadar
Um é a semente da qual cresce o bosque
Um é protegido por um furioso antepassado.
Mas nem astúcia e nem engano hão de te ajudar
Serás o sétimo.

A amada que persegues
Sete a seguirão.
Uma dá o coração pelas palavras
Uma paga do próprio bolso
Uma faz a sonhadora
Uma vigia a si mesma embaixo da saia
Uma é especialista em ganchos de meias
Uma pisa o lencinho.
Que voem ao teu redor como fazem moscas com a carne!
Serás o sétimo.

Se te concedes o luxo de fazer versos
Sete poetas começarão o trabalho.
Um constrói cidades de mármore
Um nasceu num sono profundo
Um chama o Verbo pelo nome
Um consente e mede o céu
Um põe a alma em jogo
Um disseca um rato.
Quatro cientistas e dois valentes guerreiros.
Serás o sétimo.

Quando o que foi escrito for cumprido
Sete irão juntos para a tumba.
Um ninado por um túrgido peito
Um estende a mão para um seio jovem
Um joga ao longe o cálice vazio
Um incita os pobres à vitória
Um trabalha como um louco
Um tem o olhar perdido na lua.

Caminhas sob a lápide do mundo.
Serás o sétimo.

Attila József era admirado por sua faculdade de traduzir as mais complicadas imagens intelectuais num ritmo inebriante e numa musicalidade de balada popular. Mesmo na aproximada versão sueca de Klein, "O Sétimo" se infiltrou nas fendas da minha mente, cantarolando enigmas. Minha primeira reação foi: "Vou revelá-los. Vocês serão uma das fontes de meu próximo espetáculo". O Odin Teatret ainda estava representando *Talabot*, e ainda se passariam pelo menos uns dois anos antes de pensar em um novo espetáculo. Paciente, "O Sétimo" ficou à espera.

O pai de Attila havia abandonado a família quando o filho tinha três anos. O menino cresceu num orfanato, depois se manteve com os mais diferentes empregos: carregador, garçom, marinheiro no Danúbio. Com quatorze anos, foi para cima dos trilhos à espera do trem de mercadorias que todos os dias passava sempre à mesma hora no vilarejo onde ele vivia. O tempo passava e o trem não chegava. Attila foi ao seu encontro pelos trilhos. Mas outra pessoa teve a mesma ideia a poucas centenas de metros dele. Attila ficou acostumado a dizer: "alguém morreu no meu lugar". Os sobreviventes sentem-se sempre em dívida.

Os trens de mercadoria se tornaram um *leitmotiv* em suas poesias. Em uma noite de novembro de 1937, aos 32 anos, em Szárszó, no Lago Balaton, Attila caminhou até a estação. A locomotiva partiu com dificuldade, Attila começou a correr, ajoelhou-se num dos lados do trilho e, quando o trem passou junto dele, enfiou o braço direito entre dois vagões. O braço foi encontrado intacto, decepado com precisão, a uma certa distância do corpo arrastado e esfacelado pelo trem. Em seu quarto, em cima da cama, estava estendida uma camisa com a manga direita cortada por ele.

Dezembro de 1988: O Odin está em turnê no Chile com Talabot. *Eugenio vê um vídeo sobre a morte de Romero, um sacerdote "pobre", assassinado pela polícia de Pinochet. Fica impressionado com a seguinte frase: "os povos merecem ter somente aquilo que sabem defender", e com o comentário de Carolina, uma freira: "ouvimos o barulho dos muros que caem, mas não ouvimos o som do trigo que cresce".*

Eugenio já pensa no próximo espetáculo: talvez Iben pudesse ser a cantora Violeta Parra, e a história a ser contada poderia ser a de Jesus que volta para a terra na América do Sul. Outra personagem poderia ser Borges. Mais tarde, vendo trabalhar as quatro atrizes mais antigas do grupo, ele as imagina nos papéis de Stanislávski, Brecht, Artaud e Craig que se encontram no topo de uma montanha.

Fevereiro de 1989: Estamos em Milão na igreja desconsagrada de San Carpoforo. *O diretor conta aos atores sobre o vídeo que viu no Chile durante a turnê de* Talabot. *Faz eles ouvirem a gravação do canto de uma mulher. Pergunta em qual país e em que circunstâncias ele foi gravado. Cada ator dá uma resposta pessoal. O canto vem de uma reportagem televisiva sobre o Afeganistão, com entrevistas realizadas com os pais dos soldados russos que estavam lá em combate.*

Uma mãe que canta, imagens de guerra, o estrondo de muros caindo e o silêncio do trigo que cresce: um espetáculo está fermentando na cabeça do diretor[1].

Cada vez que eu terminava um espetáculo sentia que me tornava mais jovem: ele seria representado duzentas ou trezentas vezes ao redor do mundo durante uns dois anos, pelo menos. Quando se aproximava o momento de preparar um novo espetáculo, eu avaliava outros projetos para poder adiar o tempo em que me sentiria esgotado e cheio de incertezas, o confronto com a esfinge, os ensaios para o espetáculo, que se tornaria o navio-almirante no repertório do Odin.

Em fevereiro de 1992, as circunstâncias não permitiram que eu adiasse mais. Fui obrigado a arregaçar as mangas. Três atores jovens tinham que entrar no grupo por meio do desafio dos ensaios. Roberta Carreri, ocupada com suas responsabilidades de mãe e com seu espetáculo pessoal *Judith* desde 1987, tinha ficado afastada do trabalho coletivo. Era importante que ela se reintegrasse no grupo. Mas três atores – Iben Nagel Rasmussen, Jan Ferslev e Kai Bredholt – estavam fora com *Itsi Bitsi* em uma longa turnê. Para exorcizar essas constrições, usufrui de um recurso que já havia utilizado outras vezes: um espetáculo preparatório para o espetáculo de verdade.

Tínhamos feito O Milhão, *não nos restava senão fazer* O Bilhão. *O* Milhão, *que ficou no repertório de 1978 a 1984, era um musical que acolhia até 400 espectadores. Espetacular, transbordava melodias, ritmos e cores, grotesco e lírico, entrelaçava danças, músicas e figurinos que tínhamos colhido durante nossas viagens pelo mundo. O* Bilhão *deveria ser ainda mais grandioso e ter um número maior de espectadores. O diretor*

---

[1] Neste capítulo, os textos em itálico fazem parte do livro de Julia Varley, *Vento ad Ovest: Romanzo di un personaggio*, Holstebro: Odin Teatrets Forlag, 1996. O livro encontra-se traduzido em espanhol e inglês.

montou novamente a orquestra com instrumentos de sopro e de corda, começamos a compor e a aprender músicas novas.

Tão logo me vi na sala com os atores, os ensaios deslizaram para outro lugar. Abandonei *O Bilhão* e deixei que os atores improvisassem em cima de uma breve frase que se debatia despótica em minha mente: "um fantasma vaga pela Europa, o fantasma do comunismo".

Eu tinha sido testemunha de profundas reviravoltas históricas: a demolição do muro de Berlim, a dissolução da União Soviética, o retorno à "democracia" de uma meia dúzia de países de regime socialista. Para onde quer que eu olhasse, aparecia o fantasma do comunismo que vagava, repudiado por todos, batendo em portas fechadas, rejeitado em cada fronteira. Parecia com Lear: um senhor envelhecido e de cabeça branca, já cego, louco e desesperado, incapaz de compreender. Apertava contra o peito um bloco de gelo cujo coração era um livro congelado: *O Manifesto Comunista* de Marx. Estava acompanhado de um bando de mulheres – mães, irmãs e esposas das vítimas de Lênin e Stálin – que salmodiavam o "Réquiem" de Anna Akhmátova:

> Roubaram-lhe o amanhecer,
> Eu vinha atrás de você, como num funeral,
> No quarto escuro as crianças choravam,
> sobre seus lábios o frio do ícone.
> O suor mortal sobre a testa.
> Grito há dezessete meses,
> Jogava-me aos pés do carrasco,
> Tudo ficou confuso para sempre,
> Agora não consigo entender
> quem é animal e quem homem.

Fizemos improvisações partindo de núcleos de palavras, transformando-as em cantos e poesias. Chegamos com propostas sobre a morte e sobre a tumba de um livro. Ensaiamos uma dança cujos passos eram ondas marinhas. (...) Estendemos o mar. Mulheres miseráveis dançavam sobre ele ao ritmo de uma música alegre, livrando-se dos trapos e ostentando cândidos vestidos: eram as mães russas que haviam perdido os filhos no gulag, *uma delas era poeta. O velho fantasma que todos rechaçavam se arrastava entre montes de farrapos, transformando-se em uma mulher vestida de branco, com um lenço na cabeça como se fosse uma* babuschka. *Acompanhávamos a sua mudança cantando uma poesia de Nordhal Grieg:*

Arde a morte como um campo de trigo.
Cada vida redemoinha mais pura
Em seu imaculado padecer:
São os melhores a morrer.

Os melhores são trucidados num cárcere,
Aferrados pelo fogo e pelo mar.
Os melhores não serão o nosso amanhã.
Os melhores empenham-se a morrer.

As mulheres enrolavam o mar cheio de trapos e lembranças, carregavam-no em suas costas e saíam. O mar estava morto. Em seu árido fundo jazia um livro – O Manifesto Comunista *de Marx – encapsulado num bloco de gelo.*

Materiais, cantos e cenas inteiras foram colocados de lado quando Jan e Kai voltaram da turnê. Iben ainda ficou três meses livre para terminar um livro que estava escrevendo. Mas todos nós nos encontramos num fim de semana, na Itália.

Março de 1992: estamos em Pádua, convidados pelo Teatrocontinuo, *para um encontro da Universidade do Teatro Eurasiano. A discussão girava em torno dos termos "partitura" e "subpartitura". Os atores trabalham na prática em cima de um texto proposto por Thomas Bredsdorff, escolhido entre os vários textos sugeridos pelos participantes. É o conto de Franz Kafka "Diante da Lei", retomado em* O Processo: um Guardião *não permite a entrada de um homem do campo que pede para ter acesso à Lei. O homem espera em vão durante uma vida inteira. O conto é comentado e analisado pelos estudiosos. Em seguida, os atores o descrevem teatralmente acompanhando os percursos de sua dramaturgia pessoal.*

Parece impossível que um diretor possa dizer aos seus atores: deem o melhor de si e tencionem seus arcos ao máximo. Saibam, porém, que todos os nossos esforços – os seus como os meus – têm o único objetivo de ganhar tempo. Eles não estão voltados àquele objetivo para o qual estamos nos preparando há muito tempo: um novo espetáculo. Temos que dar a Iben a possibilidade de terminar seu livro. Vocês sabem: para mim o teatro perde seu sentido se o *meu ambiente* não estiver completo, se não estiver ali, totalmente presente, aquele núcleo de pessoas às quais sou ligado, algumas que inclusive compartilharam a aventura de todos os meus espetáculos. Mas o que fazer no meio tempo, enquanto

Iben não volta? Como podemos preencher, de maneira sensata, essa espera pelo espetáculo para o qual estamos nos preparando há meses? O que é sensato e o que é insensato num processo criativo, quando cada um de nós é parte do fio que deixa unido o colar de nossas vontades, aspirações, necessidades?

Acho que eu disse alguma coisa parecida para meus atores voltando a Holstebro, depois do parêntese de Pádua. Era meu dever transformar esse senso de suspensão num valor pessoal para cada um de nós. Eu tive a ideia de começar um espetáculo para adolescentes com todo o grupo. Logo depois teria selecionado e montado as cenas mais interessantes com os três atores mais jovens. Assim, eles teriam um espetáculo próprio. Dessa vez, a fonte era uma só: *O Livro da Selva* de Kipling.

Parti de uma improvisação: "a lobidade" – o ser, o sentir e o passar a ser considerado um lobo. Fixei cada improvisação individual e elaborei-a por muito tempo até finalizá-la como um miniespetáculo. Acrescentava roupas e objetos e os envolvia com música e cantos. Às vezes, introduzia um ou mais atores para resolver tarefas funcionais: levantar um corpo do chão ou seguir um ator como se ele fosse a sua sombra.

Maio de 1992: O diretor quer preparar um espetáculo para crianças partindo de O Livro da Selva *de Kipling. Propõe uma improvisação: "Sobre um tapete, um lobo nasce três vezes. O primeiro nascimento é aquele biológico. O segundo é a transição que leva uma pessoa anônima para as filas daqueles que têm um nome. Com um rito de passagem que dura 11 dias e 11 noites, vocês se tornam um lobo. O terceiro nascimento se dá na velhice. Ele acontece quando os outros reconhecem em vocês o lobo autêntico, quando emanarem 'lobidade'. O pequeno tapete que está em baixo de seus pés os limita ao mesmo tempo em que não tem fronteiras, está pronto para voar. O tapete é a selva".*

Os atores improvisam a partir dos três nascimentos que devem corresponder a três poesias – de poiein *(fazer, em grego). Primeiro, as improvisações são feitas como ideogramas no espaço, e depois como palavras/poesias sobre uma folha que entregamos ao diretor.*

Cada ator fixou as próprias improvisações que foram feitas em cima de um tecido, uma pele de animal ou um véu que ele tinha escolhido como se fosse um tapete voador/selva. O tecido-tapete é um vasto território, um companheiro-parceiro vivo e um limite espacial. O diretor cuida das improvisações como se elas fossem vários miniespetáculos feitos com um único ator: com início, meio e fim bem definidos. Mas a técnica de elaboração que ele aplica é nova para todos.

Eu me vi com uma série de espetáculos curtos que juntei, um depois do outro, dentro de uma estrutura única. Pouco ali lembrava *O Livro da Selva*. Não me dei por vencido e insisti nessa pista esperando desembocar num espetáculo para crianças. Àquela altura eu já sabia o quanto era decisivo ver e rever os materiais montados e estruturados, retocar cotidianamente os detalhes, alterar os ritmos, introduzir novos objetos ou virar uma cena de cabeça pra baixo, fazendo com que dissesse o seu oposto.

Para Tina[1], cujas ações são introvertidas e voltadas para si mesma, o diretor pede que as repita ao contrário. Deve inverter as direções do que fazia: o que era voltado pra si agora deve se voltar pra fora, o chão se torna o teto, o que está na frente passa a ser o que está atrás e vice-versa. Tina parece um computador em plena atividade enquanto calcula com prudência onde colocar cada pé e cada mão.

Torgeir e Kai passam a trabalhar com Roberta como se fossem dois marionetistas, movimentando-a com duas longas canas de bambu como se estivessem dando os impulsos para suas ações. A Julia se pede que elimine o tapete que está no chão, que repita e adapte a improvisação sentada sobre uma cadeira, e depois se colocando atrás dela.

Isabel[2] tem dificuldade para encontrar seu baricentro. O diretor substitui seu "tapete voador" por Hisako[3], que ela tem que levantar, abraçar e sacudir. Hisako é o tapete, não deve fazer nada. Depois o papel de tapete passa a ser do Jan, que é mais alto e muito mais pesado. No final a Isabel tem que executar sua partitura com o Jan e o Hisako juntos. Isabel se esforça, sua, está exausta. Todos nós sofremos pela sua coluna quando levanta os dois companheiros para apertá-los contra o peito ou arrastá-los.

Um dia aparecem as máscaras de Talabot, o espetáculo anterior. Os atores colocam as máscaras no rosto enquanto estão sentados do lado da cena, e as tiram quando se levantam para atuar, invertendo a regra normal.

Um dia pede-se a Roberta para distribuir moedas aos observadores que seguem os nossos ensaios. Eles devem devolvê-las na cena em que Roberta lhes estende um prato que, em seguida, é colocado diante de Torgeir, de joelhos sobre seu tapete.

Um dia o diretor se lamenta das roupas dos atores. No dia seguinte alguns chegam com traje de gala, outros com calças e camisas elegantes, e há

---

[1] Tina Nielsen, dinamarquesa, trabalhou no Odin Teatret entre 1991 e 1997.
[2] Isabel Ubeda, espanhola, trabalhou no Odin Teatret entre 1990 e 1996.
[3] Hisako Miura, japonês, trabalhou no Odin Teatret entre 1991 e 1992.

quem apareça com as peças de que mais gosta. Torgeir veste um terno cinza. Os figurinos começam a decidir quem somos. Mas quem somos?

Acolhi as férias de verão com um suspiro de alívio. Eu tinha algumas semanas para deixar que sedimentassem em minha cabeça os materiais que havíamos trabalhado com obstinação e, também, para avaliar seus becos sem saída e possíveis passagens. Na volta, Iben estava na sala. Mostramos a ela a sequência estruturada. Para que desejasse se unir a nós nos ensaios, propus que assumisse o papel do homem do campo, o protagonista do conto de Kafka, "Diante da Lei", aquele que tínhamos trabalhado em Pádua. Essa ideia me veio de repente, vendo a expressão confusa de Iben após ter visto nossos materiais. Assim, de uma hora pra outra, o texto de Kafka cai no alambique junto de "O Sétimo", junto dos materiais sobre o *fantasma do comunismo que vaga pela Europa* e daqueles sobre *O Livro da Selva*.

Agosto de 1992: retomamos os ensaios. A primeira coisa que se decide é o horário: das 7h às 10h, bobbletiden *(tempo para levar à ebulição), para que os atores possam se concentrar autonomamente em seu trabalho individual; das 10h às 15h, ensaios sobre a montagem feita antes das férias, que agora o diretor chama de O Processo. Hisako não está mais conosco, ele nos deixou por causa de um rapaz dinamarquês que encontrou no Japão.*

Mostramos tudo para a Iben e logo depois nos reunimos. Iben aceita se unir a nós com um sim que vacila. No dia seguinte ela participa dos ensaios, mudando o futuro. Os outros atores possuem materiais, cenas, dias e dias de trabalho pesado nas costas. Mesmo sem saber por quê, sabem o que fazer. Seguem uma lógica que é própria do processo de trabalho. Iben não tem nada. O diretor tenta lhe dar alguns pontos de apoio. Ele a encoraja falando da personagem do conto de Kafka: "Deveria ser pouco teatral. Comportar-se de maneira cotidiana, talvez vestida como uma garçonete que tenta ser simpática, uma Giulietta Masina de A Estrada da Vida, *de Fellini, ou como Madeleine Renaud em* Dias Felizes, *no melhor estilo do Teatro Real de Copenhague. Poderia se inspirar na moda dos anos de 1950, ter um chapéu – um chapéu sempre ajuda um ator".*

O diretor explica que o espetáculo trata de O Processo *de Kafka e nos entrega o texto da poesia "O Sétimo" de Attila József. Fala por muito tempo desse poeta húngaro, comunista e suicida aos 32 anos em 1937.*

O conto de Kafka era inquietante, mas estático, excessivamente simbólico e só tinha duas personagens. Ele não me ajudava a explicar quem eram as outras figuras – os outros sete atores com aquele monte de materiais que tinham produzido. Comecei dividindo todo o texto do conto em quatro partes, que intercalei na sequência dos materiais para que interrompessem sua sucessão e seu ritmo. Eu queria que os espectadores compreendessem o texto em todos os países por onde passássemos. Pedi a Frans Winther, nosso compositor, que colocasse o conto em forma de música como se fosse um oratório. Durante o espetáculo, o texto seria cantado em dinamarquês em forma coral enquanto um ator o traduziria simultaneamente para a língua local. Assim, o conto de Kafka se tornava um *leitmotiv* que desaparecia e reaparecia numa multidão de acontecimentos provenientes de temas e fatos diferentes. Frans também compôs a música para a poesia de Attila József. Cada estrofe, cantada e dançada em diversas partes do espetáculo, teria que aparecer de repente como se fosse um gêiser, devastando seu panorama.

Eu me cansava para extrair uma história pessoal dos materiais orgânicos dos atores. Em termos puramente narrativos, o conto de Kafka descrevia uma espera, com um epílogo que subvertia o sentido dos fatos que já tinham sido narrados. E foi assim que eu expliquei a selva de ações e situações que havíamos estruturado: um camponês insiste em pedir para ultrapassar a porta da Lei; pedem que ele espere; ele volta sua atenção àquilo que acontece ao seu redor, ao vai e vem e aos acasos de figuras desconhecidas que realizam ações que são incompreensíveis para ele. Anseia ter acesso à clareza da Lei e se encontra mergulhado no Caos.

Aqui surgiu outra *fonte*, um título que há anos eu carregava comigo à espera de um espetáculo: *Kaosmos*, caos-cosmos, confusão-criação.

A *minha* história justificava somente uma parte dos materiais. Muitas cenas eram interessantes no nível orgânico, mas eu era incapaz de domá-las numa lógica ou numa narrativa que fossem minhas. Eu sentia que as ondas tinham me atirado num oceano sem estrelas. É verdade que, durante os ensaios, esse oceano é um *vórtice intencional* de contextos dissociados e incompatíveis reciprocamente, criados *de propósito* para desafiar minhas expectativas e categorias lógicas habituais. Caos-cosmos. Naquele momento era a confusão que tinha vantagem e esbofeteava meu raciocínio. Eu sucumbia ao inevitável senso de incerteza.

8 de Agosto de 1992: é o dia das grandes revelações. O diretor diz: "Até agora seguimos a vontade do mar, afastando-nos da terra. É hora de estabelecer a rota. Em nossos materiais agitam-se forças contrastantes, situações antagônicas, tensões e incoerências. Temos que proteger esse tumulto e esse vigor que nos parecem um caos. Sabemos que o caos possui

uma coerência interna própria, que esconde o germe da criação, do cosmos. Como chegar a uma criação que mantém sua natureza de caos? James Joyce, em Finnegan's Wake, *chama essa criação de caosmos. Assim deveria ser o nosso espetáculo: Kaosmos.*
    Iben é o homem do campo do conto de Kafka. Julia é o Guardião da Lei. Eu poderia dar nomes ao 'caos' que criamos: Jan é asas de borboleta; Frans é tempestade na Lapônia; Roberta é crista de uma onda. "O Sétimo" de Attila József é um manifesto político, um credo de revolta existencial, a recusa da casualidade do próprio nascimento – Sarajevo, Bangladesh, um hospital psiquiátrico, o regime nazista. Essa poesia descreve o caos-cosmos.
    Um homem do campo quer ter acesso à Lei, o Guardião pede que ele tenha paciência. E ele aceita, circundado pelo caos e por acontecimentos que não consegue se explicar. Esse é o ponto em que me encontro".

    Como acontecia várias vezes em situações de espera como essa, desviei minha atenção para um problema concreto: os figurinos. Pensei em roupas da vida dinamarquesa do dia a dia, mas com características teatrais: por exemplo, o uniforme do carteiro (o casaco vermelho vivo) ou de um cozinheiro. Quando Jan vestiu o macacão preto de botões dourados de um limpador de chaminés – com um cinto de couro largo, o lencinho no pescoço e uma cartola – parecia ter saído do universo de Hans Christian Andersen. Buscamos ideias para os figurinos nos contos desse autor: o soldadinho de chumbo, a bailarina de papel que queima, quem poderia ser o Rei nu? E foi assim que Hans Christian Andersen se enfiou no alambique onde já ferviam vários ingredientes. Reli sua obra e *História de uma Mãe* explodiu dentro de mim com sua verdade cruel. A Morte raptou um menino e a mãe a perseguiu para tê-lo de volta. A Morte descreve o eventual destino criminal do filho caso ele volte a viver. A mãe renuncia a ter seu filho de volta.
    Vivi um momento de conforto, quase entusiasmo: eu tinha encontrado o gancho narrativo entre a história da mãe e aquela do camponês de Kafka. Para enganar a espera, o homem do campo se senta num banco, pega um livro e lê o conto de Andersen em voz alta. Como em um Nô japonês, o fantasma da mãe aparece e dá vida à sua história.

    Setembro de 1992: O diretor conta: "Há personagens tão fortes que podem se afastar do próprio contexto e continuar a viver com toda a sua força. No entanto, elas não podem se comportar como em seu ambiente original. O que acontece se Hamlet atravessa as fronteiras e entra no território de Rei Lear? Quais são as consequências quando, no reino absurdo e inexorável da Lei de Kafka, as personagens de Andersen se intrometem? Roberta, você é a mãe que busca o filhinho que foi raptado pela morte".

Levávamos muito tempo para buscar, criar e experimentar os figurinos. Alguns eram escolhidos de modo relativamente rápido, outros levavam semanas. Torgeir continuou a vestir seu elegante terno cinza e Jan o uniforme preto de limpador de chaminés. Tina parecia uma ninfa-amazona com botas, uma túnica branca e uma coroa de espigas de trigo na cabeça. Peguei do meu armário "secreto" algumas saias, camisas e aventais bordados que eu tinha comprado alguns anos antes na Hungria, e distribui essas peças para Iben, Isabel e Roberta. Essa última acrescentou um balandrau pesado e bordado que havia encontrado na Grécia e construiu para si mesma uma peruca feita com fios de lã. No mesmo armário pesquei um colete de lã preto e branco, também bordado, proveniente de um camelô de Chiapas, no México. Ele se tornou parte do figurino de Kai. Julia se transformou numa avó, comprou uma peruca branca bem comprida e costurou para si um figurino preto e verde ornamentado com rendas.

Como fazer para que a Porta da Lei, diante da qual o homem do campo espera, se torne teatralmente eficaz? Eis aqui outra noz que eu não conseguia quebrar. Eu a imaginava com armação, dobradiças, maçaneta, espessura e cor particulares. Mas como dar a ela presença e vida? E que tipo de voz e de sistema nervoso ela deveria ter? Durante uma viagem à Espanha, eu me deixei seduzir por uma porta patinada pela idade e bordada pelos cupins, e levei-a comigo no avião para Holstebro. Era bem-acabada demais. Depois de algumas outras ideias igualmente engenhosas, mas teatralmente estéreis, resolvemos confiar numa porta de madeira normal, pintada de branco, comprada num supermercado. Os atores começaram a brincar com ela (de quantas maneiras era possível usá-la?) e as soluções chegavam, surpreendentes, grotescas, cômicas. Não era difícil inseri-las em cenas particulares ou em fragmentos, suscitando associações e contrassensos. Mas o conjunto não tinha coerência e se negava a fundir-se num organismo vivo complexo.

Eu me irritava com minha tendência de não tomar decisões definitivas. Teimava em acreditar que esse processo de trabalho, parecido com as correntes marinhas, teria me arrastado para costeiras desconhecidas. Os dias passavam e não se via nenhuma margem. Eu montava e remontava cenas e episódios misturando de novo toda a estrutura, à caça de uma trama que integrasse os vários elementos, fios, histórias, contradições e obviedades, todos os riachos que correm por conta própria.

Uma trama que me convencesse. O que *dizia* esse universo em fermentação? Eu devia ser capaz de formulá-lo numa única frase. A conexão entre a história de Andersen e aquela de Kafka não era suficiente para criar a densidade que pra mim era imprescindível em um espetáculo. Eu precisava de um *pensamento* que tinha que me justificar e me fazer acreditar em cada detalhe da densa rede de interações e circunstâncias. A verdadeira dificuldade consistia em desentocar (adivinhar?) uma história que, como uma grande moldura, fosse capaz de conter temas e perspectivas diferentes. Como numa tapeçaria, essa história-moldura permitia narrativas contíguas, ainda que diferentes e sem relações recíprocas, e ao mesmo tempo exigia disciplina em sua execução. Para um observador, a história-moldura englobava as ações e os vínculos que estavam explícitos ou escondidos entre as personagens dos vários contextos narrativos, legitimando-os aos meus olhos. Para mim, como diretor, eram esses diferentes contextos narrativos (as minhas fontes) que sugeriam, durante os ensaios, as modificações que deixavam que as personagens e os diversos espetáculos dentro do espetáculo crescessem em uma unidade orgânica, que fosse convincente para mim e – eu esperava – para o espectador.

A um certo ponto eu estava desesperado, e me disse: "Estou fazendo um espetáculo para lobos. Vou explicar isso no programa e os espectadores colocarão a alma em paz. As cenas que para eles são incompreensíveis se referem às condições existenciais destes animais, incomensuráveis com aquelas dos humanos. Os espectadores não se esforçarão para compreender. Eles se deixarão capturar pela maré da música, da atmosfera dos cantos e da modulação das vozes. Reagirão aos dinamismos, à aceleração e à imobilidade, às vibrações e à languidez. Algumas vezes vão se sentir felizes, gratificados por um fragmento descaradamente compreensível".

Estamos no final de setembro e há sinais de cansaço. Roberta entra com um xale enrolado para trazer a imagem de um bebê, mas o diretor não quer bebês. A atriz protesta dizendo que o trabalho não tem alma: o diretor pede que os atores caminhem de um lado para o outro do espaço, mudando de personagem e de história, e mesmo assim é preciso fazer sempre alguma coisa interessante para evitar ser cortado logo.

Julia reclama: tem dor nos joelhos e na coluna. O figurino, os sapatos e o chapéu são impossíveis.

Torgeir, durante um workshop *com Clive Barker, rompe um tendão. Terá que ser operado e permanecer engessado por dois meses.*

Jan, que tocou violão nos dois últimos espetáculos, gostaria de mudar. Leo Sykes[1], assistente de direção, tem a ideia de usar a sua enxada como instrumento musical. O som da corda de violoncelo que foi amarrada na enxada é baixo, penetrante, bom para acompanhar os sats *dos atores. Jan descobre que exercitando uma pressão no cabo consegue mudar a entonação. Pode criar variações de ritmo batendo nas partes metálicas.*

Julia não é mais o Guardião da Porta. O diretor passou a personagem para Jan. Foi-lhe confiada outra personagem: Doña Musica. Eis aqui a descrição do diretor: "ela acredita ouvir uma música que ecoa somente para si, e a segue, dançando, porque são os anjos que tocam para ela. As pessoas que a olham nos olhos sentem vontade de dançar".

A História vinha ao meu encalço invadindo minha vida: a Iugoslávia e sua guerra civil. Quando cheguei à Noruega em 1954, meu amigo Fridtjof Lehne me contou sobre sua permanência na Iugoslávia, logo após a Segunda Guerra Mundial, com uma brigada da juventude comunista. Ele descreveu o orgulho da população por ter resistido aos nazistas, a dignidade de pessoas pobres e generosas, a calorosa hospitalidade com os estrangeiros. Poucos anos depois, eu mesmo fiz essa experiência pegando carona em minhas viagens. Muitos anos mais tarde, o Odin Teatret foi convidado várias vezes para o Festival BITEF, de Belgrado. Alguns atores e eu visitamos mosteiros e mesquitas no Kosovo, um mundo sonolento cheio de culturas e costumes que não tinham nada em comum entre si. Eu reconhecia os topônimos que agora apareciam cotidianamente na televisão e nos jornais. Sarajevo pesava dentro de mim como um fantasma que vagava em busca de asilo e para o qual nenhuma porta se entreabria. Como é possível, eu me perguntava, um país que era um organismo vivo e motivado, se esmigalhar de uma hora pra outra? O destino da Iugoslávia, das pessoas que eu tinha conhecido e amado, inseriu-se nos ensaios.

"O Sétimo" musicado, cantado e dançado pelos atores; a visão do fantasma que atravessa a Europa entre uma horda de mulheres de luto; as cenas que tiveram origem no *Livro da Selva*; a espera do camponês diante da Lei no conto de Kafka; a história de Andersen sobre o filho raptado pela Morte; o real e trágico desmembramento de um país: essas várias substâncias narrativas, com os respectivos materiais criados pelos atores, maceravam no alambique. Destinos inacessíveis de pessoas vivas e mortas, de personagens históricas e fictícias que só

---

[1] Inglesa, trabalhou no Odin Teatret entre 1991 e 1993.

podem dialogar na nossa fantasia, se encontravam na realidade absoluta do teatro.

Comprei giz de cera colorido e pedi que os atores dividissem entre si todo o piso do espaço cênico, desenhassem os contornos de uma ilha pessoal e representassem, assim como fazem os pintores populares no chão das ruas, um episódio da História que havia influenciado sua própria biografia. Fiquei impressionado com a habilidade e a rapidez deles. Em menos de uma hora haviam transformado um inexpressivo chão de madeira num afresco policromático com os ícones de sua época: a menina nua queimada pelo Napalm no Vietnã, o retrato de Che Guevara e Mandela, cortejos com bandeiras vermelhas, os Beatles. Os atores caminhavam literalmente sobre a História, e seus passos dissolviam eventos trágicos e otimistas que podiam ser reconhecidos numa confusa mistura multicor. No entanto, essa não era uma ideia a ser desenvolvida: nossos figurinos, depois que os atores se deitavam no chão, ficavam todos estragados.

Jan e Tina constroem uma partitura ensaiando uma variedade de posturas de estátuas: um casal que se aperta, que se abraça, que copula. Em seguida constroem outra partitura mostrando as várias formas de assassinar uma pessoa, pisoteando-a, estrangulando-a, quebrando a sua nuca. Depois devem misturar as duas partituras: as diferentes posturas são figuras de um tango que eles dançam. Mas têm que seguir o ritmo de outra melodia, que eles mesmos decidem. Tina e Jan se apertam um contra o outro com ternura, agarram-se com fúria, lutam rolando pelo chão, levantam-se num abraço voluptuoso, num fluxo de impulsos e explosões de afeto, brutalidade e paixão.

O homem do campo chorava. Tinha um lenço na bolsa, usava-o para enxugar suas lágrimas e o jogava fora. O diretor pediu que Julia mostrasse o significado daquele lenço abandonado. Julia comprou todos os lenços coloridos bonitos que encontrou na cidade, mas eles não agradaram ao diretor porque pertenciam demais ao "tempo real". Então ela passou fins de semana inteiros costurando outros lenços: de renda, de algodão, de seda e com as barras bordadas, e a usá-los de várias maneiras. Um dia o diretor pediu que todos os atores improvisassem com os lenços: apareceram bonecas, chapéus, velas de embarcações, guardanapos, serpentes, camundongos. Roberta criou uma borboleta. E foi assim que as borboletas entraram no espetáculo. Rapidamente o diretor imaginou a cena final: uma sala invadida por borboletas. O chão inteiro coberto de larvas que pululavam e que se transformavam em borboletas, enchendo o espaço com seus voos frágeis e cheios de cor.

Eu batia cabeça contra o muro dos materiais, e nenhuma passagem se abria. Tínhamos encontrado os figurinos, composto as melodias, teatralizado a poesia do "Sétimo", estruturado uma sucessão de cenas num ritmo que me convencia. E no entanto eu tinha a sensação de caminhar no mesmo lugar. Eu me deparava com o problema inerente da *ciência labiríntica*: contar muitas histórias ao mesmo tempo, identificar os pontos de contato entre seus vários episódios e personagens, reforçar os nexos e deixá-los crescer em um *bios* que convence. Para mim não era difícil organizar sequências ou fragmentos numa perspectiva narrativa carregada de alusões, ecos e referências. Mas eu estava longe do resultado: o conjunto estava aguado e não conseguia "coagular-se" num organismo que respirava.

Tentei com outra fonte, um texto de Claudel sobre a natureza do teatro:

"Procuro o país onde não se morre."

"Você o encontrou. Aqui o tempo não existe mais. O teatro é isso. E como você sabe, no teatro manipulamos o texto como queremos, como se fosse um acordeom. As horas duram dias e os anos tornam-se minutos. Nada é mais fácil do que fazer com que tempos diferentes escorram juntos em todas as direções."

Introduzi esses diálogos na estrutura existente, retirando dela algumas cenas, parecidas com outro *leitmotiv*. Era um estratagema intelectual para explicar ao espectador a "magia" do teatro e a selva de cenas contíguas e simultâneas. Eu tinha a ilusão de que a descrição de Claudel me ajudaria a fugir do horizonte mudo que aprisionava os materiais. Eu estimulava os atores com longas descrições das teorias do caos e do infinito com o objetivo de convencer a mim mesmo.

"Mas quem é o protagonista deste espetáculo?"

"Aquele que morre no final."

"O teatro é isso?"

"Sim, o teatro é isso: um fio feito de enganos e astúcias. A personagem morre e o ator volta à vida."

Essa fonte se revelou uma astúcia estéril, um puro subterfúgio intelectual, e após algumas semanas, eu a abandonei. O espetáculo rejeitou-a: não tinha se mostrado capaz de gerar novas saídas ou uma coerência emotiva. Com exceção de poucas falas, não consegui encontrar nada que atraísse o diretor "animal". Ficou mais forte a minha crença de que o fio de enganos e astúcias, no teatro, só é legítimo se convence o sistema nervoso do espectador.

Faltavam dois elementos essenciais: as personagens e uma história que, como uma caixa chinesa gigante e elástica, pudesse conter outras caixas com narrativas e temas. Eu tinha encontrado duas personagens relativamente rápido: o homem do campo que pede para ter acesso à Lei (Iben) e a mãe que procura o filho raptado pela Morte (Roberta). Depois de já termos ensaiado bastante, passei para o Jan o papel do Guardião da Porta, que no começo havia sido pensado para a Julia. A consequência foi que Isabel se tornou o "duplo" do Guardião da Porta, sua irmã gêmea. Eu os imaginava como aqueles estranhos casais dos vilarejos do sul da Itália, a irmã a serviço do irmão como se fosse uma criada ou uma esposa num casamento que se esgotou. Frans, nosso músico-compositor, estava doente, e permaneceu ausente dos ensaios durante muito tempo. Quando voltou eu o escondi atrás de uma tela, e ele se tornou o invisível e miserável filho do Diabo que se lamentava de seu destino tocando violino. Kai, ator e músico, se tornou um marinheiro que voltava para sua cidadezinha, contava mil mentiras sobre suas viagens e cantava seu encontro com as sereias. Julia, que de um dia pro outro tinha ficado sem personagem, devia inventar um outro partindo do zero e começando por um nome: Doña Musica.

As personagens de Torgeir e Tina continuavam foragidas, não se deixavam capturar. Só depois de alguns meses consegui pegá-las no *Evangelho Segundo Jesus Cristo*, de José Saramago: o Filho recusa assumir a tarefa que o Pai lhe atribuiu. E foi assim que Torgeir se tornou Cristo que vivia num vilarejo contemporâneo dos Bálcãs, cumpria profecias bíblicas e fazia milagres no meio da indiferença geral. Somente a prostituta do vilarejo o seguia, carregando em suas costas a porta da Lei para aliviar suas penas. E assim até a Tina já tinha sua personagem. Estávamos quase no fim dos ensaios.

O Cristo, que fazia milagres inúteis e irreconhecíveis num mundo que se esfacelava, foi o detonador que abriu uma fresta na estrutura que eu tinha trabalhado durante meses. Mas não o revelei aos espectadores, nem mesmo através do nome da personagem. Ele se tornou o fulcro narrativo secreto do espetáculo. Adequei todas as reações das outras personagens a esse Cristo adoentado, e recheei as cenas com alusões a episódios dos Evangelhos.

Os atores eram mais ou menos conscientes disso, mas cada ação deles era calibrada de acordo ou em desacordo com essa personagem que, no final, ressurgia como um andrógino paralítico radiante. Àquela altura eu já era capaz de *pensar o pensamento*: o espetáculo era a história de um Cristo anônimo, dissimulado num vilarejo dos Bálcãs que se mantinha com uma tradição rançosa e uma epidérmica solidariedade. Essa comunidade se dilacerava, devastada pela modernidade e pelo nacionalismo.

O diretor sugeriu ao ator a imagem de um peixe que desliza na rede. O homem que não quer morrer parece tomado pelas angústias de uma mudança de consciência. Doña Musica o veste com uma saia branca e uma faixa ao redor de seu peito nu, enquanto o Guardião da Porta enterra seu terno cinza.

Tina, a esposa do vilarejo, trançou as espigas de grão numa coroa que prende seu véu de noiva. O diretor pergunta aos atores o que pode ser feito com o trigo e a porta. Leo transforma Frans num espantalho, cobrindo até o rosto dele. Iben coloca as espigas ao redor da armação da porta que está estendida sobre o chão, e depois a fecha. O trigo fica em pé. Havia acontecido o milagre, tínhamos o "nó" final do espetáculo.

Como acontecia em qualquer vilarejo da Iugoslávia, em *Kaosmos* cada ator também falava sua própria língua. O texto era dito, sussurrado e cantado em dinamarquês, italiano, inglês, norueguês e espanhol. De repente, quando ninguém esperava, o espetáculo se desmanchava e os atores, com vitalidade ou lirismo, entoavam as palavras do "Sétimo". Dançavam o que tinha acontecido durante tantos meses de trabalho: os extraordinários acontecimentos da História, as penas e as esperanças de nossa pequena história individual. E assim, das páginas de *Piedade*, o livro de um húngaro que emigrou para a Suécia, Attila József entrou em nossas vidas e as acompanha até os dias de hoje.

Frequentemente perguntam quanto tempo o Odin Teatret leva para criar um espetáculo. É sempre difícil responder. Há um tempo ativo e um tempo passivo, um tempo que nos afeta e um tempo com o qual trabalhamos. Há um tempo dos calendários e um tempo pessoal, um tempo que não passa nunca e um tempo que voa.

Trabalhamos na sala em fevereiro, maio, agosto, parte de setembro e outubro de 1992, e depois em fevereiro e março de 1993. Naqueles meses Kaosmos *tomou forma, mas todas as informações que estão impregnadas nele pertencem a um tempo que não pode ser medido.*

O espetáculo tinha acabado e rodou por quatro anos. No último dia, em Holstebro, fizemos com que ele "naufragasse". Nós o apresentamos sem figurinos, acessórios e luzes, entre duas mesas de amigos que comiam e bebiam. Dos destroços que resistiram a esse esfacelamento – as ações orgânicas e as relações dos atores – construí um novo espetáculo: *Dentro do Esqueleto da Baleia.*

Acorrentar-se a um Remo

Quanto eu podia avançar em uma dramaturgia da narrativa-por-trás-das-ações, que colocava lado a lado e misturava mais de uma história? Quanto podia me permitir contradizer a necessidade que cada um de nós tem, como espectador, de entrar na ilusão cênica, de escorregar numa realidade fictícia da qual se reconhecem as razões, as cadeias de causa e efeito, as intenções e as finalidades? Reencontrar, então, aquela ordem que a vida não oferece e que a arte e o artifício podem reconstruir?

Até que ponto era possível desvincular a narrativa-através-das-ações da lógica da narrativa-através-das-palavras sem que a contiguidade se transformasse em gratuidade, a desorientação em redundância, a confusão em entropia, o não-ver em cegueira, a subversão em desagregação?

Eu sempre repetia pra mim os mesmos conselhos: fique fora disso. Esqueça de suas certezas, de seus gostos, do que lhe satisfaz e deixa seguro. Persiga suas várias identidades, e não deixe rastros. Vagueie sem nunca abandonar o remo do ofício ao qual você livremente se acorrentou. Viva na *Troia* de Henrik Norbrandt.

> A cada dia sou um outro daquele que fui ontem,
> e dia após dia avanço cada vez mais na escuridão:
> observa-me a longa fila dos tantos que já fui
> os mais próximos quase no escuro,
> outros, pouco além da luz, fazem sombra,
> e os mais distantes, completamente transparentes
> como couraças vazias de insetos ou estátuas de cristal
> caídas com a cara pra baixo ou quebradas
> que mostram os erros ocultos e os defeitos secretos.
> Atrás de mim, os corpos que serei,

prontos a tomar meu lugar
desajeitados, brigões, só com a metade da consciência:
uma fila de figuras escuras, indistintas,
não sei quão longa.
A cada dia sou um outro, e cada dia o mesmo:
sou a figura que está no meio e obstrui a visão
e impede os que estão na frente de entender
a energia selvagem
e a nostalgia de luz de quem está atrás de mim,
e a esses não deixa ver os erros e os defeitos daqueles que estão na frente.
Sou ao mesmo tempo Helena e os helenos
Sou os remadores que empurram as proas entalhadas ao nascer do sol,
sou o remador acorrentado ao remo,
que nunca, jamais, remando, de seu lugar se afasta.

Muitas vezes eu disse, acenando às forças obscuras e evasivas que guiaram meus passos, que me sentia como um cavaleiro levado por um cavalo cego que galopava na borda congelada de um precipício.

Também era cego o cavalo da mina de que falava Zola. Eram cegos os cavalos que percorriam quilômetros e quilômetros rodando sempre em torno da mesma eira ou do mesmo poço. São imagens que evocam um fazer inútil. Para mim representavam o caminho criativo: seguir minhas próprias pegadas mais de uma vez, até não reconhecê-las mais. Eu descobria nelas o rastro de outras passagens, de pés que não eram mais os meus.

Terceiro Entreato

Histórias de paixões distantes, poeira de ouro,
águas quietas, relva imperturbada.
Põe-se o sol, os pássaros choram ao vento,
caem as pétalas como as vestes da moça de um tempo.

Tu Mu (Dinastia T'ang)

Vinte Anos Depois

No outono de 2000 recebi um pacote. Tinha sido enviado por uma atriz, esposa de um diretor que havia participado da Ista de Bonn de 1980. Nos anos seguintes tínhamos ficado em contato e nos encontrávamos com frequência. Ele morreu num acidente de carro e sua esposa, arrumando os papéis do marido, havia encontrado o caderninho que me enviava. Aquelas anotações – escrevia – que tanto tinham significado em suas vidas profissionais, também me pertenciam.

Constituem o entreato que introduz um estranho familiar: o diretor que eu era vinte anos antes. E que, com palavras irreconhecíveis para mim hoje, enfrenta e comenta a heterogeneidade de coerções, circunstâncias, problemas e desejos, na tentativa de forjar um ambiente que una e, ao mesmo tempo, que individualize. Era um ambiente voltado para a exploração das possibilidades de uma dramaturgia estruturada em níveis de organização. Eu tinha começado a me inspirar na biologia, e esses eram meus primeiros passos para aplicar no artesanato teatral os modos de pensar dessa ciência.

O Odin Teatret já existia há quatorze anos, o dobro da vida média de um grupo teatral. Eu tinha acabado de finalizar *Cinzas de Brecht*, que provavelmente foi o espetáculo de que mais gostei. Novos frêmitos e necessidades agitavam nosso grupo. Alguns atores tinham se lançado em atividades individuais que pareciam afastá-los do nosso teatro. Envolvidos com projetos que haviam criado e que dirigiam de forma independente, viviam a tensão da dupla lealdade com suas novas necessidades e com o grupo no qual tinham suas raízes. Eu refletia sobre a injustiça que atingia um ator quando o grupo não o estimulava mais. Se ele decidia deixá-lo, perdia o ambiente onde tinha crescido e que tinha feito crescer. A história do teatro era cheia de exemplos parecidos: atores que se separavam de seu diretor e do grupo tornando-se, normalmente, "órfãos". Os diretores que abandonavam seus atores, ao contrário, eram considerados pelos historiadores como artistas audazes, prontos para novas aventuras.

Eu queria evitar essa injustiça. Consegui fazer isso mudando o nome do teatro. Não era mais Odin Teatret com o subtítulo "Teatro Laboratório Escandinavo", mas "Teatro Laboratório Escandinavo" que incluía várias atividades autônomas, entre as quais: *Odin Teatret*; *Farfa*, de Iben Nagel Rasmussen; *Basho*, de Toni Cots; o *Odin Teatret Film*, de Torgeir Wethal; e o *Canada Project*, de Richard Fowler.

Eu também entrei numa aventura solitária acompanhado de um dos meus atores, Toni Cots. Estávamos em 1980. Transformei a proposta de dirigir um encontro internacional de teatros de grupo num projeto que eu ignorava o que teria se tornado. Chamei-o de Ista, International School of Theatre Anthropology. "Escola" porque naquela época todos queriam ser um "laboratório" e eu, ao contrário, queria indicar um lugar onde se aprendiam conhecimentos básicos; "internacional" para colocar em evidência uma pátria profissional sem fronteiras; "antropologia" porque era um termo que despertava associações de pesquisa e de seriedade acadêmica, ainda que ninguém – nem eu – tivesse ouvido falar de uma disciplina chamada de "antropologia teatral". Eu pensava em apresentar artistas e amigos, que significavam muito para mim, a uns cinquenta diretores e atores do Terceiro Teatro do mundo todo. Eu queria que eles encontrassem alguns mestres asiáticos, Jerzy Grotowski, Dario Fo, Clive Barker, Keith Johnston, Ingemar Lindh, alguns historiadores de teatro, biólogos e outros homens e mulheres das ciências.

Eu já havia conduzido alguns cursos sozinho, sem meus atores. Mas essa era a minha primeira experiência, de um mês inteiro, cercado de mestres que eu respeitava e amava, e de mais uma equipe de jovens que eu queria guiar com uma chuva de estímulos e revelações técnicas. Todas a serem descobertas.

O Caderninho que Recebi Vinte Anos Depois

Quinta-feira, 2 de outubro de 1980 – 5h.

É a nossa primeira reunião. A partir de amanhã vamos nos reunir às 6h. Ontem foi o primeiro dia da Ista, nós nos apresentamos, vimos os mestres do teatro asiático trabalhando, Barba nos apresentou seu assistente, o ator Toni Cots: durante as manhãs eles dirigirão o treinamento juntos. Nós mesmos somos responsáveis pela limpeza dos lugares dessa escola vazia onde estamos alojados. Barba diz que ela deve ficar mais limpa que o normal, brilhando como se fosse um navio de guerra. Os horários: acordar às 6h45. Café-da-manhã bem rápido. Nós nos dividimos em pequenos grupos e corremos até as 7h30. Depois vamos para o ginásio: treinamento acrobático e de voz. Até 8h30. Não se entra de sapato no ginásio. Durante essa primeira parte do dia não se fala. "O silêncio dá energia", diz Barba, e esclarece que esse também é um modo de não incomodar os mestres asiáticos que estão alojados conosco na escola. Às 9h começam as várias aulas com os mestres asiáticos. Estamos divididos em quatro grupos, cada um trabalhará durante uma semana com um dos mestres (Sanjukta Panigrahi, da Índia; Katsuko Azuma, do Japão; Tsao Chun-Lin, de Taiwan; I Made Pasek Tempo, de Bali). Das 11h30 às 13h30, novamente no ginásio: treinamento individual. Eugenio Barba e Toni Cots retomarão aquilo que na parte da manhã aprendemos com os mestres asiáticos. 13h30–15h30: almoço e descanso. Às 15h30 começa a atividade dos grupos que se formaram ao redor de um dos diretores presentes. Cada grupo, cinco ou seis atores e um diretor, trabalha em cima de *Hamlet* durante a tarde. No final da tarde e à noite haverá palestras, demonstrações-espetáculos dos mestres asiáticos ou de atores convidados, encontros com os estudiosos da Ista: Fabrizio Cruciani, Jean-Marie Pradier, Franco Ruffini, Ferdinando Taviani, Ugo Volli, Moriaki Watanabe. Nas duas semanas em que Grotowski estará aqui, ele não dará palestras e nem participará do trabalho de pesquisa, mas estará disponível para colóquios com qualquer um de nós que queira consultá-lo. Nos dias 25 e 26, haverá um Simpósio Internacional em que Barba se propõe a esclarecer seu conceito de Antropologia Teatral. Somos cinquenta participantes, atores e diretores de 23 países diferentes. Barba fecha pondo em evidência a importância do estudioso Nicola Savarese em seu papel de cronista da Ista, que a documentará com fotos, entrevistas e desenhos.

Depois da reunião inicial, alguns de nós, que são diretores, concordam entre si quando reclamam com Barba que ele não reservou nenhum momento para tratar dos problemas da direção teatral. Reconhece que temos razão. Diz: "Nós nos reuniremos amanhã de manhã às 5h", ou seja, hoje.

Barba comenta as dúvidas implícitas ou explícitas expressas ontem por alguns de nós quando nos apresentamos como diretores: "Sou diretor por acaso, queria ser ator, mas precisavam de um diretor e então assumi a tarefa. Mas não me sinto diretor"; "Eu me defino diretor, mas não sei se realmente sou diretor"; "Muitas vezes tenho uma ideia exata de como gostaria que o espetáculo fosse, mas não consigo realizá-la";

"Eu proponho alguma coisa, e os atores não aceitam: acham que é algo ruim ou que está errado. Um diretor deve saber fazer com que o obedeçam?"; "Trabalho como diretor, mas não sei o que o diretor deve saber fazer. Um autor, um ator, um cenógrafo sabe o que deve fazer. Mas e um diretor?".

EUGENIO BARBA O que torna um diretor convincente, aos olhos dos próprios atores? O fato de saber falar? De ter uma ideologia articulada ou uma clara visão estética ou política? De dominar uma teoria? De ter lido mais livros que os outros? De possuir o diploma de uma escola?
Se sua autoridade se rege sobre essas bases, ele pode até formar um grupo, mas com certeza mais cedo ou mais tarde os atores vão abandoná-lo.
Um diretor não vive a experiência dos atores, uma das condições mais penosas que se possa imaginar. Liv Ulmann descreveu assim sua colaboração com Ingmar Bergman: "quando a cada dia alguém diz o tempo todo para você 'faz isso; olha pra lá; move mais devagar; levanta um pouco o queixo; a mão... não a esquerda, a outra', e assim por diante, por horas e horas, ele pode até ser um gênio, mas no final você tem vontade de matá-lo".
O diretor é um líder. Tem um poder único: transforma os seres humanos em pessoas que aceitam seus mínimos desejos. Mas só aceitam se sabem que o diretor é capaz de dar a eles alguma coisa. Esse consenso não dura muito. Depois de um tempo não exerce mais a mesma atração. E aí o diretor se torna sufocante e é abandonado.
Certo, pode ser que os atores amem seu diretor, que se sacrifiquem por essa pessoa que estimula e reprime. Mas não acredito que o amor, no teatro, seja um fato espontâneo. Vai criando raízes aos poucos, como acontece nos casamentos arranjados. Florescem com os anos, depois de os atores comprovarem, dia após dia, que mesmo o diretor exigindo deles o impossível, estando sentado numa cadeira, ele ou ela levantou da cama duas horas antes para ir ao teatro e preparar tudo o que era necessário para facilitar o trabalho deles.
O poder do diretor é aquele do exemplo. Eu não acredito no diretor eleito democraticamente pelo grupo. Alguns de vocês disseram: "Eu gostaria de ser ator. Mas o grupo precisa de um diretor, então me sacrifiquei". Mas como é possível? Se alguém sente a necessidade de ser ator, não irá se tornar escritor porque se precisa de um escritor. Qual é a marca imprescindível de um diretor? Uma necessidade pessoal que faz com que ele escolha um papel de domínio: a capacidade de tomar decisões, de fazer com que sejam seguidas e assumir a responsabilidade de tudo. Isso requer dedicação e esforço.
Eu sei que tenho um poder desmedido. Tudo o que faço deixa rastros: como falo, com quem falo, se calo, se sorrio ou se fico sério. Posso, com uma palavra ou uma careta, deixar uma pessoa deprimida por um mês. E se eu permito que meus problemas pessoais transpareçam, eles se difundem como uma epidemia.

O diretor precisa do poder, ou da autoridade, para encorajar, e não para subjugar. Para criar um estímulo recíproco. Eu tenho que ser fascinado por um ator, admirar sua dedicação, tenacidade, ingenuidade. Não pela beleza física ou pelo talento, mas por sua vontade de trabalhar e fazer sacrifícios, pelo desejo de transformar a si mesmo e, assim, transformar-me. Esse é o estímulo recíproco. Se não há essa necessidade de exercitar o poder – dominar a nossa inércia e os reflexos condicionados e ultrapassar a condição em que vivemos normalmente –, se não existe esse instinto quase animal, uma chicotada interior que nos leva a ir além do que já sabemos e a viver – ainda que por pouco tempo – para além da realidade cotidiana… se não sentimos essa necessidade de irmos até o topo do monte junto de todos os atores, somos diretores mornos. Então é justo que nossos atores nos abandonem.

O mundo do teatro está cheio de diretores mornos. Mas vocês dirigem grupos de teatro que são pequenos. Não têm as mesmas defesas dos diretores do teatro "normal": hierarquia econômica, prestígio cultural, garantias contratuais. A única garantia que vocês têm é a eficácia. E sua eficácia depende dos atores. Seu capital é a motivação deles, a vontade que eles têm de dar, aprofundar, resistir em condições materiais adversas, prosseguir até mesmo quando se sentem exaustos.

O que o diretor deve dominar não é a arte de falar, mas a arte de recusar frases óbvias e com clichês. Não são só as informações dadas com as palavras que contam, mas sobretudo a temperatura que elas têm, a subjetividade e a energia interior, a fé naquilo que o diretor está perseguindo dentro de si.

Modular a própria energia é uma técnica que um diretor é obrigado a aprender: como contar, como criar um espaço amplo ou íntimo ao seu redor, como despertar o sentido de cumplicidade e o entusiasmo da aventura. Não são as nossas ideias que tocam os atores, mas a nossa maneira de apresentá-las e de vivê-las no nível pessoal. O modo de suscitar confiança se manifesta através de uma técnica e de uma disciplina que o diretor deve desenvolver como se fosse uma segunda natureza.

Sexta-feira, 3 de outubro de 1980 – 6h.

Eugenio Barba pergunta quais são as nossas impressões depois do primeiro dia de trabalho. Antes, porém, discorre por muito tempo sobre nossa maneira de falar e de nos expressar como diretores:

"Ontem acenei para o quanto é importante, para o diretor, saber modelar a própria energia com os mesmos critérios usados por um ator diante de seus espectadores. Eu espero, então, que o diretor saiba se expressar dando informações essenciais, e que as sintetize em frases concisas sem palavras vagas ou supérfluas. Quando nos reunimos às seis da manhã, suas primeiras palavras devem me indicar sua mobilização, assim como fazem os atores com o primeiro exercício do treinamento deles. Frases precisas, ditas com a motivação necessária para acertar o alvo, sem hesitações, sem eh...eh... ahn... eh... entre uma palavra e outra, sem se abandonar na falta de resolução.

Mas vamos voltar às suas impressões do nosso primeiro dia de trabalho. A organização da jornada de trabalho é decisiva para os resultados. Se as pessoas estão motivadas, em poucos dias vão assimilar até as regras mais rigorosas, e a disciplina exterior se transformará em autodisciplina. Se não estão motivadas, sempre haverá problemas de disciplina.

Sei que o horário é pesado. Eu poderia obter um clima leve e relaxado se o mudasse. Não busco a alegria no trabalho. Bruno falou das dificuldades de seu grupo, na Argentina. Não era a alegria que fazia com que se reunissem depois de uma longa jornada, às oito da noite. Era outra coisa. Um inexplicável motor interior. O programa da atividade cotidiana corresponde à construção de um muro que só pode ser atravessado por aqueles cuja obstinação e força de vontade é dupla em relação ao que se considera normal. A autodisciplina ajuda a reforçar esse motor interior. Sem este motor, desaceleramos e renunciamos.

Os atores asiáticos que estão aqui com a gente são super especialistas. Estão condicionados a trabalhar de uma única maneira: ir até seu guru, se adaptar às exigências dele, seguir cegamente o que diz, e isso durante muitos anos. Sanjukta e os outros mestres orientais têm dificuldade de entender por que aqui eles devem se limitar a ensinar só as posições de base, que são as noções mais elementares de seu saber.

Como já expliquei, minha tarefa foi estabelecer as condições para evitar que eles ensinassem a vocês todas as coisas bonitas que sabem fazer. Eles só vão indicar e repetir aquilo que eles mesmos, desde criança, aprenderam nos primeiros três dias com seu mestre. O trabalho que farão com vocês não tem o objetivo de ensinar alguma coisa oriental, mas só de indicar o caminho para uma qualidade de energia que é só de vocês, e que vão poder modelar individualmente onde e como quiserem.

É preciso se acostumar ao rigor e à monotonia. O trabalho do dia a dia nem sempre é entusiasmante. É um manto cinza que pesa sobre a cabeça. O prazer desse trabalho é que às vezes aparece um buraco no cinza, você vê o azul do céu e o mostra para os outros. E aí o céu desaparece de novo, por detrás de uma camada cinza."

Sábado, 4 de outubro de 1980 – 6h.

EUGENIO BARBA Nos dias anteriores pedi que me indicassem suas impressões sobre o trabalho, sobre a organização da jornada, o que está bom, mas, sobretudo, o que não funciona no ambiente que tentamos construir durante esse mês. Um mês é bastante tempo. É um grande presente. E mesmo assim é pouco. Não temos tempo a perder. Vivemos um privilégio único, ainda que a estrutura logística seja

desconfortável, que passemos a noite em dormitórios sem espaço para uma privacidade de verdade, e que tenhamos que nos ocupar da limpeza e da comida. Os mestres asiáticos, em seus países, são celebridades, e de uma forma ou de outra gozam dos privilégios típicos das celebridades. Aqui vocês veem eles fazendo faxina e cozinhando como todos nós. Imagino que tenham aceito porque eu, e todos vocês, trabalhamos duro. Eles também estão acostumados a fazer isso. Intuem que se você quer fazer o teatro que escolheu, não pode esperar muitas ajudas de fora. Deve pagar seu teatro com seu bolso. Os atores do Odin Teatret também sabem disso. Quem quer trabalhar no Odin deve aprender a fazer tudo, sem distinção entre tarefas artísticas, administrativas e técnicas. Claro, às vezes são necessárias competências específicas. Temos um contador e uma secretária. São as pessoas que em nosso teatro têm o salário mais alto, adequado às normas dos sindicatos dinamarqueses. Os outros salários, aqueles dos atores e o meu, correspondem ao mínimo previsto pela lei. Mas sentimos que somos privilegiados, porque temos um espaço limitado, mas que é suficiente, temos instrumentos musicais, a oportunidade de organizar encontros com pessoas que sabem mais do que nós, e dispomos de tempo suficiente para seguir os nossos ritmos.
Os encontros dos dias anteriores, em parte, me decepcionaram. Eu também gostaria de bater papo abertamente com vocês sem ter hora pra parar, saber de suas experiências, dos lugares onde vivem, das dificuldades que encontram e como as superam, do que sonham em fazer e do que fazem. Mas não podemos acordar uma hora antes dos outros participantes da Ista só para falar com os amigos. As conversas entre amigos são agradáveis. Mas, nas condições atuais, eu iria preferir uma hora de sono a mais.
Outra coisa é se tratamos de trabalhar criativamente, ou seja, usando o máximo de nossas energias. Quando descrevo para vocês o ofício do diretor, baseando-me nas minhas próprias experiências, e me esforço para mostrá-lo de forma que possam deduzir alguma coisa de útil para a sua prática, para mim isso é trabalho, uma forma particular de empenhar minhas energias.
Peço que trabalhem, que me ajudem a organizar e a preencher de sentido a vida dessa ilha precária que estamos inventando durante trinta dias, nesse edifício escolar de Bonn. Quando pergunto sobre suas impressões, vocês me interpretam ao pé da letra e me falam de maneira impressionista. Vocês são gentis e respeitosos, mas não fazem críticas sérias. Se têm insatisfações, estão guardando-as para si mesmos. Tenho a impressão de que criticar lhes pareça uma coisa ruim.
Então, cada manhã, antes de enfrentar as questões que para vocês, como diretores, são as mais interessantes ou as mais necessárias, pedirei que examinem a situação geral da Ista. Uma de nossas tarefas é tutelar o ambiente que fomos capazes de criar, fazê-lo crescer para alcançar um objetivo ou um ideal, organizar seus espaços e o tempo, inventar sua língua de trabalho, dar-lhe regras que se tornem o superego profissional de cada um de nós, surpreender a todos, começando por nós mesmos. Vocês têm que cuidar dos resultados e, ao mesmo tempo, estar prontos para mudanças radicais. Devem prestar atenção aos detalhes que

parecem insignificantes, mas que, abandonados a si mesmos, correm o risco de se transformar em avalanches. Um líder está sempre em *sats*, prestando atenção ao que acontece ao seu redor, pronto para reagir, tem que saber farejar as crises que se escondem no silêncio ou na euforia e enfrentá-las quando ainda é possível. Se ele espera que cresçam, acabará tendo que se submeter a elas.

Domingo, 5 de outubro de 1980 – 6h.

Elencamos tudo aquilo que para nós não funciona: horários que colocam pressa, jornadas cansativas, falta de tempo para discutir e trocar opiniões. As jornadas são vividas como uma correria contínua, sem tempo suficiente para a reflexão. Eugenio Barba comenta:

> Algum de vocês está com vontade de abandonar a Ista por conta de todos esses inconvenientes? E são os mesmos elencados por quatro pessoas que, ontem, decidiram ir embora. Eles explicavam que aqui todas as atividades seguem o relógio; que o sentido do trabalho está todo na minha cabeça enquanto é obscuro para os participantes. Eram os mesmos argumentos que agora ouvi de vocês, praticamente com as mesmas palavras. Mas as conclusões que eles e que vocês tiram dessas palavras são diferentes. Uma das faculdades necessárias a um diretor é a capacidade de decifrar o que se esconde por detrás das palavras que são dirigidas a ele.
> Ontem discuti durante três horas com as pessoas que abandonavam a Ista. Alguns defendiam argumentos que me deixam furioso: por exemplo, que vocês são uns falidos; que são incapazes de compreender o "perfume" dos mestres orientais; que aceitam passivamente a jornada de trabalho enquanto eles não, rejeitavam-na porque era organizada como um horário de fábrica.
> Respondi: as pessoas que vocês criticam não pensam diferente. Se aceitam, quer dizer que entreveem a possibilidade de tirar disso alguma coisa que lhes seja útil. Não acho que sejam masoquistas ou que desejem ser escravas. Por que elas ficam?
> Rebateram: porque acreditam que você faça milagres e os transforme em atores e diretores criativos.
> Eles tinham razão. Parei para refletir: durante muitos anos senti que eu não era criativo e que não tinha uma identidade artística. Segui Grotowski cegamente, ainda que à distância. Não o seu modo de falar ou de guiar os atores, mas o modo em que os protegia para proteger o processo criativo.
> Aqui está o fulcro: sem a confiança em outra pessoa, nossas capacidades não podem ser despertadas. Somente quando nos dedicamos a uma outra pessoa, ultrapassamos aqueles que acreditamos ser os nossos limites. Se trabalhamos para uma ideia ou uma ideologia, não dura muito tempo. Rapidamente a rotina revela a insensatez de nossos esforços.

O perigo não está na cegueira do diretor, mas na possibilidade de ele cegar você. O poder do líder é ambíguo: os atores têm confiança e o seguem. Se o diretor dá um passo em falso, para ele pode ser uma experiência fértil. Para seus atores, pode ser um desastre.

Alguém aqui perguntou se não seria melhor inventar exercícios que não cansem tanto quanto aqueles que fazemos às 7h da manhã e, depois, com os mestres orientais.

Mas o cansaço é o trampolim que permite alcançar outra qualidade de energia. Quando achamos que não vamos aguentar mais, descobrimos que é possível continuar e encontrar reservas de resistência e vigor que nem imaginávamos ter. Os atletas, no esporte, chamam isso de "segundo fôlego". O único limite intransponível é biológico: a morte. Aprende-se muito insistindo no cansaço. Falo de um "trabalho criativo" que visa ao ápice, o contrário do que normalmente acontece na vida cotidiana.

Sim, o diretor impõe pontos de referência, regras e metas. Mas ai dele se faz com que esses pontos de referência, essas regras e essas metas se tornem rígidas. É obrigado a velar, a examinar tudo o que acontece, a aplicar um tipo de justiça particular, às vezes tem que ser severo, às vezes indulgente. Mas, sobretudo, deve ver se ainda é capaz de estimular ou se já corroeu essa capacidade.

Terça-feira, 7 de outubro de 1980 – 6h.

Começamos reconhecendo os problemas de forma minuciosa. Retocamos alguns horários. Pensamos na possibilidade de usar as segundas-feiras como dia livre. Qualquer um pode programar atividades autônomas. Domingo à noite, alguns de nós organizaram uma festa. Improvisamos a música e dançamos até as 3h da manhã, já que no dia seguinte podíamos acordar mais tarde. "O legal" – diz uma de nós – "é que todos nós reclamamos da falta de sono. Mas no domingo à noite ninguém queria ir pra cama". "Mas algumas pessoas foram dormir" – retruca Barba. "Se vocês organizam uma festa, devem cuidar para que o sono dos outros seja respeitado. Aqui, por sorte, tínhamos espaço suficiente para não nos incomodarmos uns aos outros".

Depois, Eugenio Barba responde a uma pergunta sobre a possibilidade de trabalhar sem que o grupo tenha um líder ou um diretor:

> Na dinâmica de um grupo que afirma não ter um líder, há sempre um líder, ainda que não seja explícito. Varia de acordo com as circunstâncias, mas sempre existe uma pessoa que influencia o comportamento ou as opiniões das outras. Você quer que eu acredite que num grupo de teatro todos são iguais, com as mesmas capacidades, competências e preparações. Você gostaria que não houvesse nenhum responsável, em primeira pessoa, para tomar decisões dolorosas ou para

responder pelos erros cometidos por superficialidade. Quando todos são responsáveis, na prática, ninguém é.
Se um grupo se dissolve, a responsabilidade cai sobre o diretor. Ele é o cimento que junta as diferentes individualidades. A tendência à dissolução é inerente a um grupo. Quando falamos de resistência, no teatro, pensamos em como resistir à entropia e ao esfacelamento. É tarefa do líder, daquele que toma as decisões que amargam ou confortam, aplicar uma estratégia contra a inevitável decadência e a consequente desagregação.
Cada vez que nosso grupo tem um problema, eu aumento a quantidade de trabalho. Dessa forma o problema acelera e exige uma solução. Se por exemplo um ator está em dúvida se fica ou se vai embora, quando intensifico o trabalho ele decide mais rápido. Elimino o período de incerteza e oposição, quando quem está em conflito comigo ou consigo mesmo descarrega suas tensões no grupo.

Pergunto para o Eugenio Barba se ele faz "ensaio de mesa". Se faz, como faz? E se não faz, por que não faz? Quando trabalhei no teatro profissional como um jovem ator, esses eram um dos momentos mais interessantes. Por que não falamos sobre isso nessas reuniões?

EUGENIO BARBA Não faço ensaios de mesa, no sentido de leituras e interpretações do texto junto aos atores. Em geral, no primeiro ensaio de um espetáculo, exponho o tema assim como eu o sinto. É uma verdadeira improvisação na qual tento fazer com que os atores se apaixonem pelas imagens, as associações, os fatos históricos, as contradições que o tema me sugere logo de saída. Por exemplo, no caso de *Cinzas de Brecht*, lembrei da vida de Bertolt Brecht, suas obras, seu exílio, o surgimento do nazismo, sua relação com Walter Benjamin, o amigo que se suicida, os anos nos Estados Unidos, o retorno a Berlim, uma cidade que reencontra a liberdade entre os escombros e que sufoca rapidamente sob o jugo de uma ditadura stalinista. Pode ser que eu conte aos atores como imagino certas cenas. Quase nunca as realizo como havia pensado.
Minha improvisação oral é o porto de onde zarpar. Não é um projeto de espetáculo. Meus atores sabem disso. Eu poderia dizer que nossa mesa é grande como o chão do espaço cênico. Mas cada um de nós senta-se à mesa de sua casa por conta própria: lê, escolhe textos a serem propostos, se alimenta de fotos, músicas, leituras relacionadas ao tema. Os atores fazem um trabalho preliminar que talvez corresponda aos ensaios de mesa feitos pelos vários integrantes de uma companhia. Eu poderia dizer que no Odin a preparação feita à mesa existe e tem um espaço reservado que é só seu, mas ela acontece independentemente do diretor e dos outros atores.
Agora, não posso mostrar pra vocês meu trabalho de mesa porque ele não pode ser feito sob comando, com fins didáticos, como exemplo ou exercitação. O texto, uma situação ou uma personagem da qual parto para um espetáculo são uma voragem que me engole. Eles pressupõem um modo exclusivo de interrogá-los

e de se deixarem interrogar, de extrair seu coração, seu sistema nervoso, seu enigma, a mensagem cifrada que só se dirige a mim, aquilo que me deixa indiferente, que eu ridicularizo, que me inquieta, os motivos recônditos pelos quais os escolhi. Não escolho um texto por seu valor literário. Neste caso eu o leria e ficaria satisfeito. Para que eu trabalhe teatralmente em cima dele é preciso que ele proponha, com persuasão, algo que eu não seja capaz de aferrar e que me desafie ou me irrite, que me motive a enfrentar as fadigas de uma longa viagem, de uma volta cheia de curvas sem uma rota preestabelecida.
O trabalho preliminar em cima do texto ou do tema do espetáculo é o momento em que examino cuidadosamente minhas ideias e minhas crenças, em que as peneiro, as levo ao fogo para ferver e ver o que fica depois da evaporação. Mas tudo isso não é o que depois será transferido ao espetáculo. É uma primeira arrumação de ideias e propósitos em ebulição que os ensaios e os atores vão desmanchar. O processo começa como um elefântico Hércules, o maior avião de transportes do mundo, que se move lentamente e durante muito tempo na pista de decolagem. Tenho a suspeita, quase a certeza, de que não conseguirá se desgrudar do chão. Uma das razões pelas quais ainda me sinto atraído a fazer teatro está no êxtase do momento em que o espetáculo "decola". Sinto que ele vacila, suspenso no vazio, levado por forças próprias, e que me interpela numa língua que não parece ser a minha ou a dos meus atores, e que, a cada vez, tenho que me esforçar para decifrar.

Quarta-feira, 8 de outubro de 1980 – 6h.

As tardes são dedicadas a *Hamlet*. Estamos divididos em grupos. Cada grupo escolheu um diretor entre seus integrantes e trabalhamos uma cena ou um dos temas contidos na obra de Shakespeare. Vamos apresentar os resultados no final da Ista. Barba assiste sem nunca intervir no trabalho de um grupo ou de outro.

Quinta-feira, 9 de outubro de 1980 – 6h.

Muitas perguntas sobre a improvisação. Alguns de nós falam do "método Barba". Os pontos principais são dois: 1. não é fácil entender esse "método", e menos fácil ainda é aplicá-lo; 2. trata-se de um procedimento muito pessoal inerente a Barba e ao seu teatro. Mas esse método possui aspectos que podem ser estendidos e nos fazer compreender alguma coisa sobre a arte teatral em geral?

EUGENIO BARBA Falo com vocês baseado nas minhas experiências, com palavras e expressões que são minhas. Mas a substância do que digo não constitui de forma alguma um método Barba. As técnicas, quando são aplicadas, fatalmente assumem conotações pessoais, até mesmo autobiográficas. Mas não são peculia-

ridades exclusivamente biográficas. Muitas vezes falamos de segredos do ofício, um ofício que tem seus problemas, suas soluções pragmáticas e até seus enigmas. Mas esses segredos possuem um caráter objetivo. As diferentes maneiras de enfrentá-los e resolvê-los no nível individual podem ser transmitidas. Mas a experiência subjetiva inclui implicitamente alguns traços técnicos objetivos, que eu chamo de princípios. Quem é autodidata – como vocês são, e como eu também fui – deve saber se dar conta dos vários aspectos técnicos que os segredos assumem, e atrás de que palavras e teorias eles se escondem. Isso evita começar do zero, como se nada pudesse ser transmitido de uma geração a outra.
Quando seguimos os chamados "métodos" – normas e conselhos – daqueles a quem chamamos de mestres, temos a impressão de que estamos nos movendo em estradas seguras. Acreditamos que basta aplicá-los perfeitamente e eles nos levarão ao destino final. Infelizmente não é verdade. Sempre temos que encontrar a forma de fazê-los funcionar para nós. Reinventá-los, ou seja, extrair o núcleo técnico objetivo que nos permite usá-los à nossa maneira, traçá-los uma vez mais a partir da nossa situação histórica e biográfica, dos nossos apetites profissionais e emotivos.
Nunca dou a um ator um tema de improvisação que tenha relação direta com o texto ou a história que estamos ensaiando. Sei, por experiência, que na maioria dos casos isso provocaria ações ilustrativas. Se não coloco o ator em dificuldade, é difícil que depois ele também consiga me colocar em dificuldade, surpreendendo-me.
Temas de improvisação genéricos, como por exemplo o que um de vocês deu ontem a uma atriz ("foge como se alguém te seguisse"), não facilitam a reação com precisão e nuances. Para mim, o tema de improvisação válido deve: A. ser conciso como um telegrama; B. conter uma contradição, uma polaridade; C. incluir mais ideias e referências; D. apresentar pontos obscuros e ambíguos; E. servir-se de verbos ativos e transitivos que presumam ações específicas, como empurrar (o quê? como?), comer (o quê? como?), morder (o quê? como?); F. evitar os verbos "ser", "ter", "pensar", "lembrar", "sentir".
O tema da improvisação pode ser uma frase que talvez não seja clara, mas sugestiva como o verso de uma poesia. Ou uma mensagem cifrada, da qual tanto eu como o ator estamos em busca do código. Eu nunca daria a tarefa "foge como se alguém te seguisse". Pelo menos eu a formularia de outra maneira: "caminhe numa estrada de neve. É uma subida. Atrás de uma curva, uma sombra vem ao seu encontro. Você tem dificuldade para reconhecê-la: é um lobo, pinga sangue de sua boca. Corra contra o vento".
O ator recebe um leque de sugestões diferentes às quais pode reagir através de ações realizadas à sua maneira.
Enquanto o ator improvisa, o diretor também deve improvisar. Deve ter estruturado uma técnica própria. Para mim, uma improvisação não tem sentido algum se eu não reconheço nela alguma coisa que vivi ou que imagino poder viver. Não tem nada a ver com estética, com a interpretação de um texto, com ideias

políticas, a beleza da cena, as formas sugestivas que eu possa ter sonhado. Eu também, em primeira pessoa, tenho que improvisar, reagindo às ações do ator, tenho que entrar numa zona de obsessões e realidades, de lembranças e desejos que pertencem à minha experiência ou fantasia. Não me interessa a psicologia ou a vivência do ator expressa abertamente.

Tem atores que consideram as próprias improvisações algo íntimo e sagrado. Eles sofrem quando mãos estranhas as distorcem dando-lhes outros sentidos, diferentes daqueles pelos quais e dos quais elas nasceram. Não aceitam que uma ação, que para eles tem um significado particular, assuma na montagem do diretor um significado diferente, às vezes oposto. Vivem essa intervenção como uma violência, como um cinismo diante de sua verdade e preciosa intimidade. Esses atores recusam a condição mais difícil e necessária do trabalho criativo: a complementaridade. O ator deve se nutrir das próprias experiências, imagens ou visões, manias e ideais, e permanecer fiel a eles. Ao mesmo tempo, deve saber atender às demandas artísticas que chegam de fora. Uma das tarefas do diretor consiste em proteger a ubiquidade do ator, permitindo que ele viva no próprio mundo e, ao mesmo tempo, que partilhe do mundo dos outros, dos companheiros, dos espectadores, do espetáculo. Se o ator não quer que o diretor mude o sentido de sua improvisação, ele renuncia à sua ubiquidade e ameaça aquela do diretor.

Continua a chover perguntas, tem uma que volta sempre, formulada de várias maneiras: por que no Odin Teatret os atores não improvisam juntos, só individualmente? Isso não representa um perigo de introversão, de solipsismo?

EUGENIO BARBA É verdade, sempre começo a trabalhar com um ator de cada vez. Ou melhor, normalmente eu me concentro numa única parte dele: um pé, uma mão, os quadris, os olhos. Cada vez que me joguei em improvisações coletivas ou em dupla, não alcancei resultados interessantes que pudessem ser desenvolvidos. Aconteceu de fazer improvisações coletivas para traçar o desenho geral de uma cena, para descobrir a possível ramificação dos atores no espaço, ou para identificar o primeiro esboço por combinações de duplas ou agrupamentos. Mas para conseguir resultados que me estimulem, eu tenho que me concentrar em um único ator. Por quê?

Quando improvisa, o ator compõe uma poesia com palavras feitas de carne. Essas palavras-carne brotam de sua vida mental, psíquica e sexual, e, pra ele, elas só conservam uma forte radiação se protegem essas raízes profundas. Prestem atenção: profundas não quer dizer sagradas, inefáveis, inconscientes. Quer dizer somente que descem bastante no terreno.

Quando duas ou mais pessoas improvisam, se vive no tempo real, há uma tendência natural a se adaptar ao que o companheiro está fazendo, a se voltar para o exterior para entender o que está acontecendo e se comportar de acordo com isso. É comum que esse processo improvisado assuma os traços de uma agressividade mentirosa ou de um erotismo de pacotilha.

A improvisação individual tem uma natureza completamente diferente. É uma visão onírica dirigida pelo ator e que se dá numa moldura temporal que é muito pessoal. Com total liberdade, ele pode se deter num detalhe por muito tempo, avançar no futuro como quiser ou voltar para o passado, de quem sabe repetindo a mesma situação mais vezes; pode se colocar diante de pessoas, acontecimentos reais, autobiográficos ou de sua imaginação, trazer de volta à vida episódios íntimos, lembranças, aquilo que se deseja ou o que não se tem coragem de fazer na realidade. Uma improvisação individual é uma fantasia infantil e extrema que, a partir de uma situação de ilustração, pode mergulhar numa sucessão de reações instintivas, sem se preocupar com as contradições. É uma viagem interior que se expressa numa linguagem de reações que, como diretor, muitas vezes não consigo decifrar no nível narrativo. Mas a radiação orgânica dessas reações impregna o material de cada ator, que depois eu entrelaço com as improvisações dos outros atores.

Sexta-feira, 10 de outubro de 1980 – 6h.

Hoje de manhã, ao contrário do que faz todos os dias, Eugenio Barba não nos pede para dizer como vão as coisas, não faz perguntas. Ele sorri, sereno, e é o primeiro a falar:

> A situação está se tornando interessante. Estamos cercados de dificuldades. Em primeiro lugar a fadiga. Não é mais o cansaço que nos ajuda a mobilizar nossas energias, mas a exaustão.
> Todos trabalham sem parar, começam de manhã e vão até a noite bem tarde; mesmo assim, muitos estão descontentes. Vocês têm que provocar uma revolta e inverter a situação, protegendo, porém, a integridade do trabalho. Um grupo de teatro não resiste se seus integrantes não possuem uma razão pessoal profunda que os faça avançar. Tem sempre um momento em que alguém se pergunta se vale a pena prosseguir. Uma pessoa diz a si mesma: "Perdi a fé". Vamos levar essa expressão a sério. O que é isso, na prática? Com certeza não significa a adesão a ideias compartilhadas, a teorias estéticas, a uma ortodoxia ou a uma escola. É simplesmente o que faz vocês se levantarem pontualmente uma hora antes dos outros, depois de só quatro ou cinco horas de sono, todos os dias, menos às segundas-feiras. Agora falta oxigênio. É como se a atmosfera do nosso *habitat* tivesse mudado.
> Como trabalharmos juntos, com um objetivo comum, protegendo as diferentes individualidades e seus diversos caminhos e necessidades? Sei bem que ninguém pode trabalhar doze horas por dia sem estar obscuramente convencido de por que está fazendo isso. Também sei que para formar atores e diretores experientes e independentes são necessários cinco ou seis anos. Aqui na Ista, sozinho, eu tinha que criar num único mês as condições para uma revolução copernicana pessoal de cada

um de vocês, avançando sem causar dependência. Eu sabia desde o começo que teria que me ocupar de tudo: conduzir os cursos, dedicar-me aos mestres asiáticos e me interessar por cada um dos participantes, encorajar os percursos pessoais e manter a unidade da rota, me ocupar da administração, bater papo, manter relações com os organizadores, programar espetáculos e assisti-los, preparar minha comida e cuidar para que a limpeza fosse perfeita. Mais uma vez, com a Ista, encontro novamente o mesmo emaranhado de tarefas contraditórias, e muitas vezes pouco inspiradoras, em que está mergulhado o líder de um grupo. Saskja tem razão: a frustração é uma experiência que pertence ao ofício, é preciso aprender a levá-la em conta. No entanto, pelo menos uma vez por semana, seria bacana experimentar alguma coisa vivificante. Um pouco de ar fresco.

Vejo claramente as duas alternativas ao dilema, posso descrevê-las com perfeição para vocês. Mas explicá-las não basta para evitar que se envenenem reciprocamente. Uma das duas diz: vocês têm que me aceitar completamente. Há um livro, O *Novo Testamento*, em que essa experiência está sintetizada na expressão: para adquirir uma nova vida você deve renunciar àquela velha. Acredito profundamente nessa experiência que funda a relação entre mestre e discípulo, em que este último aceita completamente o seu guia. Foi a minha experiência, que durou alguns anos. Sem ter passado por ela eu não teria adivinhado qual era o meu caminho. Eu não teria me "formado", encontrado a forma que é só minha. A outra alternativa do problema afirma: você tem pouco tempo. E porque o tempo é limitado e cheio de atividades, as pessoas que o aceitaram correm o risco de não se desenvolver com autonomia, permanecendo profissionalmente como estudantes obedientes.

A contradição poderia ser evitada com a organização de uma escola de verdade, com um programa de aprendizagem bem amplo e denso. Mas seria uma solução pior que o mal do qual tentamos fugir. Aqui na Ista não há nada a ser aprendido. Estamos aqui para aprender a aprender, cada um à sua maneira, numa autonomia que muitas vezes é pura solidão.

Eu não quero pessoas que pratiquem um método supostamente meu. Quero dar vida a um teatro que não se possa repetir, um ambiente onde algumas das minhas aspirações e nostalgias possam se realizar junto às de algumas outras pessoas. São necessidades individuais, particulares e incomunicáveis, mas que satisfazemos por meio de uma atividade comum: uma descrente oração coletiva e uma pacífica rebelião solitária. Mais ou menos como fazemos juntos no treinamento de manhã, cada um faz um exercício diferente com a sua motivação, o seu ritmo, se movimentando como quiser no espaço, junto dos outros, mas sem ficar igual a eles.

A essa altura, no meu caderninho aparece um buraco de dez dias, durante os quais das 6h às 7h30 da manhã eu trabalhei por minha conta, reorganizando as ideias para o estudo sobre *Hamlet*: faço uma série de desenhos – uma espécie de história em quadrinhos com algumas vinhetas – da cena que pretendo realizar. Na noite da terça-feira, dia

21 de outubro, pergunto para Eugenio Barba se a partir do dia seguinte posso voltar ao encontro dos diretores. Digo a ele que aquilo não era um capricho, eu tinha continuado a trabalhar. Ele me responde que todo o grupo do *workshop* para diretores é que decidiria. No que diz respeito a ele, era contrário à minha volta. Se alguém pula uma parte do processo, corre o risco de voltar como um peixe fora d'água, o que – além de ser ruim para o interessado – também pode ser negativo para a dinâmica do grupo. Faço objeções, alegando que outros também faltaram um ou dois dias. Ele rebate e diz que dez dias é muito diferente que um dia ou dois de ausência. Pergunta se, de qualquer maneira, eu me informei sobre o que fizeram no meio tempo. Digo que não. Fico com a absurda impressão de que ele gostou dessa última resposta.

Quarta-feira, 22 de outubro de 1980 – 6h.

Como já havia anunciado, Eugenio Barba fala com os outros sobre o meu pedido. Lembra que outras três ou quatro pessoas também tinham saído do grupo e que só eu pedi para voltar. Explica por que é contrário. Mas a maioria é que decidirá. Os outros, por unanimidade, tranquilamente me deixam voltar. Eugenio Barba exibe um daqueles sorrisos em que mostra todos os dentes:

> Sempre ficamos felizes ao nos sentirmos generosos e gentis. Infelizmente, nem sempre podemos permitir que isso aconteça conosco. Lembrem-se da poesia de Brecht sobre a máscara chinesa do demônio – aquela que carregava sempre com ele, no seu exílio – que com sua veia inchada na testa revelava o quanto era cansativo e difícil ser mau. Hoje podemos nos permitir ser bons.
> Hoje de manhã, C.Z. me entregou uma carta e pediu que eu falasse sobre seu conteúdo. Ela escreve que não virá mais em nossas reuniões porque não é capaz de manter as distâncias entre o que se diz aqui e o seu trabalho, onde "sou sozinha e devo ser deixada sozinha".
> Vocês poderiam dizer que eu os manipulo? Meus atores poderiam dizer isso? Certamente. Um boxeador poderia dizer a mesma coisa falando de seu treinador? Ou uma bailarina de balé clássico falando de sua professora? Ou um pianista que pede para estudar com um professor específico? Sanjukta Panigrahi poderia dizer isso falando de seu guru? Hoje, ela é uma rainha da dança, na Índia e fora da Índia, mas diante de seu mestre Kelucharan Mahapatra ela ainda se comporta como uma criança-serviçal. Claro, ela é manipulada. A bailarina, o boxeador, o pianista, todos são manipulados. Às vezes fazem grandes sacrifícios para serem manipulados, para se submeterem a alguém que não lhes ensine somente a excelência, mas que imponha uma disciplina e uma atitude de intransigência diante dos mínimos particulares do trabalho. Pagam

essa pessoa para que seja exigente e exercite a autoridade, sem nunca colocar sua palavra em discussão.

Podemos continuar usando essa palavra "manipulação", mas vamos tentar entender que ela esconde opções opostas, e estas não podem ser confundidas umas com as outras.

Um ator aceita ser manipulado se ele tem razões pessoais, se tem a sensação de romper os limites de sua ignorância, se sabe que não existem privilégios no grupo, se está convencido de que o diretor não toma decisões baseado em interesses pessoais. As pessoas aceitam ser manipuladas se aspiram a dar o máximo de si e se elas se escolhem reciprocamente. Nestes casos, a manipulação é um acordo, o reconhecimento de uma afinidade que visa à independência.

Nos sistemas escolásticos, as coisas funcionam de outra maneira. Normalmente os alunos não escolhem seus professores, e nem os professores selecionam os alunos. Nessas condições, a manipulação assume outro significado, sobretudo negativo. Essa negatividade nos faz sempre suspeitar, gera reflexos automáticos, por isso não fazemos distinções entre manipulações que possuem naturezas diferentes. Essa superficialidade no modo de pensar produz problemas inúteis e praticamente sem solução na aprendizagem teatral. Especialmente num processo autodidático, é essencial compreender que um mesmo termo possui significados, processos e situações diametralmente opostos.

Quinta-feira, 23 de outubro de 1980 – 6h.

Começamos a reunião comentando a palestra realizada ontem à tarde por Jean-Marie Pradier. Eugenio Barba insiste muito na ligação entre *forma* e *informação* que Pradier pôs em evidência, baseando-se no pensamento científico. Depois fala-nos das imagens que, para ele, condensam as contradições que tenta dissecar com seus espetáculos e que resistem a essas tentativas. Ele nos faz perceber o ser humano como *mysterium tremendum et fascinans*. E nos conta uma história de amor. Franek era um criminoso, pouco mais que adolescente, ladrão e assassino, no inferno organizado perfeitamente em Auschwitz. No campo de extermínio ele se tornou um *kapo*, célebre por sua crueldade: era conhecido como *krwawy*, o sanguinário. Sempre levava consigo um bastão, com ele mantinha a ordem e aplicava punições. Tinha um modo particular de se lançar sobre suas vítimas, abatê-las com um golpe nas pernas e afundar o bastão em suas bocas até degolá-las. Era um monstro humano, mas se apaixonou perdidamente por uma menina judia. Mesmo continuando com sua normal atividade, o *kapó* viveu para servir ao seu amor. Ele a protegia escondido. Cuidava para que ela não fosse destinada a trabalhos muito pesados e que fosse suficientemente alimentada. Ele roubava perfume pra ela, colocando a própria vida em risco. Levava-lhe, escondido, doces que eram furtados da SS. Estava feliz como qualquer apaixonado, cegamente. Todavia continuava a dar bastonadas e a matar qualquer um, entre os prisioneiros, que transgredisse uma das infinitas regras que marcavam o compasso da vida do campo. Numa manhã gelada, Franek viu seu amor na fila com outras mulheres, para entrar no galpão dos "chuveiros". Ele sabia muito bem como morriam as pessoas nas câmaras de gás. Frequentemente estava com aqueles que deviam esvaziá-las e limpá-las. Os cadáveres mostravam sinais de uma luta desesperada para respirar. Os que tinham mais sorte eram os que morriam na hora, nas primeiras respirações. Franek, o sanguinário, aproximou-se da fila das mulheres e acompanhou sua menina judia até a porta do crematório. Depois, sussurrou-lhe sua última declaração de amor: "Quando entrar, respire forte, inspire fundo".

Barba nos fala por muito tempo, em primeira pessoa. É muito diferente se comparado a quando fala como líder e diretor. Segue as próprias imagens e os próprios pensamentos. Talvez essa seja uma de suas improvisações orais, parecidas com aquelas que antecedem o início dos ensaios de um espetáculo. Ele nos conta algumas lembranças inesquecíveis de sua infância, de suas viagens sem rumo pegando carona, de algumas experiências de teatro, de cenas de romances e de biografias. Descreve a vida na Polônia socialista onde viveu por muito tempo e a vida nos navios norugueses onde trabalhou durante uns dois anos. Ele para um instante e fala de como sua condição de emigrante, de indivíduo que perdeu a língua, coloriu seu modo de viver no mundo e no teatro. Não fala de técnica, de dramaturgia, de montagem. Fala do espetáculo como uma experiência que diz respeito a ele diretamente, e não, em geral, aos espectadores.

A reunião demora e não vamos para o ginásio onde deveríamos fazer o treinamento.

Sexta-feira, 24 de outubro de 1980 – 6h.

Amanhã e depois de amanhã não vamos ter nossas reuniões. Durante dois dias acontecerá o Simpósio sobre a Antropologia Teatral. Os convidados chegam de vários países. São críticos e estudiosos de teatro como Xavier Fábregas, que vive em Barcelona; outros são homens de ciência, como Henri Laborit, o célebre biólogo que, junto de Alain Resnais, acabou de rodar o filme *Mon Oncle d'Amerique*.

Eugenio Barba nos explica o que acontecerá no simpósio: ele apresentará os resultados de sua pesquisa, da qual a Ista é um fruto. Em particular, colocará em evidência o nível pré-expressivo do trabalho do ator, conduzindo algumas demonstrações dos mestres asiáticos e de

Toni Cots; haverá os espetáculos dos mestres asiáticos e uma demonstração de trabalho de Iben Nagel Rasmussen, do Odin Teatret. Henri Laborit falará de suas pesquisas. Barba nos explica por que foi tão importante, para ele, o encontro com os homens da ciência, sobretudo com os biólogos: não para aplicar suas pesquisas no teatro, mas para trazer o paradigma dos níveis de organização de um organismo vivo para a estrutura orgânica do espetáculo. Por isso também fazem parte da equipe científica da Ista, além de alguns estudiosos de teatro, o dinamarquês Peter Elsass e a iugoslava Ranka Bijeljac Babic.

É importante saber distinguir, inclusive em nosso ofício, diferentes *níveis de organização*, cada um deles possui uma lógica própria, que pode ser tratada independentemente das outras. O nível de organização pré-expressivo determina a eficácia da presença do ator. É uma condição necessária mas não suficiente para o ator. Ela só tem sentido se consegue se integrar de forma coerente em todo o organismo do espetáculo. Por isso – ele diz – eu pedi que construíssem um estudo cênico sobre *Hamlet*.

Terça-feira, 28 de outubro de 1980 – 6h.

A reunião de hoje foi rápida. É o dia em que vamos ver os resultados do trabalho dos vários grupos sobre *Hamlet*. Eugenio Barba nos apresenta Roberto Bacci, que tem um grupo de teatro em Pontedera, uma pequena cidade da Toscana, na Itália. Ele será o organizador da próxima Ista, que acontecerá em Volterra, uma antiga cidadezinha de origens etruscas. Talvez o encontro de 1981 dure dois meses, o dobro deste.

Quarta-feira, 29 de outubro de 1980 – 6h.

Tínhamos combinado fazer uma surpresa para Eugenio Barba, festejando o dia de hoje com ele (descobrimos que é seu aniversário). Mas ele nos pega de surpresa: hoje de manhã não podemos perder nem um minuto, porque ele quer examinar, um por um, todos os trabalhos vistos ontem.

> EUGENIO BARBA No *Hamlet* que apresentaram tem algo que me tocou: vocês puseram a nu a própria solidão e aquela de seus tormentos. Mas como teatro, falta-lhes substância, estrutura, variações formais. Vocês ainda não têm força. Precisam enfrentar isso como um problema premente: como inventar soluções para que os espectadores não fiquem incomodados pela nossa fragilidade técnica? Sobretudo aqueles que nos olham com desinteresse e desconfiança?

Pensem em Napoleão. Do ponto de vista da estratégia, existem dois Napoleões. O primeiro é um jovem general; lembrem-se de sua extenuante campanha na Itália, do entusiasmo com que virou de cabeça pra baixo os preceitos da guerra e infligiu derrota após derrota aos austríacos. Era ele que impunha as regras do jogo, arquitetava simulações, contramarchas ágeis, emboscadas e falsos ataques. Ditava as ordens com prontidão, e seus coronéis e soldados as executavam com tal veemência que punham o inimigo em debandada. Há formas de dirigir um espetáculo cuja estratégia oculta o trabalho do diretor e faz com que o espetáculo viva como um ardor dos atores.
O Napoleão imperador, com idade mais avançada, comportava-se de maneira completamente diferente. Alinhava sua Grande Armada na frente do adversário e começava uma batalha corpo a corpo. Seus marechais não gostavam muito desse modo de guerrear: uma carnificina, na maioria das vezes inútil, de milhares de soldados.

Barba comenta cada um dos estudos. Indica os poucos fragmentos e detalhes em que os diretores se comportaram como o jovem Napoleão. Mostra "como" e "onde" as ideias dos diretores foram espalhadas como cola em cima dos atores, que ficam rígidos, se movimentam de um jeito estranho e usam os exercícios dos treinamentos. Muitas improvisações foram deixadas cruas, tratadas como vacas sagradas, e naufragaram num mar de efeitos casuais e movimentos supérfluos. Isso demonstra a incapacidade do diretor para se opor aos clichês do ator. As soluções interessantes foram desfrutadas além da conta e perderam sua incisividade. Não conseguimos identificar nexos significativos e originais entre as improvisações e a história que estamos contando. Do ponto de vista da trama dramatúrgica, não temos vigor.

> EUGENIO BARBA Hoje à tarde, quando falarei aos participantes sobre o *Hamlet* que fizeram, vou usar outro ponto de vista. Não vou chamar a atenção para as carências, e sim para os aspectos positivos. Vou comentar o que me impressionou de forma favorável: a disciplina, a dedicação e a diversidade. Não era possível notar um estilo uniformizado, uma tendência comum. Vou explicar também que não sou um espectador confiável porque, diante dos espetáculos de grupo, tenho a tendência a me deixar impressionar pelas qualidades humanas e pelas necessidades pessoais que levaram vocês – os sem-herança – a se unir na microcultura de um grupo teatral.
> Mas as pessoas não vão ao teatro para se divertir com as qualidades humanas.

Quinta-feira, 30 de outubro de 1980 – 6h.

É o último dia. Trocamos cumprimentos, endereços e promessas.

A Dramaturgia Evocativa como Nível de Organização

A hora em que mais gosto de escrever é o final da tarde,
entre os dias da semana, sobretudo na quarta-feira.
É assim que eu faço:
levo um bule de chá fresco para o escritório, e fecho a porta,
então tiro a roupa, deixo as peças empilhadas,
como se eu tivesse derretido até morrer e de mim deixasse, somente,
uma camisa branca, uma cueca e um bule de chá frio.

Em seguida eu tiro minha carne, penduro-a numa cadeira,
Desfio-a de meus ossos, como uma bainha de seda.
Faço isso para estar puro quando escrever,
Enxaguado de tudo o que é carnal,
sem estar contaminado por qualquer preocupação do corpo.
Finalmente, removo cada um dos meus órgãos, e os arrumo
numa mesinha ao lado da janela.
Não quero mais ouvir seus velhos ritmos,
enquanto tento extrair minhas primeiras batidas de tambor.

Agora eu me sento à mesa, pronto para começar,
completamente puro: nada mais que um esqueleto à máquina de escrever.
Mas confesso que às vezes deixo ali o pênis.
Acho difícil ignorar essa tentação.
Então sou um esqueleto com o pênis, e uma máquina de escrever.
Nesta condição escrevo extraordinários versos de amor,
na maioria deles exploro a relação entre o sexo e a morte.

Depois de tudo, eu me recompenso com uma volta de carro ao pôr do sol.

Billy Collins, *Pureza*

A Transiberiana

Sempre desejei fazer uma viagem na Transiberiana. Consegui isso em 1982. Viajei de segunda classe, a terceira era proibida aos estrangeiros. As linhas de demarcação do império soviético ainda eram difíceis de atravessar.

Lembro-me da litania das estações: Moscou, Iaroslavl, Danilov, Buy, Poloma, Scharya, Kotelnich, Kirov, Balesino, Perm, Schalya, Sverdlovsk (aqui começam os Urais e termina a Europa, segundo a geografia política do general De Gaulle), Kamischlov, Tjumen, Ischim, Nazivajeskaya, Omsk, Barabinsk, Novosibirsk, Taiga, Marinsk, Bogotol, Achinsk, Krasnojarsk, Uyar, Savjernaja, Kainsk-Jenissieiskj, Ilanskaya, Rescheti, Gaischet, Inzhneudinsk, Tulun, Zima, Cheremkovo, Angarsk, Irkutsk, Sliudyanka, Misovaya, Selenga, Ulan Ude (capital da Mongólia soviética), Pietrovski Zavod, Kilok, Mogsoi, Iablonovaya, Lesnoi, Chita, Darasun, Karimskaya, Prinskovaya, Chernischevsk Zavod, Silovo, Ksenevskaya, Mogocha, Amasar, Erofiei Pavlovich, Uruscha, Taktamigda, Skorovodino, Bolschoi Never, Taldan, Madgagachi, Tigda, Uschumun, Schimanovskaya, Bielogorsk, Zavitaya, Bureya, Arkara, Kundur, Obluche, Isviestkovaya, Bira, Birobidjan (capital do território que Stálin tinha escolhido como "estado" dos judeus – e muitíssimos judeus foram deportados para lá), In, Khabarovsk, capital da Ásia soviética. Nesse ponto, nós estrangeiros mudamos de trem para chegar a Nagodkha, onde embarquei num navio que ia para Yokohama, no Japão. A transiberiana continuava até Vladivostock, que ficava há quase um dia inteiro de viagem e era um porto militar cujo acesso estava proibido para quem não fosse cidadão soviético.

Basta que eu repita essa lista de nomes para que voltem à mente imagens e episódios.

A polícia de fronteira soviética: uma mulher jovem com um rosto impenetrável e longos cabelos louros escondidos embaixo de um chapéu militar de pele. Tira da minha bolsa as peras, colhidas das árvores da minha casa, que Judy tinha embrulhado com cuidado para que se conservassem durante muito tempo e me acompanhassem na viagem. Pega uma faquinha e, uma a uma, ela as corta pela metade, buscando substâncias proibidas. Examina o conteúdo da minha mochila balançando camisas, meias, cuecas. Depois faz a mesma coisa com os livros. Decifra um título: Os Irmãos Karamazov de Dostoiévski. Para de revistar e seu rosto relaxa, como se eu fosse um amigo com quem ela não tem tempo de conversar.

Os bosques de bétula eram ícones de ouro durante o pôr do sol.

A doce avó de Achinsk tinha atravessado toda a Rússia para visitar os netinhos em Odessa, e o tocador de balalaica tuberculoso da orquestra sinfônica de Irkutsk volta de um sanatório estatal da Crimeia.

Fjodor Pavlovich, um velho chato e ossudo, não faz nada além de comer. Goza de mim a cada vez que distribuem chá de graça porque não compro os cubinhos de açúcar. Ele não acredita de jeito nenhum na minha explicação, que eu bebo chá amargo. No corredor ele me pega e me empurra até a janela. Tira da carteira um calendário pequenininho todo gorduroso e amarelado com umas mocinhas de maiô. Quer compartilhar comigo o prazer dessa visão. Com o passar dos dias, eu não suportava mais a sua presença. Finalmente chega a estação onde ele tem que descer. Todos nós dormimos em nossas cabines. Quando está prestes a sair, ele me puxa e aperta minha mão como se quisesse arranhá-la. O trem parte de novo. Sinto que tenho pedaços de papel entre os dedos: são rublos, para que eu possa pagar o açúcar do chá.

A pequena e provisória coletividade de um vagão da Transiberiana se torna um receptáculo de história oral subterrânea. Os viajantes trocam informações que o poder político esconde, relacionadas à geografia que o trem atravessa. Aqui em Ussurskaja há minas de ouro, conta um passageiro taciturno, nelas ele tinha trabalhado durante quinze anos como deportado. A enfermeira de Vladivostock indica a fábrica onde houve uma greve que foi rapidamente sufocada. O maquinista da locomotiva de Bielogorsk pede para ver meu passaporte o tempo todo. Ele o estuda e o examina com atenção, não acredita que seja meu e que eu o possa usar da maneira que bem entender. Ele também se nega a acreditar em mim quando digo que a Dinamarca tem uma rainha. As rainhas, a essa altura, só existem nos contos de fada.

Sobe no trem um casal de recém-casados, ambos tímidos e muito jovens, em viagem de lua de mel. A mãe do noivo os acompanha. Ele, ela e a mãe dele, a típica situação de farsa. A esposa sente calor. De pé, tocando-a muito de leve ao ritmo do trem, o marido tira lentamente seu casaquinho de lã. É uma carícia sensual que transcende qualquer pudor.

Nem todas essas imagens estão confinadas no trem que avança na estepe siberiana. Algumas se estendem num espetáculo meu, Mythos, *preparado quinze anos depois. A um certo ponto, uma porção de mãos decepadas – mãos de madeira que parecem ser de pedra e osso – invadia o espaço do espetáculo, como seixos e restos da História. Essas mãos decepadas vinham da Transiberiana.*

Mikhail Chusid era um artista de teatro de marionetes. Tínhamos nos encontrado na casa de um amigo em Moscou. Ele queria continuar nossa conversa, mas na manhã seguinte eu tinha que pegar a Transiberiana. Não havia tempo.

O trem tinha acabado de partir quando Mikhail apareceu na minha cabine. Ele me acompanhou por três dias até Sverdlosk. Era a maneira mais simples, ele disse, de tomar a "liberdade" de conversarmos. Mikhail levava consigo umas mãozinhas de madeira que estava esculpindo para uma nova marionete. Deu-as para mim de presente. Nós nos despedimos com a intenção de voltarmos a nos encontrar. Quando a União Soviética desabou, Mikhail Chusid e sua família emigraram para os Estados Unidos. Lá, num congresso de teatro, pudemos nos rever rapidamente. Prometemos nos escrever, voltar a nos encontrar para falar daquilo que é mais importante para nós, e que não é o teatro. Nunca mais nos falamos.

Mas suas pequenas mãos de madeira continuam a viver e a falar nos espetáculos do Odin Teatret. Eram o sinal da prepotência em O Evangelho de Oxyrhincus, *a prótese infantil que escondia as garras da tirania. Proliferaram em* Mythos *como mãos decepadas que materializam o horror do qual o espírito do tempo gostaria de desviar o olhar, cansado da ânsia de mudar o mundo.*

As lembranças da Transiberiana não acabam aqui. A moça com sardas, em nosso vagão de segunda classe, subiu em Darasun e vai para Birobidzhan. É paciente, porque sabe que ainda devem se passar três dias para encontrar o namorado. Fala sobre isso de maneira discreta, com um sorriso pudico e a alma nos olhos. Ainda faltam uns cem quilômetros para a chegada, e ela, com tranquilidade, começa a guardar na mala os objetos que usou durante a viagem. A paisagem que o trem atravessa é só neve. "Vamos parar em Birobidzhan à noite bem tarde – ela diz – mas isso não será um problema, porque virão me pegar". Atrás daquela forma impessoal, está o amado.

Espera em pé durante muito tempo, perto da porta do vagão. Quando o trem para, não consigo deixar de espiá-la. Ele está lá, naquele ar branco de gelo e de neblina. Está coberto por um enorme casaco de pele e um colbaque – um urso grande e imóvel. Ela se joga nos braços dele. Através do gélido véu do vapor que envolve a estação, vejo a ternura do *urso e o abraço da moça paciente explodirem com ardor. Uma das mãos dela, no ímpeto, faz o colbaque do amado cair e, de dentro daquele grande casaco de pele, surge uma cabeça glabra. Sua nudez contradiz o gelo e insulta o mundo circunstante com a obscenidade de um grande falo exposto na noite.*

Há forças obscuras que nos tornam cegos e forças obscuras que nos fazem ver. Dançam como serpentes naquela zona tórrida da lembrança que é a dramaturgia evocativa.

A Zona Tórrida da Lembrança

Também viajamos dentro das lembranças. Algumas se tornam vastos países verticais. Às vezes mergulhamos nelas. Primeiro atravessamos a zona fria da distância. Assim que conseguimos reunir em torno de uma notícia algumas de suas circunstâncias, dizemos: agora eu me lembro. Mas o que nos lembramos ainda não nos pertence. Começa a nos pertencer quando entramos na zona úmida das emoções: nossas reações presentes às emoções passadas.

A viagem no vasto país da lembrança nos coloca diante da confusão do sentimento passado com o sentimento presente. Quase nunca sabemos distinguir quais são as emoções que efetivamente pertencem ao tempo lembrado e quais, ao contrário, pertencem ao momento em que nos lembramos delas. Essa segunda zona do vasto país vertical da lembrança é tão misturada, composta de uma trama tão grande de humores, que eu a chamo de úmida para não chamá-la de viscosa.

Quando conseguimos nos desembaraçar de tudo isso, entramos na zona fecunda, aquela em que as ações, as paixões e as circunstâncias de uma época mandam seu pólen até o dia de hoje. A lembrança não pertence mais ao que fomos, não é mais sentimento, mas carne e osso. É parte integrante do que somos e do que seremos.

É dali que penetramos – é um caso mais raro – na zona tórrida, onde os extremos se abraçam. Nessa zona, o sol é uma divindade ao mesmo tempo em que é um inferno no céu. Aqui as aparências queimam e emergem as aparições. Somos cegados, seduzidos, às vezes queimados.

Em meu trabalho teatral, a zona tórrida era a zona da *ferida*.

As *feridas*, se realmente são *feridas*, são histórias que não querem ser narradas. Cada vez que tentamos fazer isso, elas nos viram as costas e se afastam de nós. Podemos entrever suas costas encurvadas, como uma corcunda pálida e radiosa: nosso saco de viagem. Nossas *feridas* recusam ser dançadas ou mimadas. Talvez porque saibam que seu destino, no teatro, é outro, é revelar-se numa outra história, a cortina fumígena que permite evocá-las e, ao mesmo tempo, escondê-las.

Cada espetáculo que fiz abriu meus olhos. Às vezes com relação a problemas técnicos. Na maioria das vezes, vendo-os e revendo-os, também abriram meus olhos para zonas minhas que são privadas. São autobiografia, nunca confissão. Nunca falei de mim conscientemente. Uma vez eu fiz um espetáculo cujo título era o nome do navio norueguês em que fui marinheiro. Chamava-se *Talabot*, mas o tema condutor era a autobiografia de uma antropóloga dinamarquesa, Kirsten Hastrup, que havia aceitado escrever uma série de episódios sobre sua vida.

Quem viaja encontra mundos novos. Mas nunca se esquece do que está se afastando. O horizonte dos conhecimentos se dilata, mas não se trata de descobertas verdadeiras. A verdadeira descoberta acontece quando, lentamente, vem à tona tudo aquilo de que a viagem parecia livrá-lo: a corcunda pálida e radiosa, as *feridas*. Os olhos se abrem no exato momento em que o olhar está concentrado em outro lugar.

Eu me pergunto se tudo isso diz respeito a uma experiência comum de quem pratica esse trabalho que, pomposamente, dizemos ser criativo. O que foi que eu criei? Esquinas escuras e instantes de silêncio. Poucas esquinas em vastas arquiteturas e poucos instantes em uma hora. Escuridão que era espera e ameaça de um relâmpago imprevisto. Silêncio que era uma íntima ressonância.

O resto era artesanato. Sem artesanato não se realiza nada, não se parte, não se viaja, não se chega. Artesanato quer dizer compor espetáculos que saibam renunciar ao público habitual de teatro e que inventem os próprios espectadores. Em outras palavras: saber construir pacientemente uma própria relação física, mental e emocional com os espectadores e com os textos, sem ficar parecido com os modelos legitimados que vigoram no centro do teatro.

Meus companheiros e eu estávamos acostumados a não adiar as perguntas. *Tratávamos dos pontos de partida como se fossem definitivos.* Sabíamos muito bem que mudariam e que outros seriam somados. Tratávamos deles com cuidado e atenção como se fossem claros para nós, mesmo sabendo que estávamos trabalhando no escuro. Os materiais se acumulavam e se tornavam uma quantidade de perspectivas, histórias, ações, acessórios, textos e partituras bastante importantes para nós. Até que nos dávamos conta de estar navegando no supérfluo.

Era hora de inverter a rota. Para que servia toda essa abundância? Para ser jogada fora, para ser cortada. Ela formava a massa sobre a qual trabalhavam o machado e o cinzel. Só então eu começava a esculpir o tempo, o espaço e a precisão: as ações e relações *necessárias*. Era preciso arrancar a pele, eliminar. A complexidade, às vezes, era o que ficava.

Muitas vezes o espaço cênico ficava suntuoso, cheio de objetos e acessórios, alguns eram humildes, outros preciosos. Havia uma paixão pelos acessórios que levava cada um de nós, do Odin, a desentocá-los do galpão do teatro e dos velhos baús de família, a comprá-los durante nossas viagens, a colocá-los à parte dizendo: "quero trabalhar com isso no próximo espetáculo". Acessório, de fato, é um nome errado. São amigos de confiança, amantes, cúmplices. Não são mudos e passivos como parecem ser quando vistos de fora. Quando chegava o momento de usar o machado e o cinzel, era duro separar-se deles.

O *húmus* da profissão é feito desses amores e idiossincrasias que, para quem olha de fora, de forma crítica ou inconsciente, parecem infantis. Sem eles nada cresce.

O espaço cênico tendia a ficar entulhado de objetos-parceiros e a se tornar vistoso, mas também sufocante. Os atores nadavam nesse espaço como se fossem peixes num aquário minúsculo. Tudo isso saciava os olhos, mas não nutria a mente e o coração. Em casos como esses, o machado tinha que ser particularmente cruel. Era eu que o manobrava ou era ele que me manobrava? Às vezes ele se desorientava e machucava, parecia ser conduzido por uma espécie de entusiástico cinismo de matança.

Algo parecido aconteceu em todos os espetáculos. Com *Mythos*, eram muitos os versos do poeta que amávamos. Só nos demos conta disso quando o espetáculo já estava pronto, e muitas imagens esplêndidas de Henrik Nordbrandt foram sacrificadas. Para *O Sonho de Andersen*, os atores prepararam 22 horas de material. Eu as condensei em oitenta minutos.

Para que serve contar isso tudo? Essas coisas não podem ser ensinadas. E nem programadas. Após anos de experiência, eu vivia o *momento do machado* como uma solução extrema, como uma reação raivosa contra o impasse em que o processo de trabalho me colocava. Só digo tudo isso pra vocês para indicar que essa fase do trabalho sempre chega.

A pergunta importante, porém, é outra: por que o aroma essencial, a complexidade, o ritual vazio, é o que fica?

Entre as últimas poesias de Thomas Hardy tem uma que se chama "Convergence of the Twain" (A Convergência dos Dois). A literatura é cheia de histórias que contam as consequências desastrosas do encontro entre um homem e seu duplo. A poesia de Thomas Hardy não enfrenta esse tema. Para ele, aqueles "dois" são diferentes e distantes, feitos para não se encontrarem. O objeto de sua poesia, de fato, é a tragédia do Titanic. São onze tercetos que começam assim:

In a solitude of the sea
Deep from human vanity,
And the Pride of Life that planned her, stilly couches she.

[Na solidão do mar,
profundamente distante da humana vaidade,
e do Orgulho de Vida que o tinha projetado, imóvel ele jaz].

Descreve o mar que se ocupa do luxuoso resto do transatlântico, e faz surgir mudas interrogações sobre a vontade que o fabricou por sede de glória. Depois o poeta começa a olhar para uma direção completamente diferente. E vê trabalhando entre os gelos polares o que ele chama de *the Immanent Will that stirs and urges everything* (A Imanente Vontade que mistura e urge cada coisa). Essa Vontade faz crescer humildemente um *iceberg* ao mesmo tempo em que, dentre os ruídos de um estaleiro, cresce o transatlântico. Os dois corpos estranhos são depois observados à luz do futuro – um destino que nunca ninguém teria imaginado. Nenhum olho mortal jamais teria previsto como as duas histórias poderiam se fundir, até se tornar *twin halves of one august event* (as duas metades gêmeas de um mesmo augusto evento). O último terceto diz:

Till the Spinner of the Years
Said 'Now!' And each one hears,
And consummation comes, and jars two hemispheres.

[Até que o Tecedor dos Anos
Diga 'Agora'! E cada um ouve,
E chega o momento que deve ser consumado, e ele faz com que os dois hemisférios se choquem.]

A poesia de Thomas Hardy sobre o choque imprevisto do *iceberg* com o navio titânico, feito para atravessar os oceanos como uma cidade que não afundaria nunca, faz parte da coletânea *Satires of Circumstances* publicada em 1914. Os tercetos descrevem a quintessência de um aspecto importante do trabalho criativo. Não é a simples *casualidade* que faz brotar significados imprevistos, relações não programadas, aqueles nós de imagens que às vezes afloram e nos interrogam sobre o que não falamos. É preciso incrementar as *probabilidades*, sobretudo aquelas que são inesperadas, e trabalhar com meticulosidade para que se realizem.

A casualidade, sobretudo se nós a chamamos com um termo exótico e erudito como "serendipidade", evoca a imagem de um prêmio. Diz-se: ser beijado pela sorte. Mas no trabalho artístico essa casualidade tem um jeito particular e deliberado. Um aspecto fundamental da nossa criatividade consiste em criar *circunstâncias em que convirjam os "dois" que parecem não ser destinados a se encontrar*. Fazia parte do meu ofício saber arquitetar as condições que permitissem que as ações dos atores entrassem em relação entre si, e assim zombassem do meu modo retilíneo de pensar e sentir.

Essa zombaria não fazia só rir. O riso, na zona tórrida, se amalgamava com a dor. A atitude zombeteira destruía as distinções tranquilizadoras e a distância que anestesiava minhas feridas. Os extremos se aferravam e me obrigavam a arregalar os olhos, ao mesmo tempo em que me dava vontade de olhar para outro lado. Era o momento da *evocação*, da mudança de estado.

Quando o trabalho teatral me colocava diante de um momento como esse, era como se dissesse: "agora!". E de repente as ações que se chocavam adquiriam uma força inimaginável, fundindo dois hemisférios que não tinham sido feitos para se encontrar. Eles deflagravam como uma Desordem nos meus sentidos, na minha memória, naquela parte de mim que vive em exílio.

Era por isso que eu me submetia à extenuante experiência do desperdício, percorrendo o longo caminho do acúmulo e da destruição. O caminho curto, que ia desde a programação até a realização, do plano de direção até sua concretização na prática, podia dar ótimos resultados. Mas era difícil que permitisse que eu me debruçasse, de repente, na zona tórrida daquela *arte da lembrança que é o teatro*.

Ventos que Queimam

Uma onda de gratidão desliza dentro de mim avistando, ao amanhecer, a janela deslumbrante de céu azul. Na praia mexicana, uma mulher japonesa agita os braços como se lançasse sinais ao horizonte. É reiki, um modo de se comunicar com os antepassados. Desço as escadas antecipando o prazer de reencontrar minha origem remota de lagarto ao sol. Tenho em mãos uma grossa biografia de Elisabeth da Inglaterra, a rainha que protegeu o teatro da ira das proibições de seu parlamento puritano. À tarde me espera o monitor azulado do computador no qual, há mais de dez anos, luto com este livro.

Normalmente, eu acordava com o barulho dos cascos de um cavalo misturado com o rangido das rodas de uma carrocinha. Eu voltava a me lembrar da noite que dura uma vida inteira. Eram poucos os camponeses que iam trabalhar nos campos com esse meio de transporte anacrônico, os outros começavam mais tarde com seus motocarros de três rodas. Isso acontecia ao despontar dos primeiros raios de sol. Deitado na cama, eu me deixava acariciar pelo ar morno e aspirava o cheiro picante das folhas de tabaco que secavam ao sol. Junho de 1974: O Odin Teatret tinha acabado de se instalar em Carpignano por cinco meses para começar um espetáculo novo, Vem! E o Dia Será Nosso. *Neste vilarejo do sul da Itália – tão diferente do refúgio familiar e seguro da nossa sala preta de Holstebro – fazíamos o treinamento e os ensaios num lugar tétrico que tinha sido um depósito de tabaco e cuja acústica ensurdecedora não nos permitia fazer o treinamento vocal. Era por isso que os atores, por volta das seis da manhã, se espalhavam num campo fora do vilarejo para "trabalhar a voz" ao ar livre.*

Naquela manhã, Jens Chistensen[1] estava me esperando fora da minha casa. Estava sofrendo, tinha que deixar o teatro. Estava apaixonado

---

[1] Jens Christensen, dinamarquês, trabalhou no Odin Teatret entre 1969 e 1974.

por uma menina norueguesa, queriam se casar e ir viver no país dela. Fiquei tomado por uma sensação que já havia experimentado no passado e da qual sempre tive medo. Era como se uma mão tivesse apertado meu estômago, enquanto o pânico e a incompreensão tornavam aquele momento irreal. Seu rosto mostrava aflição ao mesmo tempo em que estava luminoso, como se um vento o esquentasse de dentro. Eu pedi que ele seguisse seus companheiros. Na volta, teríamos comunicado a todos a sua decisão.

Eu seguia as ações vocais dos atores, espalhados no campo para não se incomodarem reciprocamente. Eles se dirigiam às nuvens, a uma moita próxima, às árvores que ficavam no horizonte, tocavam e acariciavam, com sua voz, pedras e rochas na terra vermelha do Salento.

Jens estava concentrado em seu treinamento. A mão serrava meu estômago com mais força ainda. Ele tinha chegado ao Odin por acaso, em 1969, para visitar Ulrik Skeel, o amigo de Copenhague com quem estudou no Ensino Médio e que queria se tornar ator. Havíamos compartilhado a longa e trabalhosa preparação de A Casa do Pai e viajado juntos por dois anos, apresentando o espetáculo 322 vezes em uns vinte países. Ele foi o único ator do grupo que, sem hesitar, apoiou minha intenção de converter o Odin num teatro-fazenda. Além da atividade teatral, teríamos cultivado a terra e criado porcos, independentemente de qualquer subsídio. Os outros eram céticos com relação à nossa capacidade de fazer com que a terra rendesse e de cuidar dos suínos. Após muitos meses de discussões, que aconteciam todos os sábados depois dos ensaios, a sensatez geral venceu e o bucólico projeto foi abandonado. Jens já tinha sido integrado nos ensaios do novo espetáculo e flashes de cenas animadas por suas ações e por sua voz passavam por minha cabeça.

Reuni o grupo, que se surpreendeu com a interrupção da nossa rotina cotidiana. "Jens decidiu nos deixar. Ele mesmo vai dizer a vocês por quê". Desatei a chorar. Há anos isso não acontecia. Eu nunca ficava soluçando sem conseguir me controlar. Eu sentia a imobilidade e o desconcerto de Jens e dos outros atores, que descobriam uma criança indefesa em seu diretor, sempre tão seguro. Ninguém falava nada, minhas lágrimas caíam sobre aquele chão impregnado de anos de imundície.

Foi um dos lutos da minha vida: um ator amado me abandonava seguindo sua "vocação", a voz que o chamava para um destino longe de mim. Voltei a viver a mesma dor lancinante cada vez que um dos meus atores queridos se afastou. Quando Ulrik fez a mesma coisa, porque desejava se tornar escritor. Quando Else Marie foi embora, porque sentia a necessidade de fugir da disciplina. Quando Tage criou um grupo teatral com sua mulher. Esperei pacientemente pela oportunidade de propor que eles voltassem. Aconteceu com Jens, mas não durou muito tempo, a situação familiar não permitiu que ele ficasse mais. Com Ulrik aconteceu o contrário, após alguns anos, ele se reintegrou com As Cinzas de Brecht. *Else Marie voltou depois de um ano. Esperei Tage por dez anos, e duas vezes meus convites não foram aceitos. Mais tarde tive a alegria de acolhê-lo novamente no grupo. Preciso mais de calor do que de luz, mais de amor do que de clareza.*

> *Amithaba, filho de lama,*
> *escuta a invocação de Tara Vermelha:*
> *vista botas de sete estrelas*
> *e venha até mim durante a noite*
> *coberto de amor, tarde, na minha tenda.*
> *As luas surgirão*
> *de baús empoeirados do céu.*
> *Repousaremos nosso amor*
> *como animais exóticos cansados da fuga*
> *no meio dos altos canaviais onde o mundo acaba.*
> Elsa Laser-Schüler

"*Você estava apaixonada pelo papai quando se casou com ele?*". Estamos sentados na cozinha, no seu apartamento de Monte Mario, em Roma. Com sua típica vivacidade, minha mãe me conta um pedaço de sua vida:

Eu tinha dezessete anos, estava no último ano do Ensino Médio, meu pai, um almirante, comandava a base naval de Brindisi. Eu era o centro das atenções de todas as festas, paquerada pelos jovens oficiais e por meus colegas de escola. Seu pai pertencia a outro mundo, tinha quinze anos a mais do que eu, e isso, naquela época, era uma diferença de idade enorme. Eu achava que ele me considerava uma criança. Fiquei perplexa e lisonjeada quando me fez entender que gostava de mim. Em pouco tempo pediu minha mão em casamento.

Seu pai era cônsul da milícia e comandava a legião dos camisas-pretas de Brindisi, uma posição de poder na época do fascismo. Era um homem bonito, e todos sabiam que era um Don Juan; era famoso na cidade por suas aventuras com as dançarinas dos teatros de revista. Casei com ele assim que fiz dezoito anos. Meu pai – seu avô – era contra por causa da diferença de idade. Mas também porque considerava os oficiais da milícia fascista uns "novos-ricos". A marinha sempre se considerou uma arma aristocrática. Levando-me para o altar, ele sussurrou: ainda está em tempo para você mudar de opinião.

Mas minha mãe era levada por um vento que queima.

"Mãe, admita, você também deu suas fugidinhas enquanto o cônsul estava fora da cidade para cumprir com seus deveres ideológicos".

Ela finge ter ficado escandalizada e afirma que considerava o sexo uma coisa irremediavelmente chata. Respirava aliviada quando meu pai ia procurar suas dançarinas e a deixava em paz. Nunca tinha visto seu marido sem roupa. Na cama, vestia uma camisola que tinha uma "janelinha" na frente. Quando queriam fazer amor, desabotoava a janelinha e meu pai se debruçava dentro dela. Eu rio, sem acreditar, e minha mãe começa a rir comigo. Uma dúvida se insinua, acho que ela está brincando comigo, com aquela sua postura de senhora burguesa e olhar travesso. Ela tem um senso de humor muito particular. Uma vez, num ônibus, eu a vi sorrir bondosamente para um menininho. Quando ele retribuiu, ela escancarou a boca numa careta silenciosa e descolou a dentadura.

Uma atriz minha diz que é impressionante o quanto pareço com minha mãe. É verdade, eu também tenho um senso de humor particular. Gosto de começar um espetáculo como se ele fosse um hamster e de terminá-lo como se fosse uma hiena. Sem dúvida a peculiaridade do meu humorismo é um dom da minha mãe, mas o humor do vento que queima vem do meu pai.

Minha educação sentimental foi feita no colégio militar da Nunziatella, em Nápoles. Aconteceu quando eu tinha quatorze anos e não sabia quase nada sobre sexo. Os alunos mais velhos fizeram de tudo para me explicar seus mistérios. Corromperam o porteiro de uma casa de tolerância, que me deixou entrar apesar da minha idade, e celebraram às minhas custas minha iniciação à Vênus. Minha entrada na ordem dos machos foi uma falência angustiante, mas a garota era gentil e me consolou como se fosse uma sábia irmã mais velha. Com dezesseis anos, quando visitei a Dinamarca e a Noruega pela primeira vez, foram as garotas que tomaram a iniciativa. Fiquei chocado e revivi a experiência da minha primeira vez.

Eu viajava de carona pela Escandinávia durante as férias de verão. Ganhava a vida lavando pratos em restaurantes ou ajudando os camponeses nos campos. Colhendo morangos e maçãs, numa fazenda sueca, conheci a Miriam. Taciturna e fugidia, tinha acabado de voltar de um kibutz em Israel, onde havia passado alguns meses. Era filha de uma família de judeus ricos de Estocolmo e sofria de depressão. Seus pulsos tinham as marcas de uma tentativa de suicídio. Na fazenda, estudantes de várias nacionalidades giravam ao seu redor, atraídos por sua impenetrável timidez.

Entre mim e Miriam criou-se um vínculo, apenas esboçado por rápidos olhares e um senso de cumplicidade quando nos afastávamos com um livro, cada um por conta própria, enquanto os outros jovens batiam papo ou dançavam. Em três semanas só trocamos algumas palavras.

Sozinho, eu me dirigi rumo à Lapônia, e ali fui contratado para trabalhar numa mina de carvão que ficava em Kiruna. Quando descobriram que eu não tinha visto de permanência, fui gentilmente escoltado pela polícia sueca até a fronteira norueguesa. Em Oslo, no caminho de volta para os meus estudos universitários em Roma, encontrei um francês com quem havia colhido maçãs na fazenda sueca. Ele me disse que a Miriam trabalhava num asilo de idosos da cidade. Naquela mesma noite, levado por um vento desconhecido, fui visitá-la.

Miriam e eu projetamos viver juntos sob o sol, na Itália. Oslo estava coberta de neve e de gelo quando a deixamos em dezembro pegando carona. Em Roma ficamos no Albergue da Juventude. Minha mãe vivia na casa do pai dela, o almirante. Meu avô recolheu ao seu redor as duas filhas – ambas viúvas de guerra – e um filho que tinha sobrevivido a um campo de concentração alemão. Conhecendo a intransigência do meu avô, nem me arrisquei a aparecer lá de mãos dadas com uma menina sueca. Era melhor consultar a minha mãe. Telefonei para ela e marcamos um encontro no correio central.

Sabe-se lá que impressão causamos na minha mãe, Miriam com dezenove anos e eu com dezoito. Ela tinha 39 e era viúva de guerra há sete anos. Abraçou Miriam e encheu ela de perguntas, fazendo-a sorrir. Sentados num bar, conversamos durante muito tempo sobre a minha viagem e sobre nossas futuras intenções.

Vocês se gostam, querem estar juntos, e não pensam em se casar logo, concluiu minha mãe. Meu avô nunca teria aceitado que eu vivesse debaixo do teto dele com uma menina. Nem havia a menor possibilidade de trabalho para que fôssemos independentes economicamente. Era melhor que eu voltasse para a Noruega. Minha mãe, sacrificando o desejo de ter o filho junto dela, me incentivou a desdobrar as velas e a me deixar levar pelo vento que queima.

Foi assim que deixei a Itália e me estabeleci em Oslo. Conquistei a liberdade econômica na oficina de Eigil Winnje, que me ensinou a soldar. No rigor do inverno e no esplendor da primavera norueguesa, vivi meu primeiro amor entre brisas e turbilhões de paixão, orgulho, ciúme, animosidade e indiferença até a separação final.

Isso acontece não só com os indivíduos mas também com os grupos de teatro. O principal motivo de suas crises e da dissolução que as segue é o tédio. Por trás dessa palavra se escondem situações muito diferentes entre si.

O tédio vai se infiltrando clandestinamente porque o ator não é mais estimulado pelo diretor ou porque este não é mais estimulado por seus atores.

O tédio aflora de uma atividade artística que virou rotina. Os desafios já são conhecidos e, geralmente, surgem sempre nas mesmas condições de precariedade material.

O tédio pode ser sexual: o interesse pelo próprio parceiro vai desaparecendo e uma atração imprevista joga você nos braços de um colega. Casais se separam e surgem relações inesperadas. Nesses casos, tem sempre alguém que deixa o grupo. A nova paixão mora numa outra cidade ou então você tem vontade de fugir do ambiente que já conhece até demais. A dinâmica de um grupo, nesse sentido, lembra a patinação no gelo que inspira as posições mais arriscadas. De repente a superfície se quebra e você se vê encharcado de água gelada, quase sempre sozinho.

Na maioria das vezes, as pessoas que deixaram o Odin Teatret o fizeram por esses motivos. Muitas das mudanças e das soluções que permitiram que o mesmo núcleo de pessoas colaborasse por mais de quatro décadas provêm de uma tendência endogâmica: a rotação de casais dentro de nosso pequeno enclave. É gostoso ler o que os historiadores de teatro escrevem, dissertando sobre os valores e as motivações artísticas, políticas, até mesmo espirituais que unem um grupo de teatro. Mas eles se esquecem das rajadas dos ventos que queimam, das várias manifestações do Eros. Às vezes um diretor substitui um ator por outro porque o segundo se tornou seu "benjamin", seu ator preferido, e isso tem a ver com essa perturbação meteorológica interior.

Finalmente cheguei em Varsóvia. Em janeiro de 1961, nessa cidade envolvida por um rígido inverno e um plúmbeo regime socialista, eu estava tomado pela euforia, pensando nos estudos de direção que estava prestes a iniciar. Perguntei para um rapaz qual era o caminho. Eu não balbuciava uma única palavra em polonês, mas Wlodek me respondeu em um francês fluente e me levou até a casa de estudantes onde eu estava hospedado. Ele era eletricista, mas falava francês em casa. Vinha de uma família nobre, por isso não lhe permitiram fazer a faculdade, que privilegiava os jovens de origem proletária. Marcamos um encontro à noite, para visitar um clube de estudantes do qual sua namorada fazia parte. O ambiente era agradável, tinha uma orquestra de jazz e as moças e os rapazes dançavam com liberdade e conversavam com alegria nas mesinhas. Eu fazia mil perguntas aos meus novos amigos, surpreso pela liberdade dos costumes num regime socialista. Meu olhar pousou numa menina que estava na mesinha do lado: era difícil desviá-lo de seus cabelos pretíssimos e de seus olhos turquesa, que tinham um desenho parecido com o dos tártaros. Nossos olhares se cruzaram, o meu fugiu logo. Uma explosão de risadas me obrigou a olhar pra lá de novo: seis ou sete jovens que estavam sentados com ela me enquadravam, se divertindo. A menina levantou, máquina fotográfica na *mão, se aproximou e disse alguma coisa. Wlodek traduziu: ela queria tirar uma foto minha. Antes que eu conseguisse responder, ela se curvou como um quarto de lua minguante e clique.*

"Agora você vai ter que dançar com ela", comentou a namorada de Wlodek. Lilka, a jovem que tinha os olhos de uma tártara, aceitou com prazer. Dançamos por muito tempo, nos comunicando com cortesia num alemão macarrônico. Ela havia apostado com seus amigos que em menos de cinco minutos eu a teria tirado para dançar. Sua satisfação pela aposta ganha me encorajou a perguntar se eu não poderia acompanhá-la até em casa. Ou melhor, até uma rua que não fosse longe de onde morava. Ela preferiu percorrer o último trecho sozinha. E foi assim que minha história de amor com a Lilka começou.

Três meses depois, quando já era primavera, o barulho do tráfego e o perfume das árvores da avenida entravam pela janela do meu quarto. Lilka e eu falávamos de nosso passado, de nossas famílias, de nossa infância. Ela perguntou se eu era católico. Não, sou judeu – respondi. Ela se apoiou sobre os braços e me perscrutou. Repeti: sim, sou judeu. Não se preocupou com minhas perguntas e com meus porquês, se vestiu em silêncio e saiu dali.

Eu não sou judeu. Cresci num ambiente católico que marcou profundamente meu imaginário, mas não minha fé. Para mim, tinha sentido dizer que eu era judeu depois do encontro com aquela mãe polonesa num kibutz de Israel, ela, que me fez uma pergunta da qual me lembro até hoje. Mas às vezes, a necessidade de uma vida imaginária e alternativa pode ter tanta força quanto a fúria do vento que queima.

Procurei Lilka na universidade, no clube dos estudantes, nas kawiarnie onde tínhamos o costume de ir para tomar chá, nas vizinhanças de sua casa, da qual eu ignorava o endereço certo. Eu sentia uma dor no ventre, Wlodek e sua namorada não conseguiam explicar o comportamento dela e nem me consolar.

Reapareceu no meu quarto num fim de tarde, algumas semanas depois. Ela gostava de ser elegante, por isso não a reconheci na hora. Estava vestida com desleixo, a cara inchada, cabelos despenteados, sem batom e sem esmalte nas unhas. Não esboçou nem um abraço. Com medo, eu me encolhia na cadeira.

Ela detestava os judeus. Ficou arrasada quando soube que eu era judeu. Em casa, se fechou em si mesma. A mãe não conseguia explicar o comportamento da filha: por que ela não saía? Por que não ia para a universidade? Por que não se encontrava com seu amigo italiano? Por que não parava de chorar? Lilka não queria se abrir, mas depois acabou se desafogando. A mãe, por sua vez, respondeu: "Eu sempre disse que *seu pai morreu na guerra contra os alemães. Mas ele morreu mesmo foi numa câmera de gás. Ele era judeu. Eu sobrevivi porque sou católica".*

Nunca entendi se a mãe não tinha confessado a verdade para a filha porque ela também era antissemita – mesmo tendo se esquecido disso por conta do homem que amava – ou havia se calado na esperança de poupar a filha, caso o apocalipse atingisse a Polônia mais uma vez.

Lilka e eu nos reencontramos, e na minha memória, hoje, só aparecem lembranças solares. Lilka, Lilienka: em polonês, os diminutivos de Lea. Nunca fizemos alusões ao episódio ou às consequências que ele havia causado para cada um de nós. Mas seus efeitos flutuam como escórias infectadas dentro de mim: não se pode viver impunemente o desprezo.

Em dezembro, de uma hora pra outra, decidi deixar a escola teatral de Varsóvia e me transferir para Opole, para o teatrinho do Grotowski. Eu tinha certeza de que a Lilka teria aceitado longos períodos de separação. Eu havia marcado um encontro com ela, que chegou com duas amigas. Pensou que iríamos ao cinema. Contei a ela sobre minhas intenções. Seu rosto, atônito, ficou feio: é essa a expressão da dor? Me virei e fui embora. Foi a última vez que a vi.

Uma menina de dezessete anos, minha mãe, se apaixona por um homem maduro. Essa é a minha origem. Aquela menina, hoje, é uma velha de 94 anos, mora na demência senil, o corpo franzino, caminha com insegurança, se apoiando nos móveis e nas paredes. Fixa o olhar em mim com surpresa quando pego sua mão. Responde incerta ao meu sorriso. Conto para ela sobre seus pais, sobre Ernesto, seu primogênito morto há vários anos, sobre minha família e meu trabalho na Dinamarca. Revejo expressões, diminutivos, entonações, trechos de melodias que ela cantava pra mim, palavras no dialeto gallipoliano. Pertencem à nossa língua confidencial, aquele vínculo que nos uniu desde a infância e que nenhuma distância abalou. Seu comportamento muda. De uma zona remota à qual não tenho acesso, surge novamente seu olhar travesso, ela finge me morder assim como fazia quando brincávamos juntos, começam a aparecer gestos e sinais daquela irrepetível intimidade entre mãe e filho.

Vejo fantasmas: quando ela me visitava na escola militar e meus companheiros faziam elogios vulgares à jovem viúva; seu abraço protetor na Miriam; o toque delicado de suas mãos enquanto, abençoando-me, puxava as cobertas da cama; quando se debruçava na varanda cheia de sol e se despedia do filho que, mais uma vez, afastava-se.

Qual era a cor preferida da minha mãe?

Dramaturgia do Espectador

O espetáculo não é um mundo que existe igual para todos; é uma realidade que cada espectador experimenta individualmente na tentativa de penetrá-la e de apropriar-se dela. A substância definitiva do teatro são os sentidos e a memória do espectador. É essa substância que as ações dos atores atingem.

O *coração* do meu ofício de diretor era a transformação das energias do ator, para que ela provocasse a transformação das energias do espectador. Uma não podia acontecer sem a outra. Era indispensável trabalhar em profundidade com cada um dos atores, para que eles, por sua vez, provocassem uma reação em profundidade em cada um dos espectadores.

Eu queria que o espectador assistisse às histórias das personagens fictícias e, ao mesmo tempo, escorregasse para dentro de um mundo que era só seu. Eu tinha visto que isso era possível. E quando acontecia, o espetáculo não só sussurrava um segredo, um presságio ou uma interrogação, mas também evocava uma outra realidade. O espetáculo não era mais uma aparência, mas uma aparição que visitava sua cidade interior. A experiência evocativa comportava um salto de consciência do espectador, uma *mudança de estado*.

A dimensão evocativa, esse nível em que o espetáculo – e com ele, o espectador – ultrapassa a si mesmo e vai além dos próprios confins, foi a nostalgia íntima de uma parte do teatro do século ao qual pertenci. Era aquilo que lhe dava valor, além de lhe dar sentido.

Não poderia haver um salto de consciência sem um trampolim adequado. Ele era constituído pelo nível orgânico que tocava os sentidos do espectador, e pelo nível narrativo que envolvia a esfera emotiva e intelectual. O trampolim era a condição *necessária* para o salto, mas não era sua condição *suficiente*. Só me dedicando ao trabalho de construir o trampolim eu podia esperar produzir o salto de consciência.

Eu podia estruturar conscientemente o nível orgânico e preparar as condições do nível narrativo. Com relação ao nível evocativo, eu só podia esperá-lo, no duplo sentido que Simone Weil atribuía à palavra *espera*: aguardar, mas também dedicar toda a sua atenção. Esse nível não tinha a ver com as emoções, as lembranças, as associações que o espetáculo podia e devia suscitar no espectador. Ou melhor, não se esgotava ali.

Uma coisa é compor materiais para nós mesmos, uma sucessão e uma simultaneidade de ações e circunstâncias que tenham sentido e valor para nós que as criamos e elaboramos. Outra coisa é fazer com que elas tenham um efeito sobre o espectador através de uma estratificada orquestração de relações contrastantes e descontínuas.

A potencialidade evocativa de um espetáculo dependia também da capacidade de salvaguardar, sob um manto reconhecível, a vida independente de outras lógicas: a de cada ator, a do diretor e a de *cada espectador*.

Mas de que espectador estou falando? De *espectadores fetiche* aos quais eu me dirigia durante os ensaios.

Eram poucas pessoas, com traços que podiam ser reconhecidos: a criança que se deixava levar pela euforia do ritmo e da maravilha, mas que era incapaz de avaliar símbolos, metáforas e originalidade artística; Knudsen, um velho carpinteiro que sabia avaliar os mínimos acabamentos; o espectador que achava que não entendia nada mas que dançava em seu assento sem se dar por isso; o amigo que tinha visto todos os meus espetáculos, e revivia o prazer de reconhecer as coisas que o faziam amá-los, e ao mesmo tempo ficava embaraçado com as cenas desagradáveis; o cego Jorge Luis Borges que se deliciava com as mínimas alusões literárias e as espessas camadas de informação vocal; o surdo Beethoven que escutava o espetáculo através da visão, apreciando sua sinfonia de ações físicas; um bororo da Amazônia que ali reconhecia uma cerimônia para as forças da natureza; uma pessoa que eu amava e queria que ficasse orgulhosa de mim e dos meus atores.

Trabalhar a dramaturgia do espectador significava, para mim, operar em diferentes níveis sobre a sua atenção através das ações dos atores. Eu me comportava como o primeiro espectador, com uma dupla atitude de estranhamento e identificação. Estranhamento do "público", mas também de mim mesmo. Identificação nas diversas experiências dos meus *espectadores fetiche,* que tinham a ver com as várias outras maneiras do espetáculo estar-em-vida.

Eu justificava todos os detalhes e ações do espetáculo através das reações de cada um destes espectadores. Eu passava de um para o outro, vigiava resistências e apreçamentos, imaginando o sorriso irônico de um e a consternação do outro, harmonizando ou aguçando as várias respostas emotivas, sempre controlando para que aquilo que permitia a reação de um não bloqueasse as reações do outro.

Tecnicamente, quando trabalhava a dramaturgia do espectador, eu decompunha os comportamentos mentais e emotivos dos meus *espectadores fetiche* em algumas atitudes-base possíveis. Misturava e afinava suas reações assim como eu fazia com as ações dos atores.

Esse procedimento oferecia uma variedade potencial de reações, que permitia que o espetáculo desabrochasse em diferentes memórias. Cada espectador que tivesse assistido ao espetáculo era pensado como um indivíduo no qual se misturavam, em diferentes proporções, meus espectadores fetiche.

Mas eu também tinha alguns espectadores que eram ausências fortemente presentes, a maioria deles não-viva. Os não-vivos não eram só os mortos, mas também aqueles que ainda não tinham nascido.

Eu só podia me dirigir àqueles que ainda não tinham nascido através dos vivos – os espectadores que me visitavam. Eles chegavam com um presente extraordinário: davam-me duas ou três horas de suas vidas e se abandonavam em minhas mãos com total confiança. Meus atores e eu retribuíamos sua generosidade dando o máximo, o resultado da rigorosa disciplina que caracteriza a *excelência*. Mas eu também colocava suas intenções à prova. Eles tinham que enfrentar, com sua ingenuidade, indiferença e ceticismo, uma rajada de situações contrastantes, de alusões e contrassensos, de conjuntos de imagens e significados que arranhavam-se entre si. Tinham que resolver, em primeira pessoa, o enigma de um espetáculo-esfinge que estava prestes a devorar suas energias até o tédio.

O espetáculo queria acender a memória dos espectadores e acariciar uma ferida naquela parte deles que vivia em exílio. O espectador tinha o direito de ser ninado pelos vários subterfúgios do entretenimento, pelo prazer dos sentidos e pelos estímulos do intelecto, pelo imediatismo emocional e por uma estética refinada. Mas o *essencial* era a transfiguração de um espetáculo efêmero num vírus que criava raízes em sua carne provocando uma ótica bastante particular: aquela do olhar invertido, voltado para dentro.

A visão é o olhar invertido. A Desordem irrompe e o espetáculo se torna um ritual vazio porque rompeu suas amarras: teatro-em-liberdade.

Durante a preparação de um espetáculo, eu tinha que ser leal com meus atores. Essa lealdade não buscava o sucesso deles, o interesse da crítica ou o consenso do ambiente teatral. Consistia em criar as condições para que eles identificassem um sentido pessoal no espetáculo que estava sendo feito, sem se submeterem totalmente às minhas exigências e visões.

Por outro lado, eu queria ser leal comigo mesmo, com minhas necessidades e perguntas insensatas. Essa segunda lealdade tinha que levar em conta aquela que eu tinha com os atores, assim como a lealdade deles consigo mesmos não devia sufocar a que tinham com seu diretor.

Isso fazia com que minhas associações e *fontes* narrativas – minha subpartitura – não fossem um canal direto para me comunicar com os atores, mas comigo mesmo. Minha subpartitura era uma realidade que tornava fértil o trabalho com os atores exatamente porque ela permanecia secreta e pessoal. Essa discrição era indispensável para dar ao trabalho o valor de uma colaboração em profundidade.

O processo criativo não tinha o objetivo de descobrir os pontos de contato ou entrar em comunhão com os atores. Era uma forma particular de colaborar com eles para descobrir um caminho diferente de comunicação comigo mesmo e de permanecer leal para com o espectador.

Eu queria que o espectador experimentasse a realidade criada pelos atores como se ela se dirigisse *somente a ele ou a ela*, uma mensagem pessoal que provocasse rachaduras no campo da evidência e da consciência. Para mim, ser leal para com o espectador significava fazer explodir, no nível mental, a unidade do público.

Durante os ensaios, cada decisão que eu tomava tinha consequências para a dramaturgia dos atores, para a minha dramaturgia e para a dos espectadores que ainda não estavam ali. Essas três dramaturgias continuavam a ser autônomas, mas eram contíguas em meu trabalho de diretor. Eu não podia descuidar dessas três lealdades, ainda que elas se inibissem reciprocamente durante o processo criativo.

A lealdade com os atores dominava a primeira fase dos ensaios. Eu dava total liberdade para que propusessem qualquer ideia e a desenvolvessem em materiais cênicos. Eu lhes dava tempo para fixar as improvisações, encorajando o crescimento de lógicas e contextos individuais autônomos.

A lealdade para comigo mesmo prevalecia na fase sucessiva, aquela da narração-por-trás-das-ações. Eu intervinha nas células, nos órgãos e nos sistemas do futuro organismo-espetáculo com a cautela e a decisão de um cirurgião em cujas mãos está depositada a vida de um ser humano. Já descrevi essa situação, que chamei de *o momento da verdade*.

Na fase final dos ensaios eu passava para o outro lado e me tornava o depositário do rigor artístico e das razões do espectador. Eu me esforçava para tutelar a autonomia do espetáculo, deixando espaço para a dramaturgia de cada espectador e para a sua experiência íntima com a Desordem.

Uma série de problemas aparecia então em primeiro plano, e eles deviam ser resolvidos com a lúcida metodologia do arquiteto teatral e com a fé incoerente nas superstições: uma técnica que visava à criação de uma *ordem elusiva*.

A Ordem Elusiva

Havia o lado dos desenhos e o lado dos nós.

Eu tecia o espetáculo como se ele fosse um tapete, com um lado de cima e um lado de baixo. Espontaneamente começamos a pensar que o lado de cima, cheio de cores e desenhos lindíssimos que se misturam harmoniosamente, seja aquele visível aos espectadores, e que o lado de baixo, ao contrário, seja aquele que só o diretor vê: fios que foram amarrados juntos com muita dificuldade para produzir aquelas cores e aquelas imagens.

No entanto, ao falarmos de dramaturgia, teríamos sempre que inverter a imagem. Eu queria que meus espectadores vissem grumos de fios enlaçados: asperezas, contradições, sentidos que viravam pelo avesso, que se emaranhavam e mudavam de valor e de natureza, *nós*.

A criação de uma *ordem elusiva* exigia um espetáculo que tivesse os dois lados: um deles pertencia ao olhar e à sensibilidade do espectador e incluía aquilo que ele teria visto e vivido durante a representação. O outro lado se dirigia ao meu mundo interior e dizia respeito às justificativas e à lógica emotiva que eu projetava nas ações dos atores e no espetáculo enquanto organismo vivo autônomo.

A autonomia de um espetáculo nascia da contiguidade desses dois lados, do atrito e da convivência forçada, da rede de relações que se estabelecia por acaso ou voluntariamente, da sua diversidade e diferente destinação.

Eu poderia chamá-los de o sol e a lua. No momento em que o espetáculo se abria ao olhar dos espectadores, o lado interno se tornava invisível, assim como a lua desbota de manhã escondida pela luz do sol. Desbota, não desaparece.

Eu não queria que o espectador decifrasse um espetáculo do Odin para descobrir o sentido de um hipotético autor (o escritor? o diretor? o ator?). Eu criava as condições para que, através delas, ele pudesse *se interrogar sobre o sentido.* O sentido verdadeiro sempre é pessoal e intransferível. Para alguns espectadores o teatro é essencial exatamente porque ele não lhes apresenta soluções e desenhos reconhecíveis, mas nós.

O diálogo entre espetáculo e espectador reproduzia a tática daquela tribo com a qual Alexandre Magno se deparou quando estava indo pra Índia. Excelentes cavaleiros, esses nômades estavam acostumados a combater em cima de dois cavalos. Pulavam sem parar de um cavalo pro outro, se protegiam das flechas inimigas deixando-se escorregar para o lado da cavalgadura, galopavam para o ataque escondidos debaixo do ventre de um dos animais, lançando o outro para longe e confundindo os adversários. De repente subiam de novo na sela para um ataque desenfreado que não parava nem mesmo que um dos cavalos fosse atingido.

Como diretor, eu manipulava e misturava as ações e as peripécias das várias histórias para evitar que fossem trespassadas facilmente pela compreensão do espectador. Saltava de um fio narrativo para o outro, às vezes favorecia o desenvolvimento de um deixando que o outro avançasse lentamente, e de repente fazia com que avançassem juntos, desenrolando as tramas das duas histórias no mesmo espaço. Eu me aproveitava das possibilidades que a simultaneidade e a concatenação me ofereciam para obter um caleidoscópio de relações, ações e reações, causas e efeitos, coincidências ilógicas e defasagens.

Tanto no nível sensorial quanto no narrativo, eu me esforçava para estabelecer um diálogo entre espectador e espetáculo em que nem tudo já fosse considerado conhecido. O aparente emaranhado era eficaz quando era a consequência de uma ordem que se escondia nos meandros de um labirinto, construído meticulosamente pela montagem do diretor. A *ordem elusiva* era a caixa de ressonância do espetáculo. Dessa caixa, às vezes, surgia uma sombra.

A sombra era a dramaturgia evocativa projetada pelo organismo vivo do espetáculo, aquela que provocava uma mudança de estado no espectador. É impossível criar uma sombra viva. Antes, é preciso alimentar e fazer crescer um corpo que respire e se movimente. E esperar que a hora, as condições da luz e do sol e a posição do corpo-em-vida façam com que se perceba a realidade de um duplo material.

Nunca fui capaz de modelar intencionalmente uma dramaturgia evocativa. Ela estava sempre presente em meus pensamentos. Eu sabia que ela existia porque a tinha experimentado em muitos espetáculos, meus e de outras pessoas. Mas, durante os ensaios, era como perseguir um fantasma que estava além do horizonte do espetáculo. Se eu conseguia enredá-lo no labirinto da dramaturgia orgânica e narrativa, ele infundia vida a mitologias pessoais e coletivas, a experiências da História, a superstições e a feridas minhas e de alguns espectadores. A única coisa certa era que o êxito dependia de partituras de ações reais e fusões de histórias diferentes, e da vontade de favorecer a contiguidade e a subversão enquanto eu explorava várias direções ao mesmo tempo.

Eu protegia e avaliava cada detalhe, cada situação, cada cena, os efeitos de sua concatenação e as consequências de sua simultaneidade. Examinava com atenção o material que emergia dos ensaios, às vezes *como se* fosse somente uma estrutura viva, que dançava e se sustentava devido à coerência orgânica de seus dinamismos; às vezes *como se* fosse somente uma trama narrativa, cujo único objetivo era orientar o espectador através do significado das ações. Eu manipulava e invertia imagens, sons e palavras dos vários fios das histórias que eram contadas. Algumas vezes observava com o olhar da dramaturgia orgânica, outras vezes com o olhar da dramaturgia narrativa. Eu passava continuamente de um olhar para o outro, prestando atenção para identificar possíveis relações e correspondências, pondo em evidência as assonâncias, contrastando as concordâncias, estruturando significativamente cacofonias e desafinações, ramificando e comprimindo os nexos entre organicidade e narração numa densidade de onde podia brotar a tão *esperada* aparição. E era aí que entrava em ação um terceiro olhar que buscava, além daquilo que eu estava olhando, uma sombra, um *outro* espetáculo, nítido e recôndito, que ao mesmo tempo em que era meu não tinha nascido da minha vontade. Era um espetáculo que gradualmente se *libertava* do processo a que o submetiam as exigências da minha energia e da minha necessidade.

De repente, uma outra visão lacerava de verdade os meus sentidos e a minha memória. Alguns dos nexos intencionais ou casuais, como se fossem portas, abriam-se para situações que contradiziam os resultados acumulados até aquele momento. Um sentido inesperado brilhava como um pequeno prodígio familiar e imprevisto. Eu navegava num rio que voltava para a sua fonte.

O trabalho da dramaturgia evocativa, que eu fazia às cegas, significava invocar *inconscientemente* para o ventre do espetáculo as sombras da grande História e da pequena história de onde eu venho.

Sombras como Raízes

Tentei responder à pergunta "de onde venho?" citando nomes e fatos escolhidos lá atrás, na vasta selva de sombras que povoam o presente. Sombras como raízes. Na realidade, a origem das sombras está nos corpos que as projetam. Em alguns contos de fada, que possuem outro modo de ver a realidade, acontece o contrário: a sombra é a raiz. E quem a perde, perde a si mesmo.

"Você é mágico! Projeta três sombras!". Assim me sussurrou uma voz. Mas não era um conto de fadas, e nem um sinal de admiração. Foi dito com ironia.

Era noite funda. Os ensaios para Ur-Hamlet *não terminavam. Armados de paciência, atores e colaboradores viam que eu e Luca Ruzza, criador do espaço cênico, nos debatíamos com as luzes do espetáculo que deveriam mudar completamente. Depois de uma longa jornada de trabalho e depois de ter representado o espetáculo, ainda teríamos que nos empenhar por mais quatro ou cinco horas.*

A irritação, devida ao cansaço e ao imprevisto aumento de atividades, em pouco tempo desapareceu numa atmosfera de camaradagem e resignação. Todos nós estávamos com sono. As inúmeras tentativas para montar as luzes não provocaram mais impaciência e incômodo. Crescia uma atmosfera de refúgio ou acampamento noturno. Era uma noite de verão e de mosquitos, depois de um espetáculo apresentado ao ar livre durante o qual nos demos conta de que as luzes e as sombras não estavam certas. Era necessário corrigi-las. Quem não estava envolvido no trabalho cochilava ou conversava baixinho. Algumas risadinhas discretas, quando se via que as luzes ainda davam pena. Tudo isso em Ravenna, no calor de 2006.

"Olha só, você se tornou o homem das três sombras". Eu estava ali, no meio daquele espaço, para verificar, me manter acordado e encorajar os companheiros. Olhava para as três sombras. Mais uma vez um refletor não estava no lugar certo.

É preciso ser grato a um ofício em que até os erros técnicos podem fazer parte de um conto de fadas. As três sombras pareciam tentáculos. E foi assim que pus as mãos na verdade que se escondia no contrassenso: as sombras como raízes. As origens devem ser procuradas naquilo que se afasta de nós. Elas não estão antes, mas depois. Não pertencem ao passado, mas ao futuro.

Quarto Entreato

*El crítico de música había cumplido ciento catorce años,
y a su lado la mujer que lo cuidaba había enloquecido.*

José Lezama Lima, *Paraíso*

O que Diz um Caderninho de Trabalho

Tenho uma gaveta lotada de caderninhos cheios de reflexões, impressões, fatos verdadeiros e imaginados, anotações incompletas, citações, jogos de palavras. Abro um deles casualmente e reproduzo aqui algumas de suas páginas.

A ação do ator, assim como o adjetivo do poeta, quando não transmite vida, mata.

A poesia é a luta das palavras contra o próprio significado (Octavio Paz). O ator executa a ação negando-a.

A eficácia da ação faz um pássaro parar de voar. Mesmo assim não há nem voo nem pássaro. Força de persuasão do ator, efeito de organicidade no espectador.

Um exercício mental para diretores: embaralhar a ordem das cenas ou de seus segmentos e recompô-la a partir de combinações diferentes e coerentes.

Arundhati Roy: as histórias atraem os escritores assim como as carcaças atraem os urubus. Eu não era levada pela compaixão, mas sim pela cobiça.
Flaubert, numa carta escrita para um amigo cuja mãe havia morrido: "Amanhã você irá ao funeral de sua mãe, não sabe quanto o invejo. Você vai ver realmente a reação das pessoas e, além disso, poderá se examinar, conhecer o que se sente diante de um fato tão dramático e diante das atitudes dos outros. Que material maravilhoso para escrever".

Cuidar dos detalhes como se eles contivessem toda a cena.

Sats: as vibrações nervosas que escorrem na pele da gazela no instante que precede a fuga.

O teatro como um estilo de viver no mundo.

Anotações para um encontro com diretores:
– espetáculo = pensar com ações num espaço/tempo compartilhado;
– compor materiais diferentes;
– ramificar a história, ou as histórias; texto/contexto; como contamos a história para o espectador, como a contamos para nós mesmos;
– misturar passado e presente: contar no tempo presente, sugerir, evocar, tomar as distâncias;
– trabalhar a atenção e a memória do espectador;
– participação do espectador, sua execução pessoal da partitura do espetáculo = a história que ele conta para si mesmo;
– forma/informação; o diretor dá forma a uma simultaneidade de informações sonoras, semânticas, rítmicas, políticas, associativas, citações, referências a outros gêneros e tradições de espetáculos etc.;
– espetáculo como organismo vivo = organicidade e organização;
– provocar um efeito de organicidade no espectador, fazer com que acredite na ilusão, e depois despedaçar a ilusão;
– ritmo: cria tensão, organiza, transporta, exclui;
– como agir com o som e com a luz;
– como fazer com que o espaço respire;
– os figurinos e os objetos possuem temperamento próprio, voz, espinha dorsal, simpatias e antipatias;
– realidade visual e realidade auditiva;
– alusões, associações, sugestividades, narrações, metáforas, evocações, literalidade;
– fluxo como manipulação de múltiplos ritmos simultâneos e divergentes;
– o espaço bidimensional do texto sobre o papel *versus* o espaço tridimensional do teatro.

O teatro permite que o ator se torne um indivíduo "criado duas vezes".

O céu, a terra e aquilo que está no meio: o teatro.

O aluno que encontrou o mestre só quer realizar o mestre. É possível. Desde que seja impossível.

Adaptar a poesia de Sophie de Mello Breynen como um mantra para diretores:
"*O poema é / A liberdade / Um poema não se programa / Porém a disciplina / – sílaba por sílaba – / O acompanha / Sílaba por sílaba / O poema emerge / – Como se os deuses o dessem / O fazemos*".

"O espetáculo é / A liberdade / Um espetáculo não se programa / Porém a disciplina / – ação por ação – / O acompanha / Ação por ação / O espetáculo emerge / – Como se o Acaso o desse / O fazemos".

Narrar no teatro = seduzir *a biografia* do espectador com uma montagem de gestos, sons, palavras e silêncios que o desorientem. Ironia e compaixão.

Estado mental do espectador: nem acordado, nem sonhando.

A um certo ponto, o espetáculo deve proceder no sentido contrário.

Não sabem que nós levamos a peste para eles (Freud aos seus discípulos).

Cenas-ímã: atraem os fragmentos que estão vagando no espetáculo.

Um espetáculo cheio de vento. Não se vê o vento, mas todos percebem seus efeitos.

O espetáculo cresce quando o diretor o sonha. É um sonho guiado, quando se está acordado, de olhos abertos. Ele termina o sonho fazendo com que o espectador também o sonhe. O difícil não é sonhar, mas colocar a si mesmo e ao espectador no estado de sonhar. Dar uma anatomia ao sonho: ligamentos, tensões nervosas, articulações, circulação sanguínea, pressão, epiderme e feições (de Ana Karenina ou de Quasímodo, de preferência dos dois juntos).

Prática e experiência facilitam o trabalho e dão origem aos automatismos.

Das batatas às aguardentes: o segredo é a fermentação.

Escolher as ações dos atores com precisão para criar ambiguidade.

O invisível não existe, há somente o visível que esconde o visível. O invisível é um estado mental do espectador.

Improvisar: entrar no território que você não domina. *Como* criar esse território: condições concretas, premissas, regras, fatores materiais que não permitem usar *espontaneamente* (mecanicamente) a própria experiência. Há uma memória que nos obriga a repetir (sem que tenhamos consciência disso); e uma memória que ajuda a evitar a repetição (precisa de toda a nossa consciência).

O ator não caminha, ele dá um passo depois do outro.

Em primeiro lugar, fazer com que se sinta o perfume, só depois colher a flor.

Enormes jazidas de petróleo transformaram o território de uma pequena tribo de pigmeus num moderno enclave tecnológico sulcado por autoestradas e realidades virtuais, supermercados e discotecas. Os pigmeus, que não se deixam perturbar por essas mudanças radicais, continuam a sentir prazer com suas cerimônias. Elas acontecem entre duas filas de participantes que ficam frente a frente para celebrar a vida que, segundo suas crenças, é um rio que escorre entre duas margens. Cada participante, além de dançar si mesmo e seu duplo, dança a presença reverenciada de um antepassado e o destino incerto de um descendente. Dialogam e cantam num idioma inventado que contém as raízes de sua língua atual e seus prováveis desdobramentos. Dirigem-se aos espíritos dos defuntos e das crianças que ainda não nasceram. Declaram solenemente: o mundo todo é dos outros, mas esta cerimônia só pertence a nós. Os críticos chamam as cerimônias dessa tribo ínfima de teatro. Mas quando à noite esses críticos voltam pra casa embaixo da chuva, confessam perplexos, para si mesmos, que não sabem mais o que é teatro.

Quais são as origens de Pinóquio?
Um tronco adequado para acender o fogo na chaminé?
Um monte de madeira?
As oficinas de dois marceneiros?
O ventre de um tubarão – ou talvez fosse uma baleia, como para Jonas?
Um burro? (porque durante um certo tempo ele também foi um burro de verdade, com as orelhas cumpridas, o rabo, o zurro e todo o resto).
O céu das estrelas fixas, de onde as almas são enviadas lá pra baixo nas prisões dos corpos?

Todas as fugas das casas em que fui acolhido?
A ânsia de retornar?
Uma marionete rebelde, que o antecedeu, e que não era o pai dele?
Pinóquio é ele mesmo, só porque não o é mais.

O que encontraria Pinóquio, quando já tivesse se tornado um adulto respeitável, se retornasse às suas origens?
Um montinho de cinzas numa chaminé?
A porta de um pequeno armário velho?
Uma mãozinha bem esculpida exposta para lembrar o passado?
Um nariz comprido e pontudo como um taco de sinuca?
Um calço sob a perna de uma mesinha que balança?
Um velho tamanco usado como porta vasos?

Experiência: palavra-cofre onde esconder tédio, cansaço, desilusões, indiferença. Difícil viver com experiência e ter êxito durante a própria velhice.

O anti-Borges: Eratóstenes, diretor da Biblioteca de Alexandria durante o reinado de Ptolomeu III Evérgeta. Aos oitenta anos ele fica cego e se deixa morrer de inanição porque não podia mais ler.

Espetáculos que sangram cores, imagens, sons e humor negro. Um cego, guiado por seu cachorro, entra numa loja. Pega o cachorro pelo rabo e o faz girar ao redor de sua cabeça. Um vendedor corre para ajudá-lo, protestando. O cego: estou dando uma olhada.

Regra de composição da quadra chinesa. A primeira linha contém o tema inicial, a segunda o desenvolve, a terceira linha se separa do tema para começar outro completamente novo, a quarta reúne as três que a precederam. Por exemplo:

> Em Michin mora um comerciante de seda com duas filhas
> A maior tem vinte anos, a menor dezoito
> Um soldado mata com a espada
> Essas meninas destroem os homens com os olhos.

Ações metade brasas, metade cinzas.

Não são minhas espinhas a me defender, diz a rosa, é meu perfume (Claudel).

As pérolas não fazem o colar, é o fio (Flaubert).

A diferença entre agir e mostrar o agir.

No teatro o tempo é criado artificialmente. Uma das muitas possibilidades: pensar que o tempo não esteja fora de mim, nem que escorra ao meu redor: *eu sou o tempo*, eu é que escorro. E aí o tempo não é mais uma dimensão abstrata, mas uma matéria dotada de sentidos, direções, pulsões e ritmos. O tempo se torna um organismo vivo e pode ser modelado em ações que o espectador percebe como unidades rítmicas.

A dinâmica do nosso corpo é percebida por qualquer observador como uma série de ações aparentemente prognosticáveis, mas com uma sucessão e um fim que são imprevisíveis: alguém me serve algo para beber; eu sei como essa ação vai acabar, mas não posso adivinhar seu ritmo, suas micropausas, onde e como a garrafa será apoiada. Cada ação cênica, para ser viva teatralmente, deveria conter uma mudança, ainda que microscópica, com relação à ação anterior. Assim como na respiração a inspiração muda de vez em vez, e também como cada floco de neve de uma tempestade é diferente de todos os outros.

O ritmo cria uma continuidade que é repetição e mudança ao mesmo tempo. Coloca os espectadores num estado de espera, arrasta-os, faz com que imaginem qual seja o próximo passo e os surpreende com as variações propostas.

Que seu próximo espetáculo seja parecido com a descrição que você tem em mente.

As teorias são arbustos sem raízes que voam ao vento. Às vezes, porém, polinizam outras plantas.

Ciência e teatro. Um pesquisador pega uma pulga e fala com ela enquanto esta se move em liberdade. Depois arranca suas patas e a manda saltar. O inseto permanece imóvel. O pesquisador escreve em seu diário: quando cortam as patas de uma pulga, ela fica surda.

Para um jovem ator, é decisivo o ambiente onde ele aprende a combater os reflexos condicionados da mente e do corpo: o óbvio. Cada exercício do treinamento é uma ação mental e física para incorporar o reflexo da subversão. A técnica teatral, para o ator e para o diretor, é uma maneira paradoxal de pensar e de agir. Na literatura, Witold Gombrowicz é o mestre. O romance de Mark Dunn, *Ibid: A Life. A Novel in Footnotes* (Londres: Methuen, 2005), também é exemplar. Poderia se tornar o modelo de como imaginar um espetáculo e fazê-lo crescer. Fala de um autor que perdeu a única cópia de seu manuscrito: uma biografia de Jonathan Blashette, artista de circo com três pernas e futuro magnata de uma indústria de desodorantes. O editor publica a parte do texto que foi salva: as notas de rodapé. Toda a biografia é revelada em partes, através dessas notas que se escancaram para informações que fazem transbordar a história "narrada aos soluços". Dois exemplos entre tantos outros:

Capítulo 3. *Jonathan passou parte do verão em Clume, na casa de sua tia Gracelyn*. Nota 9: "durante alguns anos, essa pequena cidade alcançou o recorde mundial de linchamentos. O bibliotecário local, numa carta ao autor, esclarece: 'Na verdade, os casos reais de linchamento foram poucos, a maior parte deles era de mentira, com a corda que se rompia no momento exato e cada um voltava para casa satisfeito com essa sensata decisão. É verdade que os linchamentos não eram divertidos, não quero aqui defendê-los, mas gostaria de lembrar que não eram dirigidos somente aos negros. Também foram aplicados a dois chineses, a um italiano que foi confundido com um negro, a um papagaio que não parava de dizer palavrões, a um papista (diferente de um italiano, porque os papistas exibem uma arrogância católica). Depois de uma longa interrupção, começamos a linchar aqueles que começaram com os primeiros linchamentos. Tínhamos nos dado conta de que eles não estavam certos, então, quem estava errado merecia ser punido. Dessa forma, a cidade de Clume demonstrou ter uma consciência'".

Capítulo 15. *São as graciosas estrelas que brilham em meus anos crepusculares*. Nota 4: Diário de Jonathan, 2 de setembro de 1958. "Entre as amizades femininas que alegraram os últimos anos de Jonathan, estava Venetia House. Venetia pertencia a uma seita cristã que acreditava que Jesus Cristo, amante dos homens e dos animais, possuíra um cachorro Collie durante Seus últimos meses na terra. Um livro publicado por Venetia inclui ilustrações desse companheiro canino para o qual Jesus, sentado à mesa, oferece os restos da Última Ceia; que o segue, deslizando, sobre as águas do Lago da Galileia; que lambe o rosto de Lázaro para ajudar Jesus a despertá-lo do reino dos mortos; e que uiva desolado embaixo da cruz".

(Se o diretor também pensa paradoxalmente, concluirá: os argumentos de Venetia podem fazer rir, mas ela tem razão. Jesus vivia circundado de "cachorros" que amava: Judas é um cachorro, Pedro seguia Jesus como se fosse um cachorro, as mulheres aos pés da cruz *lamentavam aquele que foi morto* uivando como cadelas etc.).

Tecnicamente, ação invisível significa: disseminada em minúsculas doses no espetáculo.

O teatro não continua uma tradição, vive no tempo futuro.

Escrito numa estela em um sítio arqueológico que fica perto do rio Amu Darya : "Lembre-se de que ao nascer você chorava e todos ao seu redor riam de alegria. Viva de forma que ao morrer você possa estar contente e os outros chorem de tristeza".
Preferiria, como epitáfio, esse *haikai* de Kobayashi Issa:

> Lavam-no ao nascer
> Lavam-no ao morrer
> Isso é tudo.

"Tu vois, je dois aller à répéter ; et bien! aujourd'hui je déteste ça. Je suis comme le chirurgien qui, las d'opérer, entre au bloc avec une envie de vomir. Je ne connais plus ce plaisir de la répétition. C'est facile d'aimer le théâtre dans l'ivresse de la jeunesse. C'est encore facile lorsque tu as appris ce qu'est le métier. Puis arrive la jouissance d'être un peu sûr, de savoir tout de suite ce qu'il faut faire. Et puis vient le moment où le chirurgien se dit : « Ah, encore un pancréas ! » Mais il doit se dire qu'en dessous il y a un être vivant, alors il y va. Le théâtre, c'est la même chose. Tu continues quand même. Pas par habitude, pas par lâcheté. Avec plus de doute, de fatigue, de tristesse. Tu n'aimes plus avec la passion, avec le sang, avec le sexe. Alors là, tu touches au vrai amour du théâtre. » Giorgio Strehler a Jean Pierre Thibaudat, *Libération* 20/9/1995.

Podemos falar com nós mesmos só numa língua intraduzível.

> Um dia meu desejo será atendido
> Em uníssono serei homem e criança
> Molharei minhas calças e terei uma ereção

Enquanto a corda esticará meu pescoço
György Petri

Epitáfio na tumba de Vicente Huidobro em Cartagena: *Abrid la tumba, en el fundo se ve el mar.*

Memória do corpo: lembro-me de uma vez ter visto dançar algumas indianas muito jovens. Eu *sabia* que eram meninos, mas mesmo assim não queria tirar a dúvida. Uma parte de mim desejava acreditar que fossem lindíssimas meninas. Elas me causavam uma profunda perturbação.

Os cinquenta bairros da cidade interior.

Num espetáculo, a verdade do que está sendo narrado não depende da fidelidade a um texto preexistente, mas do poder de persuasão do ator. Somente o ator pode converter palavras escritas, pensamentos e fantasias em ritmos, tensões e musicalidade: em carne que seduz a mente e faz com que se veja através.

O teatro: ternura e indiferença para com um animal ameaçado de extinção.

Qualidade indispensável do diretor: a paciência. Sua paixão é uma imensa paciência. O contrário também é verdade: sua paciência é a prova de uma imensa paixão.

Deus pode ser bom tanto com o homem que quer atravessar o rio nadando quanto com o crocodilo que gostaria de comê-lo. Hoje Deus foi bom com o crocodilo (provérbio Peul).

Fazer o óbvio virar de cabeça pra baixo: não há espinho sem rosa.

O homem e a mulher: animais com o teatro dentro.

A tentação de querer dizer tudo e ainda um pouco mais.

Mercè Rodoreda (*O Espelho Quebrado*). Um romance são palavras. A imobilidade selvagem dos cavalos de Paolo Uccello. Os lentíssimos espasmos de um broto quando sai do ramo.

Ricardo Piglia (*Crítica y Ficción*) reproduz este diálogo entre Gauguin e Mallarmé:
Gauguin: *tengo varias ideas para escribir una novela.*
Mallarmé: *el problema es que las novelas no se escriben con ideas sino con palabras.*

Ricardo Piglia (mesmo livro) propõe esta etimologia de teatro: *theos* (deus) e *iatros* (médico): um lugar onde se é curado através do encontro com o divino.

É bom escrever um livro em que muitas coisas são reconhecíveis e nenhuma é imitável.

Errar, tentar de novo, errar melhor.

O teatro, como o moldávio ou o guarani, é uma língua marginal.

Saladino, quando morreu, tinha 47 moedas de prata, uma de ouro e dezessete filhos. Seu funeral foi pago pelos amigos.

> Os profetas foram extintos no deserto
> e anjos com asas caídas
> são colocados em fila,
> amontoados nas praças.
> Em breve serão interrogados,
> executados. Que pecado
> expulsou sua essência dos céus?
> Que culpa? Traição? Erro?
> E eles, num último amor
> olharão para nós ofuscados pelo sono
> sem encontrar a diabólica audácia
> de confessar que os anjos caem
> não por culpa, não, não por culpa,
> mas por exaustão.
> *Ana Blandiana*

O ator se move no meio de regras e limites que ele mesmo se coloca. Sua existência cênica se apoia nessas regras feitas de ações.

O último Reformador: um velho sineiro imóvel sobre um banco. A Morte entrou. Para não assustá-lo, pôs o capuz na cabeça sem rosto e, agarrando a corda do sino entre as magras falanges, curvada como se estivesse rezando, soa a morte do velho sineiro – a morte do teatro de um século inteiro. O que nos importaria dessa arte, desse grito colorido, sem esses dobres de desespero?

Teatro-em-Liberdade

Pensa nisso, agora: se você encontrou um pássaro morto,
não só morto, não só caído,
mas cheio de vermes, o que você sente –
mais pena ou mais repulsa?
A piedade é o momento da morte,
e os momentos que a seguem. Muda
quando prevalece a decomposição com o fedor contaminante
e os vermes sobre o cadáver se contorcem e se empanturram.
Voltando mais tarde, no entanto, você verá
a forma de um osso que foi limpo, alguns pelos,
um símbolo inofensivo de algo
que um dia foi vivo. Nada que lhe faça fremir de desgosto.
Então é claro. Mas talvez você ache
a analogia que escolhi
para nossa relação morta e meio repulsiva
uma comparação excessivamente desagradável.
Mas não é casual. Em você
vejo vermes que sobem até a superfície
devorado como está pela autocomiseração,
fervilhando de um pathos repelente.
Se acontecesse de tocá-lo, eu sentiria
sob os dedos a impressão de vermes úmidos e gordos.
Não me peça piedade agora:
vá embora enquanto seus ossos ainda não foram limpos.

Fleur Adcock, *Conselho para um Amante Abandonado*

Queimar a Casa

Durante séculos, mesmo quando os espetáculos eram admirados como nobres obras de arte e de cultura, aqueles que os criavam eram considerados pessoas que podiam ser denegridas impunemente. Muitas vezes, eles mesmos desprezavam ou rejeitavam a própria condição. Hoje, a opinião difundida mudou radicalmente. O lugar do desprezo foi substituído por admiração, que tem algo de oficial e se nutre de indiferença. Na Europa, a fachada pública do teatro não é mais a de um ofício que é tolerado, mas a de uma espécie artística protegida, financiada por lei.

É fácil perceber como tanto a profissão desonrada quanto o ofício que tem a honra de ser protegido só tem a ver com a superfície. No fundo, tanto ontem como hoje, a necessidade de fazer teatro – aquilo que funda sua razão de ser como ambiente e como ofício – não deriva de sua função social ou de sua forma de se integrar na sociedade circunstante como fábrica de arte e de entretenimento, mas deriva dos motivos de sua exclusão. Em outras palavras: da qualidade de seu exílio.

Todos nós conhecemos a história do teatro, explicada através de circunstâncias e fatos verificáveis, teorias, hipóteses e influências. Mas debaixo dela escorre uma outra história, subterrânea e anônima como nossas forças obscuras. É uma trama de paixões, solidão e miragens, obstinação que parece cegueira ou fanatismo, coincidências, amores e rejeições, feridas e obsessões técnicas. Fala de homens e mulheres que lutam para fugir de si mesmos e do teatro de seu tempo.

A história subterrânea do teatro foi a minha casa. Vaguei por seus quartos em busca da minha identidade profissional. De ângulos escuros desencavei meus antepassados e, junto deles, a herança que me confiaram: minhas raízes e minhas asas.

Quando comecei, eu me sentia órfão. Na Europa já não havia uma tradição teatral única. A Grande Reforma do século XX, o "big bang" do teatro, havia gerado várias pequenas tradições, todas nômades. Elas não pertenciam a uma cultura ou a uma nação. Na origem de cada uma havia um totem, um ator ou um diretor que, arrastado por uma necessidade pessoal, tinha inventado superstições e técnicas para dar vida a ela. Essas técnicas e superstições se encarnavam em indivíduos. Viajavam, contagiavam, espalhavam a peste, sem se preocupar com as fronteiras, as modas e as ameaças da História.

Para os totens, o teatro sempre foi um enclave: um punhado de homens e mulheres unidos para cultivar, com rigor artesanal, o que aos olhos dos outros parecia um jardim exótico ou uma utopia. Na verdade, todos eles, de Stanislávski a Grotowski, erigiram uma fortaleza feita de muros de vento, que ao mesmo tempo era uma ilha de liberdade e um refúgio para escapar do espírito do tempo.

A força do exemplo dos meus antepassados teatrais vinha das motivações que os levaram a se separar das avaliações e das práticas do teatro de sua época. Em outras palavras: vinha da continuidade de seu intransigente exílio profissional. É por isso que os teimosos teatrantes do Terceiro Teatro, que frequentemente atuavam fora das fronteiras do teatro reconhecido, me pareciam um dos alicerces da dignidade do meu ofício. Neles eu pressentia as potencialidades e o futuro de minha pequena tradição nômade.

Eu fui só um epígono que morou na velha casa dos antepassados. Fiquei obstinado por seus segredos e excessos. Meu zelo queimou suas práticas e visões. Na fumaça do incêndio pude entrever um sentido que era só meu.

Minha pequena tradição me colocou diante de uma pergunta: como escapar da voracidade do presente e preservar um fragmento de passado, salvaguardando seu futuro?

Respondi para mim mesmo: eu sou a tradição-em-vida. Ela se materializa e vai além das minhas experiências e das experiências dos antepassados que incinerei. Condensa os encontros, os mal-entendidos, as sombras, as feridas e os caminhos nos quais não paro de me perder e de me achar. Quando eu desaparecer, essa tradição-em-vida vai se extinguir.

Talvez um dia, um jovem, levado por suas forças obscuras, exumará minha herança e se apropriará dela, queimando-a com a temperatura de suas ações. Assim, num ato de paixão, vontade e revolta, o herdeiro involuntário vai intuir o meu segredo no momento exato em que perceber o sentido da sua herética tradição.

Uma Dramaturgia de Dramaturgias

A premissa da minha dramaturgia era pensar no plural: mais de um sentido, mais de uma história, mais de um tipo de relação, uma multiplicidade e uma ramificação de elementos e linhas de desenvolvimento. A densidade de um espetáculo não se devia só ao fato de avançar por níveis de organização e de estruturar materiais orgânicos e narrativas antitéticas, mas devia-se também à contiguidade das diversas dramaturgias.
Minha dramaturgia de diretor era uma dramaturgia de dramaturgias.
Falei muito do diretor que tece. A tarefa dos atores era a criação de fios individuais: materiais, partituras, relações com o espaço, com o texto, com os objetos, com as fontes de luz dentro e fora deles. Minha tarefa era tecer as dramaturgias – os materiais orgânicos e narrativos – dos atores, entrelaçando-as num "texto" vivo.
Mas agora eu me pergunto se é realmente pertinente falar do meu trabalho como de uma *trama* de dramaturgias.
Na metáfora da tessitura, o que é colocado em evidência é a trama. Isso não está errado. A sugestão dessa imagem é que nos faz desviar: ou seja, a possibilidade de *re-extrair* as diversas dramaturgias do resultado final dessa trama, para poder analisar seu processo em detalhe.
A metáfora da tessitura sugere que a análise corresponde ao processo. Mais ou menos como uma mulher que começa a desfiar pacientemente um velho suéter que se tornou pequeno demais para seu filho, para poder fazer uma outra. A ação de desfiar um tecido de alguma forma corresponde àquela de tecê-lo. Quando se fala da dramaturgia do espetáculo à luz da metáfora do ato de tecer, somos levados a acreditar que o essencial esteja nos vários fios que devem ser tecidos e entrelaçados.
Eu deveria ter falado de *perfume*, e não de tessitura.
O processo no qual uma pluralidade de dramaturgias interage é parecido com a preparação de um perfume. Flores preciosas são maceradas

junto de substâncias sem cheiro ou que cheiram mal até se tornarem um líquido denso que deve destilar uma essência aromática. Então, essências diferentes são misturadas com óleos e resinas que fixam uma fragrância que dura. (Poderíamos dizer que uma partitura corresponde a esses óleos e resinas, já que fixa as manifestações das várias fragrâncias psíquicas de uma improvisação.) Ao se misturar, cada uma das essências aromáticas perde seu valor autônomo. Tornam-se perfume, uma unidade intensa e indivisível.

Durante os ensaios, o diretor destila e mistura as dramaturgias dos atores. Quando o espetáculo já está pronto, se o processo deu certo, as diferentes dramaturgias decantam e se condensam num perfume que atua na dramaturgia do espectador.

Não estou afirmando que num espetáculo não seja mais possível ver o fio individual criado pelo ator. Estou me referindo ao fato evidente de que qualquer fio *desaparece* – se tudo funcionou –, cancelado irremediavelmente pelo processo comum para se obter um resultado autônomo. Após o processo não há mais possibilidade de voltar atrás. É impossível extrair do perfume as várias essências aromáticas que o compõem.

A metáfora do perfume põe em evidência uma impossibilidade: *a correspondência entre análise e processo não existe*. Somente uma análise química pode estabelecer quais elementos estão presentes num perfume, e a análise química não se parece com as operações que o criam.

Minha dramaturgia também foi um método para encontrar o que não procurava. Nas origens de cada espetáculo havia sempre um saber tácito e forças obscuras: um certo grau de saber artesanal, diálogo com aquela parte de mim que vive em exílio, revolta, oração sem crença. Na prática, minha dramaturgia estabelecia diferentes tipos de colaboração: a de um ator com o outro, a dos atores com o diretor, e a dos atores e do diretor com os espectadores.

Qualquer que fosse o tipo de colaboração, ele sempre tinha raízes numa dupla lealdade: comigo mesmo e com o outro, fosse ele ator ou espectador. Era uma lealdade que se enraizava em um *ethos*, em comportamentos e procedimentos artesanais que já descrevi.

Eu passava tarefas para os meus atores, fazia com que se confrontassem com estímulos concretos e sugestivos na base dos quais eles compunham materiais que eu tratava como propostas de improvisações que poderiam ser desenvolvidas, transgredidas, alteradas.

Os materiais dos atores estavam impregnados de vulnerabilidade, com uma história própria e um sentido emotivo arraigado em circunstâncias pessoais. Em minhas mãos havia não só os materiais pré-expressivos, mas também o *mana* deles, o fetichismo do qual podiam ser objeto. Eu os reelaborava, alterava a coerência com a qual tinham sido criados, às vezes os eliminava. Quando já tivessem mudado sua natureza e as relações afetivas que os tornavam preciosos, teriam sido enterrados e, invisíveis, teriam fertilizado a terra do futuro espetáculo. Um novo avatar teria multiplicado as possibilidades de vida e de sentido dos materiais originários.

Outro esforço somava-se a esse: minha tentativa de explorar e intuir as possibilidades desses avatares, organizando-os numa ordem elusiva, numa estrutura invisível e insólita: uma dramaturgia eficaz. Esse era o húmus onde crescia meu sentido pessoal.

Mas a lealdade com os espectadores também me obrigava a desnaturalizar meu trabalho, a embaralhá-lo, a enterrar a ordem que eu havia criado numa narração-por-trás-das-ações: o húmus que teria alimentado o sentido pessoal de cada espectador.

A dramaturgia queria criar uma dança entre ator e espectador para dar a este último a experiência de uma reviravolta da relação consigo mesmo.

Para mim, o teatro era o espectador. Como diretor, não fui somente *o primeiro espectador* do ator: um olhar externo competente, um sistema nervoso e uma memória que reagiam. Também representei um princípio de justiça. A verdadeira tragédia, para um ator, é não conseguir encontrar em seu diretor um indivíduo ao qual oferecer toda a sua confiança.

Quem colaborou comigo não só aceitou reconhecer minha última palavra no trabalho, mas também estava disposto a me ceder sua própria autonomia, misturando-a intimamente com a minha e com aquela dos outros companheiros.

Aqui é possível entrever um tipo de acordo criativo que renunciava à distinção entre *meu* e *seu*, e que lentamente desembocava numa consciência compartilhada. Conhecíamos a armadilha de nossos maneirismos, as crises de confiança e o desencorajamento, e a paradoxal utilidade de inventarmos dificuldades para nós mesmos, resolvê-las e depois subverter as soluções. Sabíamos que cada um de nós tinha diferentes ritmos de crescimento e que o trabalho era indefeso como uma criança e tinha que ser protegido dos nossos conflitos privados. Essa consciência nutria o esforço artesanal e protegia as motivações pessoais durante a interminável elaboração dos materiais.

Durante meses, e até mesmo anos, um entendimento e uma lealdade recíproca entre atores e diretor nos levavam a destilar os materiais com dedicação e rigor, a tratá-los com consideração e ceticismo, a combiná--los em doses aparentemente inconciliáveis para oferecer um castelo de perfumes para o espectador.

No Odin Teatret, a dramaturgia não abraçava somente as técnicas de composição de um espetáculo. Demandava um sistema de motivações, relações, normas tácitas e superstições: um ambiente-em-vida.

Carta do Diretor ao Amigo e Conselheiro Nando Taviani

Montevidéu, 7 de novembro de 2006

Caro Nando,
Em sua última carta você pergunta como passou pela minha cabeça a ideia de levar a sério a questão sobre as minhas origens, ou seja, sobre a dramaturgia. E você ainda diz que realmente é um bom sinal quando os pensamentos mais malucos e extravagantes vêm à cabeça com palavras aparentemente inócuas.
 Eu poderia lhe dizer: o que me faz sentir que tenho razão? O que faz os outros afirmarem que estou errado? A solução para a dupla pergunta, que mais parece um koan *ou uma brincadeira, é óbvia: a minha origem.*
 Minhas perguntas sobre a origem são um meio para identificar um fio condutor nos eventos da minha vida. Em outras palavras: captar a ordem elusiva. Hoje sei que buscar os rastros da origem voltando para o início é uma ilusão. É necessário alterar a cronologia, a sucessão que parece conter a minha existência, cujo sentido eu tento transmitir por vias transversas.
 Em Buenos Aires, há uma semana, enquanto eu esperava para começar a minha palestra, um senhor de uns cinquenta anos se aproximou: Barba, você se lembra de mim? Me ajuda, eu respondi. E ele disse: sou o pai do Odin. Começamos a rir e nos abraçamos. Vinte anos atrás, em 1986, durante minha primeira visita à Argentina, um jovem me contou que tinha visto o Odin Teatret três anos antes, durante seu exílio na Europa, e disse que havia dado o nome do nosso teatro ao seu filho. Quantos anos ele tem, eu perguntei. Dois, ele respondeu. Que seja sábio e corajoso como a divindade que tem o nome que ele carrega. Balançou a cabeça com dúvida: vamos esperar que ele não precise disso. Foi embora depois do espetáculo sem se despedir de mim.
 Exatamente dez anos depois, sempre em Buenos Aires, ele se fez vivo de novo. Apresentou-se mais uma vez como o pai do Odin. Quantos anos

ele tem agora, perguntei. Treze. Traz ele para ver nosso espetáculo. Não podia prometer. Nunca mais apareceu.

Desta vez traga o Odin para nos conhecer, eu lhe disse. Acho que não, ele tem 22 anos, é músico, está completamente tomado por essa paixão. Nós nos abraçamos sabendo que não teríamos nos despedido após a palestra. Ao meu redor havia muitos jovens na fila esperando para entrar. Dentro de mim eu os chamo de "os filhos do naufrágio", expressão usada por uma jovem atriz argentina em 1996, quando, durante a turnê de Kaosmos, o Odin havia reunido alguns grupos de Buenos Aires e de seus arredores para uma "troca". Depois desse encontro, alguns diretores fundaram uma aliança de grupos teatrais, chamaram-na de El Séptimo, devido à poesia de Attila József, um dos temas de Kaosmos. El Séptimo estabeleceu contatos com outros grupos latino-americanos e descentralizou muitas atividades para Humahuaca, uma pequena cidade dos Andes que fica a 2000 km da capital. Promoveu cursos, encontros e festivais para grupos do Terceiro Teatro. Eu e Julia tínhamos sido convidados para celebrar o decênio do Séptimo e, durante uma semana, reuniram-se ao nosso redor uns cem atores e diretores da Argentina, do Paraguai, do Brasil e do Chile. Eram tão jovens, a maior parte deles não tinha mais de vinte anos, e eles me tratavam com uma mistura atenciosa de deferência e intimidade. Despertavam em mim uma sensação carnal de ser o avô deles, muito mais do que com meus netos de sangue, como se tivessem me conhecido desde seu nascimento profissional e eu pertencesse à origem deles. Sem dúvida, dando os primeiros passos no ofício, tropeçaram em um dos meus livros ou ouviram falar da lenda do Odin Teatret, apropriando-se disso como se fosse uma parte de sua própria mitologia profissional.

Eles é que são a origem, eu disse para mim mesmo; e enquanto me perguntava o que isso significava de verdade, um relâmpago atravessou meu cérebro: a origem é um estado mental. Tem a ver com a transição, com a necessidade de não querer pertencer a uma cultura, a uma nação, a uma ideologia. A transição é o caminho permanente da desfamiliarização e da estranheza. É um impulso para encontrar o estrangeiro dentro e fora de si.

A transição é a consequência de um instinto que só age em algumas pessoas. Eis a origem: o instinto de me separar da minha casa natal, das ideias que traziam certezas aos meus pais, dos critérios que davam sentido às minhas ações e aos meus preconceitos, que chamo de valores. A origem é o gosto do risco e a euforia da ignorância que fazem você viajar sem deixar sua casa, e que fazem você se sentir em casa sem deixar a estrada. A origem não é uma coisa ou um lugar de onde você se afasta; é aquele emaranhado de forças obscuras das quais você teima em querer ficar perto. Todos os maîtres fous *do teatro do século XX ficaram perto de sua própria origem usando a arte da ficção.*

Às oito em ponto da manhã, vieram nos pegar no hotel em que estávamos em Buenos Aires. Tinham viajado a noite toda desde Paysandú, uma pequena cidade do norte do Uruguai onde fica a sede do grupo deles, o Imaginateatro. Foi há quase um ano que eles ficaram sabendo da minha participação no aniversário do Séptimo em Buenos Aires. Durante as sete horas de viagem, Marcelo e Dario contam como tiveram a ideia de me procurar e as piadas que faziam um com o outro por nutrirem a ilusão de que eu teria levado a proposta deles a sério. Não conseguem acreditar que eu tenha aceitado fazer um détour de 800 km para visitá-los. O grupo deles existia desde 1997, umas quinze pessoas que ganham o pão durante o dia e se reúnem três vezes por semana, de nove à meia-noite, para preparar ou apresentar um espetáculo. Em 2005 ganharam o prêmio nacional Florencio. Eles trabalham como professores de escola, técnicos, caminhoneiros e distribuidores de bebidas. Aqui todo trabalho é bom para conquistar a autonomia econômica. Fazer bolos de laranja e vendê-los nas feiras populares: esse é o ganha pão de Marilena, uma atriz de ResiduArte, um grupo de Las Piedras que fica a 40 km de Montevidéu. Quando os visitei, prepararam a mesa em sua minúscula sala preta com uma antiga toalha de renda, como aquelas das avós. Não são historinhas sentimentais, são as tesselas daquele mosaico de energias em transição que eu chamo de minha origem.

Eu sei, teríamos a tentação de dizer que eles são amadores. Você gosta dos amadores. Já me falou de seu avô. Mas eles não são. Mesmo fazendo outros trabalhos para viver.

Deixe eu lhe falar de Ivan, que foi mordido pelo escorpião quando o Odin visitou o Uruguai pela primeira vez. Ele e Quique criaram um grupo, La Comuna, e nos seguiam nos lugares mais incríveis de seu continente. Uma vez se apresentaram em Holstebro para nos mostrar seu espetáculo e ouvir nossos comentários. O tempo separou-os, Ivan criou o Trenes y Lunas, alugou uma sala, vendeu a casa herdada dos pais, mas no final afundou com as dívidas, e fechou. Continua a fazer teatro. Quique criou o Polizón Teatro, alugou uma casa minúscula – Casa de los Siete Vientos – e a transformou numa escola e num teatro que ainda estão ativos. Em sua casa dos sete ventos, Quique quis fazer uma homenagem ao Odin Teatret, em ocasião dos vinte anos da nossa primeira visita ao Uruguai. Havia reunido nossos amigos íntimos, uns quarenta, junto aos alunos de sua escola.

Quique fala, de maneira pacata, sobre as repercussões do encontro com o Odin na sua vida e na vida de pessoas que lhe são caras. Lembra-se detalhadamente dos entusiasmos, dos enganos, das recusas, das dúvidas, dos comentários inflexíveis feitos por mim ou por Julia, que queimavam na pele da vaidade, mas que o tinham guiado na descoberta do próprio caminho. Hoje, o caminho que percorro me pertence, diz ele com serenidade. Ao seu lado, Ivan chora em silêncio. O rosto dos meus amigos está sério, ali não se comemora a presença de um teatro estrangeiro, mas uma outra coisa: uma origem, uma rajada de vento que queima. Quique pergunta: o que teríamos nos tornado se não tivéssemos encontrado o Odin? Eu lhe respondo fazendo uma pergunta parecida: o que eu teria me tornado se não tivesse encontrado a América Latina? Porque vocês, e um punhado de outras pessoas espalhadas por seu continente, são as vozes e as paisagens da minha pátria, cujas raízes estão no céu. Vocês me ajudaram a ficar perto da minha origem.

Na hora da despedida, três estudantes, um pouco envergonhados, explicam pra mim que eles também são parte desta América Latina que descrevi, desta pátria encarnada de pessoas, vínculos, afetos, projetos comuns, desilusões e sucessos. Eu estava com eles desde o primeiro dia de escola.

Na última noite em Buenos Aires, no final do encontro do Séptimo, tínhamos visto um espetáculo do Baldío Teatro. Franco, dez anos, e Federico, oito, filhos de diretores e atores, me abraçam e deixam escorregar uma folhinha de papel na minha mão. É uma tirinha comprida onde, com uma letra meio tremida, escreveram: Eujenio, nós gostamos de você, ainda que dê muito trabalho para os nossos pais.

Caro Nando, você é um historiador rigoroso e não se deixa enganar pela sentimentalidade. Acha que tudo isso tenha um lugar e um sentido numa futura história subterrânea do teatro?

Aqui não para de chover, tenho saudades de Tengri, a cúpula azul do céu, a única divindade de que Gengis Khan gostava. Um forte abraço,

Eugenio

P.S.: Trace uma linha imaginária do Rio, passando por São Paulo, até a fronteira boliviana. Você terá uma metade do Brasil. Só no sul do país há mais de duzentos teatros de grupo que têm mais de cinco anos de atividade e que reivindicam esse nome, rejeitando aquele mais comum de grupo teatral. Quem me diz isso é André Carreira, que também é diretor de um grupo e professor da Universidade de Florianópolis. Junto de seus alunos iniciou uma pesquisa sobre o teatro de grupo e, assim que tiver um pouco mais de dinheiro, dará continuidade a ela também no norte do Brasil.

Em Buenos Aires se fala de movida joven, *e nos últimos três ou quatro anos surgiram mais de duzentas salas e salinhas de teatro. Parece que, durante a crise econômica dos anos passados, os pais desempregados descobriram que os filhos eram capazes de ganhar o pão como atores.*

Incursões e Irrupções

Em Gallipoli, na igreja de São Francisco, à noite, a estátua do Mau Ladrão crucificado à esquerda de Cristo rasgava sua roupa, desesperado por não ter acreditado no Salvador. Aterrorizado, eu ficava parado na frente da igreja, depois do pôr do sol, esperando ouvir um grito selvagem.

Henri Laborit, o biólogo francês a quem devo tanto, costumava dizer que o ser humano é memória que age. Se afirmo que fiz teatro por acaso, ou se digo que o teatro, em si, como arte, nunca me atraiu particularmente, eu me dou conta de que minhas palavras soam falsas ou presunçosas. Mas mesmo assim são verdadeiras.

Hoje tenho que admitir que algo parecido com o teatro estava presente às margens da minha infância. Era a manifestação extraordinária de um *mana* impressionante, de um poder inexplicável. Como se os irresistíveis emissários de um povo de gigantes fizessem uma irrupção no meu mundo e subvertessem suas normais dimensões.

Mãe e filho, lá estão eles nas procissões da semana da Paixão. A estátua do Cristo desamparado, coberto de chagas, em joelhos, todo encurvado sob o peso da cruz, circundada por homens encapuzados, com túnicas de cores vivas e longos círios nas mãos. Seguia-o, ao longe, a estátua da Mãe, Nossa Senhora das Dores, toda de preto, no meio de uma multidão de mulheres de luto, ladainhas, cantos e orações. As chamas de centenas de círios arrastavam-se nos becos da cidadezinha durante uma noite inteira. As sombras se dilatavam e se esmiuçavam dançando nas paredes corroídas pela umidade do mar: um teatro de fogo.

Olhando para trás, preciso admitir que os emissários do povo de gigantes pouco tinham a ver com a devoção religiosa, à qual, de alguma forma, eu era ligado. Era como se eles irrompessem criando confusão até na minha fé.

Posso compará-los com a impressão que tive dos espetáculos que vi na Ásia quando era marinheiro, quando ainda não imaginava que me ocuparia disso profissionalmente. Mesmo naqueles casos, o teatro se mostrava como Desordem: *a irrupção de uma realidade estranhada e intensificada* que embaralhava os pontos de referência da minha existência cotidiana, independente de ser arte ou não.

O teatro constituiu – hoje me dou conta disso com clareza – um precioso instrumento para fazer *incursões* em lugares do mundo que pareciam estar muito longe de mim: incursões nas terras desconhecidas que caracterizam a realidade vertical, imaterial, do ser humano; e incursões no espaço horizontal das relações humanas, dos âmbitos sociais, das relações de poder e da política, dentro da viscosa realidade cotidiana desse mundo em que habito, e ao qual não quero pertencer.

Ainda hoje fico fascinado com o fato de que o teatro fornece instrumentos, caminhos e coberturas para *incursões na dupla geografia*: aquela que nos circunda e aquela que somos nós a circundar. De um lado está o mundo externo, com suas regras, sua vastidão, seus lugares incompreensíveis e sedutores, seu mal e seu caos; do outro, o mundo interno com seus continentes e oceanos, suas dobras e seus insolúveis mistérios.

A Antropologia Teatral foi uma expedição nessa geografia interna, assim como a pedagogia, as trocas, os espetáculos de rua, a organização de encontros e festas que duravam dias e noites foram incursões na geografia das circunstâncias.

Durante minha aprendizagem, vivi várias vezes o choque inesperado com uma realidade teatral que semeava a Desordem dentro de mim. Em minha medula, permanecem indeléveis *A Mãe* de Gorki-Brecht no Berliner Ensemble; um espetáculo de Kathakali na noite indiana tropical; *O Príncipe Constante* de Grotowski.

De maneira igualmente imprevista e não desejada, experimentei a Desordem no trabalho com meus atores. Desde os primeiros anos, certos desenhos de suas ações físicas ou vocais, de tanto serem repetidos e refinados, saltavam para outra natureza de visão ou para uma ordem diferente de ser.

Para mim, o treinamento foi uma ponte entre estes dois extremos: entre a incursão na máquina do corpo e a abertura de passagens para a irrupção de uma energia que rompe os limites do corpo.

Amei trabalhar com a matéria orgânica para entrelaçar diálogos silenciosos com espectadores que tinham a necessidade de saciar sua fome. Eu gostava de me aproveitar disso para abrir caminhos e trilhas que logo depois que se abriam, fechavam-se novamente atrás de mim. Isso permitia que eu e meus atores permanecêssemos em transição.

Eu fazia teatro, então não podia me desinteressar dos problemas expressivos que eram as bases desse ofício. Mas o nível de organização pré-expressivo era o que mais me fascinava, aquele da dramaturgia orgânica e – no extremo oposto – aquele nível da dramaturgia que chamei de *as mudanças de estado*: a subversão, a irrupção da Desordem na ordem das peripécias, da trama e da montagem entre as linhas narrativas e a organicidade de ações.

Sei que não há um artesanato único para a irrupção da Desordem. E mesmo assim é tão evidente: todo artesanato tem o objetivo de tornar a irrupção possível, inclusive quando parece que ele só quer tornar as incursões pungentes e eficazes.

Então, o que é a dramaturgia pra mim? Uma operação para saciar a fome, um pãozinho quente.

Cavo a terra, a irrigo, ponho adubo e semeio o trigo. Aguardo. Das sementes nascem o verde e as espigas. Colho tudo. Seco e depois macero para que vire farinha. Misturo farinha e água, acrescento sal e fermento. Amasso tudo. Mais uma vez eu aguardo. Acompanho a fermentação, ínfimo milagre, fruto da experiência e do cuidado com os detalhes. Minhas mãos dão forma a essa massa. Eu a coloco no forno e controlo o tempo de cozimento. Retiro-a e espero que esfrie um pouco. Agora posso comer o pãozinho quente.

Mas a partir do momento em que lavro a terra, penso em *para quem* eu preparo o pão, *onde* vou comê-lo, *de que modo* vou compartilhá-lo, *com quem* ou *sem quem*. É uma atitude que se desdobra na forma de utilizar o próprio ofício e de manter vivo o sentido das relações, independentemente de sua duração; como habitar este mundo sem a ele pertencer, e como nos protegermos reciprocamente para não sermos vítimas fáceis ou cúmplices impotentes da História.

A dramaturgia não diz respeito somente à composição de um espetáculo. É luta para não ser expulso do presente e é recusa do inferno.

O inferno seria me sentir em casa no meu tempo.

Epílogo

É primavera, e mais uma vez os pássaros chegam cedo demais.
Alegra-te, ou raciocina, até o instinto engana.

Wislawa Szymborska, *Retorno*

A batida de uma pedra na água.

Eu estava na cama, ouvia as vozes da minha mulher, dos meus filhos, dos meus atores, dos amigos mais queridos. É hora de se levantar, disse para mim mesmo. Duas mãos me detiveram num abraço. Levantei os olhos e vi um jovem.

"Preciso correr, tenho muitas coisas a fazer".

"Você não está bem", respondeu meu avô.

"Nunca estive tão bem como agora".

"Você está velho e doente de grandeza".

Liberei-me de seu abraço com delicadeza e mostrei a ele um punhado de lama, um tamanco, uma mistura de penas pretas e garras de um corvo morto: "Com estas armas conquistarei todas as princesas".

Uma fila de meninas vinha ao meu encontro. Eu as reconheci com um sobressalto de felicidade: minha mãe, Sanjukta, Miriam, Lilka, vó Checchina. "*Puer æternus,* para nós você é sempre jovem", sussurraram. Elas me davam a mão, rindo e acariciando meus cabelos na frente do espelho. O reflexo do adolescente havia desaparecido.

A batida de uma pedra na água. Havia gravado meu nome e boiava como se fosse uma pequena ilha. Enquanto se afastava, seu rastro rabiscava três palavras: desaparecido no oriente.

Em algum lugar, ao longe, uma casa queimava.

Carpignano, Holstebro, Puerto Morelos, Sanur 1994-2008

Envio

Antes de me afastar completamente deste livro e enviá-lo aos leitores, sinto ter o dever de lembrar algumas pessoas e algumas circunstâncias. Estou escrevendo em janeiro de 2008. A temperatura está agradável, ainda que vente e o céu esteja nublado com frequência. A água do mar é morna e a praia praticamente deserta.

Escrevi quase todo o livro no calor: os breves verões de Holstebro e aqueles abafados de Carpignano, no sul da Itália; a umidade tropical de Sanur, em Bali; os natais quentes do México, em Puerto Morelos, no Yucatán, num hotelzinho que fica bem longe de Cancún para ter a ilusão de estar fora da invasão turística. Aqui, em dezembro de 2006, todo dia de manhã eu via Jack C. se aproximando, ele vinha pela areia acompanhando o quebrar das ondas, voltava do povoado onde havia comprado o *Miami Herald*. Subia as escadas que, da praia, levavam ao terraço do meu hotel. Ele o atravessava e saía na rua onde tinha uma casinha. Este ano ainda não o vi.

É a primeira pessoa a quem eu gostaria de mandar um agradecimento que, imagino, ele nunca lerá. Foi uma personagem importante até a penúltima versão deste livro. Mas logo depois as páginas dedicadas a ele caíram, e ele, sem fazer barulho, foi embora. Na verdade fui eu que o cortei, após resistir aos ataques de alguns de meus primeiros leitores. Eles achavam a figura do Jack colorida, mas também anedótica. Tive que reconhecer que o resultado era esse, ainda que para mim as coisas fossem diferentes. Por isso eu agradeço a esses leitores, sem nenhum ressentimento.

Mas foi o Jack que sugeriu, de maneira involuntária e casual, um dos fios com os quais tentei compor a dramaturgia do livro. Nossa conversa tinha começado com uma pergunta clássica: "*Where do you come from?* (De onde você vem?)". Respondi que tinha um passaporte dinamarquês, mas que meus pais eram italianos. Dinamarquês? Jack começou a falar comigo em sueco. Quando era jovem tinha estudado linguística na universidade de Lund, no sul da Suécia. Queria continuar seus estudos em Uppsala, a famosa universidade que fica no norte de Estocolmo. Lá, um professor, para explicar que não era possível fazer a inscrição, convidou-o para almoçar em sua casa. Ele tinha três filhas, a maior com uns vinte anos. "Lindíssimas. Elas me levaram para visitar a catedral e os bosques das colinas. Durante um dia inteiro". Jack tinha 83 anos, a idade havia curvado sua alta estatura envolvendo-o numa diáfana vulnerabilidade. Seu rosto, como a cortiça de uma oliveira do sul da Itália, iluminava-se com o sol do Eros ao recordar das jovens suecas.

Todos os dias eu via o Jack se aproximando pela areia e todos os dias minhas perguntas acrescentavam uma página à sua biografia. Americano, havia combatido durante a Segunda Guerra Mundial nas Filipinas, depois na Alemanha. O exército americano agradeceu-lhe financiando seus estudos. Em Lund, durante um ano, depois na universidade de Zurique, onde uma austríaca desviou-o para Salzsburgo. Tinha continuado seus estudos no Japão e, após o divórcio, durante cinco anos, foi diretor da escola de língua japonesa para os militares americanos que estavam em Tóquio. "Minha atual mulher é professora de lá", disse Jack, e seu rosto iluminou-se novamente. Perguntei se era a senhora que fazia ginástica na praia ao nascer do sol. "Ela faz *reiki*, um modo de se comunicar com os antepassados". "O senhor acredita no *reiki*?". "Não, mas ele dá energia à minha mulher, e isso é bom, assim ela dá o máximo de si para mim". Uma gota de luz em seu rosto.

Durante a guerra, Jack decifrava mensagens em código. Não precisava ler os jornais, sabia de tudo antes. Perguntei se tinha conhecido o general MacArthur. Começou a gargalhar: "Eu lia toda a sua correspondência". Quando saiu do exército, tornou-se professor de linguística em Toronto. Ele tinha morado lá por mais de quarenta anos e havia se tornado cidadão canadense. "E os Estados Unidos?". "Não é bom viver em cima de um rolo compressor". Era agradável conversar com o Jack. Ele viu um mundo que às vezes tinha se cruzado com o meu. Sempre, por detrás de suas palavras, ficava subentendida uma alegria de viver que, apesar do tempo, foi capaz de não se entristecer.

Naqueles dias eu me perguntava como meu livro poderia descrever as várias facetas do sutil poder do Eros, sem o qual as aventuras teatrais praticamente não podem ser explicadas. Eu achava que o Jack pudesse ser o meu guia, com seus oitenta e poucos anos e por causa da luz que brilhava em seus olhos a cada vez que acenava ao *amor que move o céu e as outras estrelas*. Não o "sol negro" de Artaud, mas a força muda e simples que se liberta de uma pedra levigada pela água e pela idade.

Conversar com o Jack também era interessante porque me dava a possibilidade de explorar uma trilha da história subterrânea dos teatros. Eu lhe perguntava se em Tóquio ele tinha encontrado Fabion Bowers, "o americano que salvou o Kabuki". No imediato pós-guerra, Bowers havia trabalhado no escritório da censura americana e foi por mérito dele que o teatro Kabuki não foi proibido. O alto comando militar americano via nessa forma de espetáculo um receptáculo de valores feudais, incompatíveis com o espírito da democracia que devia ser instaurada no Japão ocupado. Jack tinha ouvido falar de Fabion Bowers, mas não o havia encontrado.

Então eu lhe perguntava de Frank Hoff, ele também dava aulas na Universidade de Toronto. Grande risada: Frank? Claro! Eu nominava outros amigos americanos especialistas em teatro japonês. Ele conhecia alguns deles. Jim Brandon? "É óbvio, ele aprendeu japonês na minha escola de Tóquio enquanto fazia o serviço militar. Você conhece a mulher de Jim? Ela também era professora da minha escola. Sempre escolhi professoras bonitas. *Elas estimulam a motivação*". Ele sorriu feliz, e eu pensei em quantas vezes a *motivação do Jack* deu um golpe de leme na minha vida.

O que quer dizer falar de dramaturgia?

Se levei quatorze anos para terminar este livro, foi também porque comecei pensando na dramaturgia como uma técnica teatral. Eu queria escrever uma série de receitas objetivas e práticas para as pessoas que querem fazer teatro. Alguns amigos queridos levantaram os olhos para o céu: "Pura insensatez. Seria como um cozinheiro que cozinha a partir de receitas que só ele sabe aplicar". Eu tinha certeza que eles estavam errados, aquelas receitas existiam e eu podia colocá-las por escrito. Eu as lia: elas funcionavam. Relia-as. Funcionavam *para quem*? Para mim. Meus amigos tinham razão. Renunciei, mesmo contra a vontade. Mas eu gostaria de agradecer a Pierangelo Pompa, que leu as três versões deste livro e cujas perguntas ingênuas, mas pertinentes, me ajudaram a me desembaraçar da presunção que eu tinha de criar receitas objetivas.

Envolvi meus atores. Pedi que me explicassem como eu trabalhava com eles. Aceitaram. Torgeir Wethal, Else Marie Laukvik, Iben Nagel Rasmussen, Roberta Carreri e Julia Varley. Depois de tantos anos juntos, cada um de nós conhece o outro como a palma da própria mão. Mas, de tempos em tempos, ainda conseguimos nos observar como se fôssemos desconhecidos, como se cada um de nós chegasse de longe. Sinto que preciso expressar minha gratidão a eles por isso.

Primeiro Testamento, *O Ritual da Desordem*, *O Livro das Pedras Preciosas*, *Receitas de Dramaturgia*, *Origens e Dramaturgias*, *Sob a Pele do*

Teatro são os títulos da várias versões através das quais filtrei este livro antes de achar o título mais apropriado. Queimei várias vezes seu plano arquitetônico. Cada vez eu me aproximava mais do ponto de partida. Porque a dramaturgia não é *uma* única técnica, mas a massa das diferentes técnicas do teatro. E, no final de tudo, ela se identifica com aquele que amassa, com a biografia dele.

Eu me dei conta disso enquanto discutia com as pessoas de um ambiente restrito em que, após anos de conhecimento e tolerância recíproca, o afeto e a estima se manifestam transformando cada um num intransigente advogado do diabo. Sendo assim, tenho que agradecer a Lluís Masgrau, a Franco Ruffini e a Nicola Savarese.

Três leitores acompanharam este livro em seus muitos avatares, encorajando-me com comentários severos e úteis: Nando Taviani, Julia Varley e Mirella Schino. Suas palavras, nos momentos de desconforto ou de euforia, provocaram uma reação que conheço devido ao meu ofício: começar do zero.

Outros me apoiaram com ajuda prática, confessando-me suas dificuldades para se orientar em minha terminologia inabitual e numa pletora de metáforas: Maria Ficara, Rina Skeel, Raúl Iaiza, Max Webster, Andrew Jones e Eliane Deschamps-Pria.

Judy, que acompanhou minha aventura teatral desde os tempos da minha aprendizagem na Polônia e na Índia, ajudou-me a atenuar minha retórica italiana traduzindo, na medida em que eu terminava de escrever, os vários capítulos do livro na sobriedade da língua inglesa.

Mas foi Jack que de repente me colocou no caminho, quando a naturalidade de sua pergunta – "De onde você vem?" – interrompeu meus pensamentos sobre um livro de dramaturgia que a cada momento se desfazia em minhas mãos. A interferência de sua pergunta me sugeriu a solução menos convencional e mais sensata: entrelaçar técnica e autobiografia, os lugares de proveniência de cada artesão.

Naqueles dias de janeiro de 2008, eu me perguntei se o Jack, que desapareceu do livro, também teria desaparecido da nossa praia mexicana. Inesperadamente ele voltou ontem, a mesma maneira de caminhar, mas com a cara meio desorientada. Parou e ficou me olhando, vendo-me novamente pela primeira vez. Completamente desmemoriado.

Where do you come from?

"Da Dinamarca. Mas nasci na Itália".

"Ah, italiano. Conheço a Itália. Estive em Bellinzona".

Bellinzona? Na Suíça? Venho de lá também?